Erfolgreich Abschlussarbeiten verfassen

Gordon Müller-Seitz
Timo Braun

Erfolgreich Abschlussarbeiten verfassen

Im Studium der BWL und VWL

PEARSON

Higher Education
München • Harlow • Amsterdam • Madrid • Boston
San Francisco • Don Mills • Mexico City • Sydney
a part of Pearson plc worldwide

Bibliografische Information der Deutschen Nationalbibliothek

Die Deutsche Nationalbibliothek verzeichnet diese Publikation in der Deutschen Nationalbibliografie; detaillierte bibliografische Daten sind im Internet über *http://dnb.dnb.de* abrufbar.

10 9 8 7 6 5 4 3 2 1

16 15 14 13

ISBN 978-3-86894-201-9

www.pearson.de
A part of Pearson plc worldwide

Programmleitung: Martin Milbradt, mmilbradt@pearson.de
Lektorat: Elisabeth Prümm, epruemm@pearson.de
Korrektorat: Petra Kienle, pakienle@aol.com
Covergestaltung: Thomas Arlt, tarlt@adesso21.net
Herstellung: Claudia Bäurle, cbaeurle@pearson.de
Satz: mediaService, Siegen (www.mediaservice.tv)
Druck und Verarbeitung: Drukarnia Dimograf, Bielsko-Biala

Printed in Poland

Inhaltsverzeichnis

Vorwort

Für das Ziel eines erfolgreichen Studienabschlusses ist das Abfassen einer Abschlussarbeit unvermeidlich. Des Weiteren sind meist noch vor dem Studienabschluss unterschiedliche Seminare zu besuchen, in denen ebenfalls schriftliche Prüfungsbestandteile erforderlich sind. Beim Verfolgen dieses Ziels stellen sich den Studierenden immer wieder die gleichen Fragen: *Wie kann ich mich optimal auf die Abschlussarbeit vorbereiten? Wie finde ich ein Thema? Wie ist eine Abschlussarbeit aufgebaut? Wie kann ich überzeugend argumentieren? Welche Form der empirischen Erhebung ist angemessen? usw.*

Erste Anlaufstelle sind diesbezüglich zumeist die formalen Richtlinien einzelner Institute oder durch die Betreuer der Abschlussarbeit formulierte Hinweise. In der Studierendenpraxis zeigt sich allerdings, dass entsprechende Richtlinien zumeist nur formelle Aspekte wie beispielsweise den gewünschten Zitierstil adressieren. Zudem bleiben Hinweise mit Blick auf das **überzeugende Argumentieren** häufig nebulös, so dass eher Fragen aufgeworfen anstatt Lösungen angeboten werden. Hinweise wie die Notwendigkeit, den „roten Faden" nicht zu verlieren, sind daher selten hilfreich.

Diese Beobachtungen bilden die Motivation für das vorliegende Lehrbuch. Angesichts zahlreicher existierender Bücher zu dieser Thematik stellt sich dabei jedoch berechtigterweise die Frage, was der **Mehrwert dieses Lehrbuchs** ist. Hierfür lassen sich vor allem drei Argumente in den Ring werfen: Erstens ist das Lehrbuch bereits **in über 50 Lehrveranstaltungen erprobt** worden, kann mithin auf eine Veranstaltungsreihe zurückblicken, die 2004 an der Wirtschaftswissenschaftlichen Fakultät der Katholischen Universität Eichstätt-Ingolstadt ins Leben gerufen wurde. Das sodann entwickelte Kurskonzept wurde von dem ersten Autor und später von beiden Autoren in unterschiedlichen Studiengängen an mehreren Universitäten (z.B. Freie und Technische Universität Berlin, RWTH Aachen) und bei Praxispartnern (z.B. AutoUni der Volkswagen AG, Audi AG, BMW AG, Deutsches Zentrum für Luft- und Raumfahrt) vor allem für WirtschaftswissenschaftlerInnen erprobt sowie später auch für interdisziplinäre Kurse weiterentwickelt. Zweitens hebt sich dieses Buch von existierenden Lehrbüchern ab, indem es stark **erfolgs- und anwendungsorientiert** ausgerichtet ist. Nebst der Ausrichtung der einzelnen Teile am Prozess des Abfassens der wissenschaftlichen Arbeit sind **permanent Übungen in den Text integriert**. Diese sollen die Studierenden dazu anregen, der Monografie einen „lebendigen" Charakter zu verleihen, indem das Buch tatsächlich auch genutzt wird, darin Notizen vorgenommen werden und es somit nicht nur als Nachschlagewerk dient. Drittens wurde die zentrale Zielgruppe, **Studierende, in die Erstellung dieser Monografie mit einbezogen**. Nicht nur studentische Hilfskräfte wurden angehalten, zentrale Inhalte zu benennen und alltägliche sowie umsetzbare Anregungen für dieses Buch zu liefern, sondern auch in den entsprechenden Veranstaltungen wurden die Studierenden stets aufgefordert, Verbesserungsvorschläge zu liefern. Insofern versteht sich das vorliegende Werk ausdrücklich auch als ein Produkt **„von Studierenden für Studierende"!**

Der genannte Mehrwert macht bereits deutlich, dass wir unterschiedlichen Personen in vielerlei Hinsicht **zu Dank verpflichtet** sind: Zunächst gilt unser Dank allen Studierenden, die seit 2004 immer wieder wertvolle inhaltliche Anregungen im Rahmen der Veranstaltungen und in Lehrevaluationen geliefert haben. Zu besonderem Dank verpflichtet sind wir Carolin Auschra, Janina Brockmann, Melanie Denter, Andre Hanelt, Julian Knuth, Fabian Reuß, Marko Steinebach und Martin Pfeil, die als studentische Hilfskräfte Teile des Erstellungsprozesses konstruktiv begleitet und engagiert unterstützt haben. Auch Patrizia Müller-Seitz ist in diesem Zusammenhang zu nennen, deren diverse (Abschluss-)Arbeiten immer wieder Fragen hervorriefen, deren Antworten mit in diesem Buch berücksichtigt sind. Außerdem sind wir Dennis Hilgers, Stephan Kaiser, Max Ringlstetter, Natalie Senf, Jörg Sydow sowie Miriam Wilhelm für wichtige Impulse hinsichtlich der zu berücksichtigenden Inhalte zu Dank verpflichtet. Peter Müller-Seitz sowie Agnetha Weidler waren zudem hilfreiche Sparringspartner mit Blick auf das Redigieren des Textes. Last but not least sind wir Herrn Milbradt vom Pearson-Verlag als Leiter der Lehrbuchreihe in den Bereichen BWL und VWL für die reibungslose und konstruktive Zusammenarbeit dankbar.

Berlin, im Sommer 2013

Gordon Müller-Seitz und Timo Braun

Wissenschaftlich arbeiten

1

ÜBERBLICK

Wissenschaftliches Arbeiten unterscheidet sich in vielerlei Hinsicht von anderen Tätigkeitsbereichen. Hierbei stehen in der Regel nicht allgemein bekannte Tatsachen bzw. Umstände im Vordergrund, sondern vergleichsweise neuartige Phänomene. Im Gegensatz etwa zum kreativen Arbeiten, bei dem meist ebenso wie im Fall des wissenschaftlichen Arbeitens „Neuland“ betreten wird, sind im wissenschaftlichen Kontext jedoch eine ganze Reihe von Einschränkungen zu beachten. Wer wissenschaftliche Arbeiten verfassen möchte, muss beispielsweise darauf achten, formale Richtlinien einzuhalten, bisherige Forschungsbemühungen im betreffenden Fachgebiet bzw. Themenfeld zu berücksichtigen und selbst entwickelte Ideen kritisch zu überprüfen bzw. theoretisch sowie praktisch zu untermauern.

Dieses Buch soll Studierende bei der wissenschaftlichen Arbeit unterstützen. Es ist daher – sofern dies in der Praxis des wissenschaftlichen Arbeitens überhaupt möglich scheint – entlang eines idealtypischen Entstehungsprozesses einer wissenschaftlichen Abschlussarbeit aufgebaut. Die Lektüre eignet sich sowohl im Vorfeld des Abfassens einer solchen Arbeit als auch als begleitende Hilfestellung, die während des Anfertigens einer wissenschaftlichen Arbeit punktuell genutzt werden kann. Mithilfe von Beispielen und Übungsaufgaben wird im Stile eines Arbeitsbuchs das Beschriebene für den Leser[1] direkt anwendbar und sogleich werden ihm die notwendigen methodischen Grundlagen für das Abfassen seines Manuskripts bereitgestellt. Für die Übungsaufgaben ist aus didaktischen Gründen auch deshalb extra Platz gewährt, damit hier eigene handschriftliche Notizen vorgenommen werden und das Buch einen lebendig-pragmatischen Charakter erhält. Die eigenen Notizen sollen sodann die Möglichkeit bieten, die Inhalte wieder leichter ins Gedächtnis zu rufen, und so die Einarbeitungszeit verkürzen.

Die Ausführungen beziehen sich auf jegliche Art von wissenschaftlichen Arbeiten. Es ist also zweitrangig, in welcher Phase des Studiums – oder darüber hinaus (die Hinweise sind beispielsweise auch weitestgehend für das Abfassen von Dissertationen in monografischer Form und/oder das Anfertigen von Fachzeitschriftenbeiträgen relevant) – sich der Leser befindet. Außerdem wurde Wert darauf gelegt, dass die Hinweise möglichst universelle Gültigkeit besitzen, sich somit nicht nur auf bestimmte Fachgebiete der Wirtschaftswissenschaften beschränken.

In Teil 1 sollen zunächst die Grundlagen erörtert werden. Neben den allgemeinen Anforderungen an das wissenschaftliche Arbeiten selbst wird der Schwerpunkt hier auf elementare Aufgaben wie die Informationssuche, das Zeit- und Projektmanagement sowie die Einsatzmöglichkeiten der Informationstechnologie gelegt. In Teil 2 soll der Bereich Logik näher beleuchtet werden. Hier steht das Argumentieren im Vordergrund und damit der schlüssige Aufbau der eigenen Arbeit oder mit anderen Worten das, was oftmals als „roter Faden“ bezeichnet wird, jedoch aus Studierendensicht nur schwer vermittelbar zu sein scheint. Teil 3 befasst sich mit den inhaltlichen Anforderungen und zeigt auf, wie Themen gefunden, strukturiert und dargestellt werden können. Anschließend bietet Teil 4 eine Einführung in die Grundlagen empirischer Forschung. In diesem Zusammenhang wird ebenfalls eine Orientierung hinsichtlich der Nutzung unterschiedlicher Untersuchungsmethoden gegeben. In Teil 5 kommt es zur Vorstellung formaler Konventionen, insbesondere zu Layout, Zitierweise und

1 Alle folgenden, eingeschlechtlichen Formulierungen sind geschlechtsneutral zu verstehen.

Sprachstil. Schließlich thematisiert Teil 6 den erfolgreichen Abschluss und die damit verbundenen Herausforderungen, wie beispielsweise Überarbeitungsschleifen, Korrekturen und Abgabevorbereitungen.

Wir hoffen, mit diesem Buch einen praktischen Leitfaden bieten zu können, und wünschen sowohl beim Lesen als auch bei der wissenschaftlichen Arbeit neben dem gewünschten Erfolg auch möglichst viel Freude beim Erstellungsprozess selbst!

1.1 Anforderungen des wissenschaftlichen Arbeitens

Grundsätzlich weist das Abfassen von Abschlussarbeiten einige Besonderheiten auf. Eine **wissenschaftliche Arbeit** bedeutet, dass sich die oder der Studierende

- kritisch,
- distanziert,
- differenziert und
- nachvollziehbar

mit Forschungsergebnissen, Lehrmeinungen, Theorien und wissenschaftlichen Debatten auseinandergesetzt hat und durch eine selbst gewählte, strukturierte Darstellung sowie Diskussion entweder theoretisch entwickelte Fragestellungen beantworten oder diese empirisch überprüfen kann.

Zu Beginn steht zumeist ein selbst gewähltes oder durch den betreffenden Lehrstuhl vorgegebenes Thema, eine konkrete Forschungsfrage oder schlicht ein Interesse für ein gewisses Forschungsgebiet bzw. einen konkreten Forschungsgegenstand. Ausgehend davon gilt es zunächst, den dazugehörigen Untersuchungskontext systematisch zu erfassen und das Thema angemessen einzubetten. Dies bedeutet, dass Studierende in der Lage sein sollten, die relevanten Theoriebereiche herauszuarbeiten und die Anschlussfähigkeit des eigenen wissenschaftlichen Interessenbereichs an den bestehenden Erkenntnisstand zu dokumentieren. Damit dies gelingen kann, sind zunächst bereits erbrachte Forschungsleistungen ausreichend zu würdigen und kritisch zu reflektieren. Durch eine umfassende Recherche wird hierzu die relevante Literatur gesucht und erfasst. Anschließend erfordert wissenschaftliches Arbeiten, das Gelesene in eine für die Untersuchung der Fragestellung oder Bearbeitung des Themas sinnvolle Struktur zu bringen. Ferner sollen Zusammenhänge zwischen den Beiträgen herausgearbeitet und erörtert werden. Von zentraler Bedeutung ist dabei, durch die Konsultation von Literatur in Form von Büchern, wissenschaftlichen Artikeln und Studien ein Verständnis für das Thema zu entwickeln und im Idealfall gezielt Forschungslücken und Widersprüche in der bisherigen Auseinandersetzung aufzudecken.

Wissenschaftliches Arbeiten wird nicht umsonst auch als Forschung bezeichnet, beschreibt es doch die Suche nach interessanten Erkenntnissen und bislang unerschlossenen Fragestellungen, die relevant sind. Diese offenen Forschungsfragen zu füllen, sollte das Ziel eigener wissenschaftlicher Beiträge sein. Das kann zum einen dadurch geschehen, dass bestimmte Forschungsbeiträge zusammengetragen und in Hinblick auf eine Fragestellung analysiert werden. In diesem Fall ist die Arbeit vorwiegend theoretisch-konzeptioneller Natur. Die Bearbeitung des Themas erfolgt dabei nicht völlig frei gewählt, sondern orientiert sich an bestehenden wissenschaftlichen Erkenntnissen.

Wissenschaftliche Sorgfalt drückt sich dabei vor allem durch

- eine genaue Recherche,
- eine transparente Dokumentation des Selektionsprozesses mit Blick auf die verwendete Literatur,
- das Heranziehen der relevanten Quellen und
- eine genaue Kennzeichnung fremder Gedanken aus.

Des Weiteren verlangen gute wissenschaftliche Arbeiten, dass fremde Gedankengänge und Ergebnisse nicht einfach undifferenziert und voneinander losgelöst vorgestellt bzw. wiedergegeben werden. Vielmehr soll zwischen den Quellen ein Zusammenhang hergestellt werden, unterschiedliche Argumentationen kontrastiert und vor allem kritisch reflektiert werden. Bereits existierende Aussagen sollen also nicht einfach übernommen werden, ohne die dahinterliegenden Annahmen zu prüfen und kritisch zu hinterfragen. Das Vorhandene in einen neuen Kontext zu setzen und unter einer neuen oder anderen Fragestellung zu beleuchten, stellt daher eine zentrale Anforderung dar.

Neben theoretisch-konzeptionellen Arbeiten können wissenschaftliche Beiträge auch dadurch geleistet werden, dass theoretisch relevante und offene Fragestellungen mittels empirischer Untersuchungen überprüft werden. Auch bei der Untersuchung empirischer Phänomene sollte die Leistung von Studierenden über die reine Beschreibung des eigenen Vorgehens bzw. des zu untersuchenden Phänomens hinausgehen, indem das Vorgehen und die Erkenntnisse auch vor dem Hintergrund theoretischer Konzepte begründet und diskutiert werden.

1.2 Informationen finden und aufbereiten

Die Qualität einer schriftlichen Abschlussarbeit ist stark von den in ihr verwendeten **Informationen** abhängig. Informationen im weiteren Sinne können grundsätzlich über zwei Wege beschafft werden: Einerseits sollten wissenschaftliche Abschlussarbeiten auf die Theorien und Konzepte zurückgreifen, die von anderen Forschern in der Vergangenheit ausgearbeitet wurden. Dieses Wissen ist in verschiedenen Textformen wie beispielsweise Fachzeitschriftenartikeln, Monografien und Sammelbänden dokumentiert. Andererseits können Informationen im Rahmen einer eigenen empirischen Untersuchung erhoben und systematisch dem bisherigen Kenntnisstand gegenübergestellt werden (siehe Teil 4).

Die Informationsbeschaffung erfolgt normalerweise in der Form, dass zunächst die bereits vorhandenen Informationen gesichtet werden. Dabei wird der Stand der Forschung evaluiert und eine etwaige **Forschungslücke** identifiziert. Erst bei der genauen Analyse der bereits vorhandenen Informationen bzw. Literaturlage stellt sich heraus, ob die Forschungsfrage – oder allgemeiner noch: das Thema generell – weiterhin relevant ist, da sie mit diesen Informationen alleine nicht erschöpfend behandelt werden kann. Hieraus ergibt sich schließlich die Möglichkeit oder sogar Notwendigkeit, eigene Daten zu erheben. Dieser Überlegung folgend, beschäftigt sich das vorliegende Kapitel zunächst mit der Sichtung bereits vorhandener Informationen. Die Erhebung eigener Daten ist Gegenstand von Teil 4. Je mehr relevante Informationen in die Arbeit einfließen, desto differenzierter präsentiert sich schließlich das Endergebnis für den

Gutachterkreis bzw. die Leserschaft der Arbeit. Entscheidend ist dabei auch, sich unterschiedlicher Quellen zu bedienen und diese möglichst distanziert und reflektiert zu verknüpfen.

Im folgenden Unterkapitel 1.2.1 werden daher zunächst die verschiedenen Informationsquellen und ihre Besonderheiten vorgestellt. Anschließend wird erörtert, durch welche Überlegungen eine Literaturrecherche angeleitet sein kann (Abschnitt 1.2.2). Verschiedene Herangehensweisen und Möglichkeiten zur Informationsbeschaffung werden im Unterkapitel 1.2.3 vorgestellt. Die Vielfalt der Informationen und Quellen, die im Zuge dessen herangezogen werden können, führen dabei häufig zu einer Informationsüberflutung. Um die Eignung der Quellen für die eigene Arbeit besser einschätzen zu können und der Gefahr einer Informationsüberflutung vorzubeugen, beschäftigt sich Unterkapitel 1.2.4 damit, welche Indizien herangezogen werden können, um die Qualität wissenschaftlicher Texte einzuschätzen und über die Verwertbarkeit der betreffenden Quelle zu entscheiden. Unterkapitel 1.2.5 beschäftigt sich abschließend mit der Frage, wie umfassend eine Literaturrecherche ausfallen sollte.

1.2.1 Spektrum der relevanten Informationsträger

Es gibt eine Vielzahl von unterschiedlichen Arten an **Quellen**, die grundsätzlich als Träger von relevanten Informationen für die Analyse im Rahmen des Abfassens einer wissenschaftlichen Arbeit in Frage kommen. Der folgende Überblick zu möglichen Quellen soll helfen, das vorhandene Wissen im Prozess der eigenen Recherche strukturiert zusammenzutragen und dabei auch die Qualität der verschiedenen Informationsquellen zu würdigen.

Bücher

Im Hinblick auf das klassische Medium Buch gilt es zunächst grundlegend zwischen Sammelbänden, Monografien und Lehrbüchern zu unterscheiden (Ebster und Stalzer 2003, S. 40). **Sammelbände** sind Zusammenstellungen von Beiträgen zumeist verschiedener Autoren, die sich auf ein bestimmtes, übergeordnetes Thema beziehen. Sammelbände können themenbezogen sein oder im Nachgang zu einer Tagung oder Konferenz als Konferenzband (engl. „proceedings“) veröffentlicht werden.

Im Gegensatz dazu zeichnen sich **Monografien** dadurch aus, dass sie das homogene Werk eines oder mehrerer Autoren sind. Es handelt sich also im Vergleich zum Sammelband nicht um eine Zusammenstellung von meist relativ isolierten Aufsätzen unterschiedlicher Autoren.

Lehrbücher bieten einen strukturierten Einstieg in eine Thematik, wobei Sachverhalte im Überblick vorgestellt werden. Selten spiegeln diese jedoch den aktuellsten Stand der Forschung wider, sie bieten vielmehr „lediglich“ einen Überblick über das in einer Disziplin allgemein anerkannte Wissen (Spoun 2011, S. 77).

Periodika/Fachzeitschriften

Periodika ist der Überbegriff für zumeist referierte **Fachzeitschriften** (engl. „journals“), die regelmäßig veröffentlicht werden. Diese Fachzeitschriften, die für gewöhnlich vierteljährlich oder monatlich publiziert werden, zählen zu den wichtigsten Grundpfeilern einer wissenschaftlichen Arbeit. Sie beinhalten neueste Forschungsergebnisse und spiegeln somit den aktuellen Stand der Forschung wider. Beiträge, die in wissenschaftlichen Fachzeitschriften veröffentlicht werden, sind zudem – jedenfalls bei den einschlägigen Fachzeitschriften – Gegenstand einer systematischen Qualitätsüberprüfung durch anerkannte Wissenschaftler aus dem relevanten Themenfeld. Die Überprüfung wird mithilfe eines Begutachtungsverfahren (engl. „peer-review") bewerkstelligt, wobei das dabei verfolgte Anspruchsniveau je nach Qualität des Journals variiert und zu einer mehr oder weniger restriktiven Annahme- bzw. Ablehnungspraxis von Beiträgen führt (siehe dazu Unterkapitel 1.2.4). Eine bedeutende Rolle, um Kenntnisse über die allerneuesten Forschungsergebnisse eines Fachgebiets und die relevanten Autoren zu bekommen, spielen außerdem Konferenzbeiträge. Darin erscheinen die Forschungsergebnisse der Autoren, die ihre Beiträge auf Fachtagungen und Konferenzen einem qualifizierten Publikum vorgestellt haben. Häufig werden diese Beiträge nach erneuter Überarbeitung in Fachzeitschriften eingereicht und später im Fall der Beitragsannahme durch eine Person aus dem Herausgebergremium publiziert (Ebster und Stalzer 2003, S. 41).

Dissertationen

Dissertationen zielen darauf ab, originäre und substanzielle wissenschaftliche Erkenntnisse auf vergleichsweise breiter Basis zu gewinnen, weshalb diese häufig (aber mit abnehmender Tendenz zugunsten von kumulativen Dissertationen bestehend aus mehreren thematisch verwandten Zeitschriftenartikeln) in umfangreicher Form als Monografien abgefasst werden. Dabei sollen neuartige Zusammenhänge und Fragestellungen vertieft untersucht werden. Das unterscheidet Monografien von Master- und Diplomarbeiten, in denen zumeist ein stärkerer Fokus auf den bereits vorhandenen Forschungsstand gelegt wird (Balzert, Schäfer, Schröder und Kern 2008, S. 168).

Dissertationen bieten üblicherweise einen umfassenden Einblick in ein vergleichsweise eng umrissenes Themengebiet, wobei auch hier die Qualität teilweise erheblich variieren kann (Kornmeier 2012, S. 60). Dissertationen bringen außerdem den Anspruch mit sich, den Stand der Forschung mitsamt aller einschlägigen Fachartikel und Monografien zusammenzutragen. Normalerweise werden dort in den ersten Kapiteln die grundlegenden Konzepte und Theorien des Themas dargelegt und darauf aufbauend wird eine Forschungslücke beschrieben, welche die Dissertation adressiert. Anschließend werden Forschungsfragen hergeleitet oder Zielsetzungen formuliert, untersucht und Lösungen (weiter)entwickelt. Dies beinhaltet auch, dass die betrachteten Methoden und Konzepte kritisch gegenübergestellt und diskutiert werden. Dissertationen sind somit in zweierlei Hinsicht beim Verfassen einer wissenschaftlichen Arbeit von Belang: Einerseits bieten sie – je nach betreffendem Erscheinungsdatum – aktuelle Forschungsergebnisse, zum anderen verschaffen sie einen umfassenden Überblick über einen Forschungsbereich.

Working Paper/Forschungsberichte („graue" Literatur)

Im Gegensatz zu wissenschaftlichen Artikeln in Fachzeitschriften, handelt es sich bei **Arbeitspapieren** (engl. „working paper") um Beiträge, die nicht in Fachzeitschriften veröffentlicht wurden und ebenso wie **Forschungsberichte** oftmals auch als **„graue" Literatur** bezeichnet werden. Der Begriff legt nahe, dass sich derartige Arbeiten in vielerlei Hinsicht in einer Art Grauzone befinden. Dies betrifft auch die Verwendbarkeit derartiger Quellen in wissenschaftlichen Arbeiten, da entsprechende Abhandlungen zwar meist unter wissenschaftlichen Vorgaben verfasst, aber aus bestimmten Gründen dennoch nicht veröffentlicht werden. Die Frage, ob „graue" Literatur verwendet werden kann, lässt sich nicht pauschal mit ja oder nein beantworten, sondern ist von den Umständen des Einzelfalls abhängig (eben „grau"). Häufig sind Arbeitspapiere frei über das Internet oder über die Bibliotheken der Forschungseinrichtung, der die Autoren angehören, zugänglich (beispielsweise das Social Science Research Network: *http://papers.ssrn.com*). Durchaus üblich ist aber auch die Praxis, Autoren zu fragen, ob ein bestimmtes Arbeitspapier elektronisch zugesandt werden könnte, sofern dies nicht über die einschlägigen Datenbanken gefunden werden kann. Zu „grauer" Literatur gehören auch unveröffentlichte Universitätsschriften, wie etwa Bachelor-, Master- oder Diplomarbeiten und auch Vorversionen bzw. Arbeitsstände künftiger Veröffentlichungen sowie interne Studien (Spoun 2011, S. 76). Abschlussarbeiten von Studierenden sind normalerweise nicht öffentlich zugänglich und gelten an vielen Hochschulen bzw. Lehrstühlen ohnehin als nicht zitierfähig. Dies liegt hauptsächlich daran, dass sie – sofern es sich um die Originalversion handelt – ungeprüften Charakter haben. Auch wenn derartige Arbeiten meist nicht als zitierfähige Quellen zu verwenden sind, können hieraus (z.B. durch die Themenstellung oder die Literaturhinweise) interessante Anregungen gewonnen werden. Hier sei jedoch zur Vorsicht geraten, da die fehlende Zitierfähigkeit oftmals die Frage nach der Eigenleistung bzw. Sorgfalt beim Zitieren hervorrufen kann.

Forschungsberichte sind Arbeiten, die von Hochschulen, Institutionen und sonstigen Organisationen herausgegeben und z.B. über den Internetauftritt der jeweiligen Institutionen veröffentlicht werden. Solche Studien, sofern von anerkannten Hochschulen und Institutionen (z.B. im Auftrag von Bundesministerien oder dem statistischen Bundesamt; *http://www.destatis.de*) verfasst, können die eigene Forschung möglicherweise ebenfalls bereichern. Diese Publikationsform wird insbesondere für deskriptive Aussagen herangezogen, beispielsweise die Entwicklung der Arbeitslosenzahlen oder die Mortalitätsraten im Straßenverkehr. Teilweise wird die Auffassung vertreten, solchen eher deskriptiven Studien eine ähnliche Bedeutung beizumessen wie Beiträgen in einschlägigen Fachzeitschriften (Ebster und Stalzer 2003, S. 41). Zur Bildung von Theorien in der Grundlagenforschung liefern diese Quellen in der Regel jedoch nur mittelbar einen Beitrag und sind häufig nicht Teil der einschlägigen wissenschaftlichen Diskurse.

Tages-/Wochenzeitungen und Magazine

Aktuelle Printmedien wie Zeitungen und Magazine informieren über neueste Entwicklungen, etwa in bestimmten Unternehmen, Branchen oder Märkten. In diesem Spektrum sind als einschlägige Quellen im Bereich der Wirtschaftswissenschaften beispielsweise die Frankfurter Allgemeine Zeitung oder die Süddeutsche Zeitung bekannt. Diese Quellen können mitunter verwendet werden, um einen (tages-)aktuellen Bezug herzustellen. Durch sie können z.B. die Aktualität und die Dringlichkeit des behandelten Themas für Wirtschaft und Gesellschaft untermauert werden. Zitate aus **Tages- und Wochenzeitungen** sowie **Magazinen** können daher etwa im Rahmen einer Einleitung genutzt werden, um die Relevanz und Aktualität des Themas herauszustreichen und um das Interesse des Lesers zu wecken. Daneben sind am Markt wöchentliche Zeitungen, wie etwa Die Zeit, Der Spiegel oder der englischsprachige The Economist verfügbar. Zusätzliche Informationen können überdies wirtschaftsbezogenen Magazinen wie dem Manager Magazin entnommen werden. Tabelle 1.1 zeigt exemplarisch einige Titel aus den genannten Publikationsformen.

Tageszeitungen
Frankfurter Allgemeine Zeitung
Süddeutsche Zeitung
Die Welt
Handelsblatt
Financial Times
Wochenzeitungen
Die Zeit
The Economist
Die Wirtschaftswoche
Magazine
Manager Magazin
Brand eins
Capital

Tabelle 1.1: Auswahl an Tages-/Wochenzeitungen und Magazinen

Es sollte jedoch bei der Verwendung solcher Medien überprüft werden, ob die getroffenen Aussagen hinreichend belegt sind. Im Idealfall ist auch ein Verweis auf die Originalquellen gegeben, so dass diese gegebenenfalls mit in die Recherche einbezogen werden können.

Amtliche Veröffentlichungen

Diese Publikationsart umfasst einerseits Informationen wie die Veröffentlichung von Gesetzen oder Bekanntmachungen seitens der öffentlichen Verwaltung und der Rechtsprechung. Anderseits zählen hierzu auch Veröffentlichungen öffentlicher Einrichtungen, beispielsweise des statistischen Bundesamts oder der Agentur für Arbeit. Darüber hinaus bieten auch europäische und internationale Institutionen Zugang zu **statistischen Daten** und zu **Forschungsberichten** sowie teilweise zur **Dokumentation von Sitzungen** (z.B. in Form von im Internet abrufbaren Video- oder Audiodateien oder Transkripten). Als in Frage kommende Informationsquellen gelten in diesem Zusammenhang u.a. die OECD, Eurostat, die Vereinten Nationen oder der Internationale Währungsfonds. Sie stehen für (vermeintlich) neutrale und seriös recherchierte Daten, die oftmals allgemein anerkannt sind und somit den Ausgangspunkt für weiterführende Untersuchungen und Diskussionen bilden können. Es sei jedoch darauf verwiesen, dass eine gewisse Zurückhaltung bzw. kritische Distanz notwendig erscheint, denn auch öffentliche Einrichtungen verfolgen naturgemäß bestimmte Interessen. Genereller formuliert weist jedwede Form der Dokumentation – und damit auch die eigene darauf aufbauende Interpretation – notwendigerweise Limitationen im Hinblick auf die Vollständigkeit, Unabhängigkeit oder etwa den Analysefokus auf. Dies lässt sich beispielsweise mit Verweis auf die unterschiedlichen Definitionen von Arbeitslosigkeit in Deutschland, Japan und den Vereinigten Staaten illustrieren, die einen Vergleich der auf den ersten Blick objektiven Daten erschwert.

Lexika

Lexika bieten einen Überblick über zentrale Begriffe eines Fachgebiets und deren fachspezifische Interpretation. Die Beiträge in **Fachlexika** bieten zumeist einen guten Einstieg, da sie mit zusätzlichen Literaturhinweisen versehen und vergleichsweise allgemeinverständlich formuliert sind. Dies kann u.a. als Ausgangsbasis für eine tiefergehende Recherche in anderen Informationsträgern genutzt werden. Beispiele für relevante Wirtschaftslexika sind etwa das Gabler Wirtschaftslexikon (*http://wirtschaftslexikon.gabler.de*), das Lexikon der Betriebswirtschaft (Lück 2004) oder fachübergreifend das Handlexikon der Wissenschaftstheorie (Seiffert und Radnitzky 1992). In einführenden Kapiteln wissenschaftlicher Arbeiten, die theoretisch-konzeptionelle Grundlagen und Begriffsklärungen enthalten, können derartige Werke zum Einsatz kommen. Wichtig ist jedoch, Definitionen aus Lexika nicht – wie manchmal im Alltag üblich – ungeprüft und unkommentiert zu übernehmen, da es fast in allen Fachbereichen diverse Meinungen zur Definition zentraler Begriffe gibt. Vielmehr ist eine kritische Würdigung der Quelle erforderlich, was insbesondere auf umstrittene Internetquellen – wie beispielsweise Wikipedia – zutrifft. In Abschlussarbeiten werden Lexika mit nutzergenerierten Inhalten mitunter als nicht zitierfähig angesehen.

Handwörterbücher

Ähnlich wie Lexika bieten sich **Handwörterbücher** zum Einstieg in ein Themengebiet an. In Handbüchern werden üblicherweise Beiträge namhafter Autoren zusammengetragen, wobei sich die enthaltenen Literaturhinweise meist auf Standardwerke beziehen. Handwörterbücher sind zitierfähig, bieten sich jedoch eher als Ausgangspunkt für eine tiefergehende Recherche an (Hoffmann 2008, S. 41).

Sonstige Materialien

Um zusätzliche Informationen, z.B. über die wirtschaftliche Situation von Unternehmen, zu gewinnen, besteht darüber hinaus oftmals die Möglichkeit, die **Geschäftsberichte** und **Bilanzen** online abzurufen. Dies trifft insbesondere für börsennotierte Unternehmen zu. Entsprechende Informationen sind einerseits im Bereich „Investor Relations“ auf den entsprechenden Unternehmens-Websites verfügbar. Andererseits können diese Informationen über öffentlich zugängliche Datenbanken wie dem elektronischen Bundesanzeiger (*https://www.bundesanzeiger.de*) eingesehen oder postalisch geordert werden.

Die vorgestellten Informationsträger unterscheiden sich also in ihrer wissenschaftlichen Aussagekraft. Daher sollte sorgfältig überlegt werden, welche Quellen sich tatsächlich für eine wissenschaftliche Arbeit eignen bzw. an welcher Stelle diese sinnvoll in Anschlag zu bringen sind (Brink 2005, S. 46; Lehmann 2008, S. 49).

1.2.2 Heuristiken für die Literaturrecherche

Aufgrund der großen Zahl und Vielfalt an Literatur in Bezug auf ein spezielles Themengebiet sollte ein **strukturiertes Vorgehen** gewählt werden. Der Einstieg in einen Wissensbereich und die überblicksartige Erfassung kann über Lehrbücher, Handwörterbücher und Lexika erfolgen. Zu letzteren zählen im Sinne einer ersten Annäherung an den Forschungsgegenstand – aber auch nur dann! – nutzergenerierte Online-Lexika wie Wikipedia, welche jedoch nicht zitierfähig sind und daher nur in einem ersten Schritt dem eigenen Verständnis dienen sollten. Im Anschluss bzw. alternativ als bevorzugter Einstieg bietet es sich an, einschlägige Lehrbücher zu konsultieren, da diese wie eingangs erwähnt eine systematische Aufbereitung des Forschungsfelds bieten. Sodann können Überblicksartikel und Beiträge, die Metaanalysen beinhalten, gelesen werden. Für Überblicksbeiträge gibt es eigens ausgewiesene Fachzeitschriften, vorwiegend in englischer Sprache. Diese tragen üblicherweise den korrespondierenden englischsprachigen Begriff „Review" im Titel, beispielsweise Academy of Management Review oder International Journal of Management Reviews. Dadurch ist es möglich, die Forschung zu einem begrenzten Themengebiet aus einer teilweise mehrere Jahre oder Jahrzehnte umfassenden Periode grob zu überblicken, ohne die unzähligen Publikationen zunächst selbst im Detail gelesen zu haben, die solchen Überblicksartikeln oder auch Meta-Analysen zu Grunde liegen.

Es sei jedoch angemerkt, dass bei derartigen Beiträgen teilweise auch Vorsicht geboten ist. So können z.B. Metaanalysen auch für sehr gezielte Fragestellungen erstellt werden und dann gerade nicht das Ziel verfolgen, einen inhaltlichen Über- bzw. Einblick zu gewähren. Auch kommt es vor, dass die Genese bestimmter Denkschulen oder Paradigmen im Vordergrund steht und so konkurrierende Sichtweisen zurückgedrängt werden, um Machtgeflechte bzw. akademische Lehrer und Schüler zu begünstigen. Auch ist stets die Qualität der in die Analyse eingegangenen Quellen zu überprüfen. Ähnliche Erkenntnisse wie Übersichtsartikel bieten auch Dissertationen, da diese oftmals im Grundlagenteil der Arbeit die wissenschaftliche Reichweite eines Themengebiets umreißen.

In einem weiteren Schritt kann anschließend die sogenannte **„Schneeballmethode"** angewandt werden. Hierbei wird das Literaturverzeichnis aktueller bzw. einschlägiger Veröffentlichungen gesichtet und es werden relevant erscheinende Quellen identifiziert. Diese werden wiederum genutzt, um auf weitere Veröffentlichungen zu stoßen. Das Vorgehen kann so lange fortgesetzt werden, bis sich viele der gefundenen Quellen wiederholen, was darauf hindeutet, dass die Recherche einen Sättigungspunkt erreicht hat, mithin also die wichtigsten Beiträge erfasst wurden.

Neben der Schneeballmethode ist eine systematische Sichtung der aktuellen Ausgaben einschlägiger Fachzeitschriften unerlässlich. Um zielgerichtet und mit überschaubarem Arbeitsaufwand zu suchen, wird der Gebrauch von Datenbanken wie EBSCOHost (*http://search.ebscohost.com*), JSTOR (*http://www.jstor.com*) oder auch eine Suche mithilfe von Google Scholar (*http://scholar.google.de*) angeraten. Als Beispiel dafür, wie eine systematische Literaturrecherche und -auswertung erfolgen kann, können Fachartikel in Review-Zeitschriften dienen (siehe z.B. Bakker 2010, Müller-Seitz 2012).

In Hinblick auf die Vielzahl der zu lesenden Quellen und dem damit verbundenen hohen Zeitaufwand ist es wichtig, dass die Qualität der einzelnen Quellen beachtet und so eine Selektion der zu lesenden Artikel vorgenommen wird (Brink 2005, S. 11; Spoun 2011, S. 96). Eine weiterführende Betrachtung dieser Thematik findet sich in Unterkapitel 1.2.4.

1.2.3 Zugang zu und Beschaffung von Literatur

Für den Zugang zu den verschiedenen Literaturquellen existieren diverse Rechercheinstrumente. Diese variieren nach Art und Anzahl der Quellen, die darin verfügbar bzw. auffindbar sind. Des Weiteren unterscheiden sie sich im Hinblick auf die Möglichkeiten des Abrufs und der Suchfunktionalitäten. Einen Überblick über die verschiedenen Instrumente bietet Abbildung 1.1. Im Folgenden werden die einzelnen Zugänge separat erörtert.

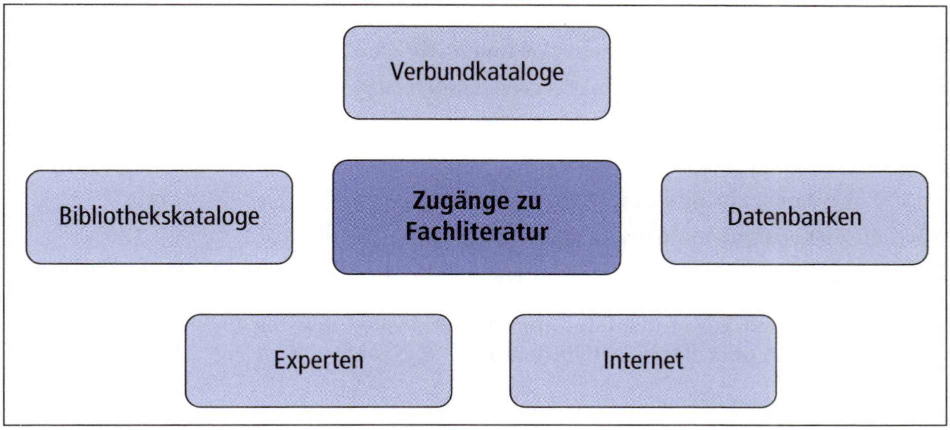

Abbildung 1.1: Zugänge zu Fachliteratur

Bibliothekskataloge

Bei der Mehrzahl der Bibliotheken erfolgt die Literaturrecherche über **Online-Kataloge**, auch Open Public Access Catalogue (OPAC) genannt. In diesen Online-Katalogen sind die gesamten Materialbestände einer Bibliothek abrufbar. Diese können physisch vorhanden (Bücher, CD, DVD etc.) oder in elektronischer Form über einen Link erreichbar sein. Falls einige Exemplare noch nicht elektronisch über den Online-Katalog abgerufen werden können, sind diese in einem **Zettelkatalog** der Bibliothek verfügbar. Bei den meisten Bibliotheken besteht zudem die Möglichkeit, die Recherche von zu Hause aus über das Internet und/oder direkt vor Ort an Computern der Bibliothek durchzuführen. In beiden Fällen bietet es sich an, die Option einer Vormerkfunktion wahrzunehmen. Durch diese kann sichergestellt werden, dass nach Ablauf der Leihfrist momentan verliehener Quellen ein Anspruch auf das Ausleihen des gewünschten Buchs im Anschluss besteht. Zudem wird bei **Magazinbeständen** oft eine Bestellfunktion angeboten. Voraussetzung dafür ist allerdings in aller Regel, dass ein Benutzerzugang („Account") bei der Universität bzw. Bibliothek eingerichtet wurde. Über eine Signatur gibt der Online-Katalog Auskunft über Ausleih- und Verfügbarkeitsstatus sowie den Standort der Materialien in der Bibliothek. Manche Bücher sind als **Präsenzexemplar** gekennzeichnet und können nur vor Ort eingesehen, nicht aber zur Nutzung außerhalb der Bibliothek verliehen werden.

Anmerkung: Online-Kataloge beinhalten in den meisten Fällen keine Aufsätze aus Zeitschriften oder Büchern (Hoffmann 2008, S. 46).

Verbundkataloge

Die Literaturrecherche über **Verbundkataloge** bietet nicht nur die Möglichkeit, die Bestände einer lokalen Bibliothek abzurufen, sondern die Sichtung der Materialien diverser Bibliotheken eines geografischen Raums. Somit wird die überregionale Literaturversorgung des gesamten Verbunds gewährleistet. Wird ein gesuchtes Werk lediglich in einer räumlich entfernten Bibliothek angeboten, kann dieses über eine (Online-) **Fernleihfunktion** bestellt bzw. ausgeliehen werden.

Die wichtigsten Verbundkataloge nach Brink (2005, S. 46) sind:

- HBZ Verbundkatalog Nordrhein Westfalen (HBZ-OPAC)
- Hessisches Bibliotheksinformationssystem (HEBIS)
- Gemeinsamer Bibliotheks-Verbund (GBV)
- Bibliotheks-Verbund Bayern (BVB)
- Südwestdeutscher Bibliotheks-Verbund (SWB)
- Globaler Verbundkatalog: World Cat; Bestand
- Meta-Katalog: Karlsruher Virtueller Katalog (KVK)

Anmerkung: Auch Verbundkataloge beinhalten in den meisten Fällen keine Aufsätze aus Zeitschriften oder Büchern (Hoffmann 2008, S. 46).

Datenbanken

Die meisten Hochschulen verfügen über verschiedene Lizenzen, die den Zugriff aller Universitätsangehörigen (Professoren, Mitarbeiter und Studierende) auf Online-Datenbanken ermöglichen. Um diese **Datenbanken** nutzen zu können, ist es erforderlich, über das jeweilige Universitätsnetzwerk auf das Intranet bzw. Internet zuzugreifen. Dies ist üblicherweise automatisch der Fall, wenn ein PC auf dem Universitäts-Campus genutzt wird oder mit dem eigenen Laptop eine Einwahl in das WLAN-Netz der Universität erfolgt. Um Datenbanken auch von zu Hause bzw. außerhalb des Uni-Campus zu nutzen, ist es für gewöhnlich erforderlich, eine VPN-Software (kurz für Virtual Private Network) zu installieren, die einen „virtuellen Tunnel" zur jeweiligen Universität herstellt. Die Software wird normalerweise kostenlos von den IT-Abteilungen oder der Bibliothek angeboten und weist eine relativ einfache Bedienung auf. Kleinere Hochschulen verfügen häufig nicht über eigene Lizenzen für Datenbanken. In diesem Fall sollte versucht werden, einen Gastzugang bei einer anderen Universitätsbibliothek zu erlangen.

In den Datenbanken sind Artikel aus Fachzeitschriften elektronisch hinterlegt. In den meisten Fällen steht dort sogar der **Volltext** im PDF-Format zum Download bereit. Da nicht jede Datenbank die Beiträge aller Fachzeitschriften erfasst, sondern jede Datenbank über einen disziplinären oder verlagsbezogenen Schwerpunkt verfügt, sind in den Datenbanken gelegentlich nur Titel und Abstract eines Beitrags hinterlegt. Aber selbst dann gelingt es meistens, über den sogenannten „SFX"-Button eine andere Datenbank zu finden, die den elektronischen Volltext des gesuchten Artikels führt. Abbildung 1.2 zeigt ein Beispiel für eine **SFX-Verknüpfung**.

Die SFX-Funktion stellt Verknüpfungen zwischen verschiedenen Datenbanken her. Ziel ist es, einen möglichst lückenlosen Zugang zu Fachzeitschriften zu ermöglichen.

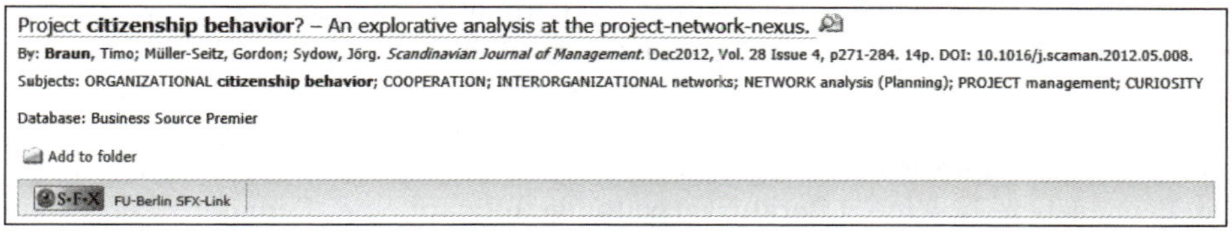

Abbildung 1.2: Beispielhafte SFX-Verknüpfung in Google Scholar

Die Bedienungsmaske von Datenbanken ähnelt der von einschlägigen Suchmaschinen. So können im Suchfeld Wortfolgen aus Autor, Titel, Jahr, Journal und Schlagwörtern eingegeben werden. In vielen Fällen führt bereits diese Abfrage zu den gewünschten Beiträgen. Für komplexere Abfragen bieten Datenbanken erweiterte Suchfunktionen („Advanced Search", „Expert Search", „Professional Search") an. Dort können noch gezieltere Abfragen vorbereitet werden. So ist es möglich, nur innerhalb bestimmter Felder (z.B. nur im Titelfeld) zu suchen. Zudem kann nach Veröffentlichungen innerhalb eines definierten zeitlichen Intervalls (z.B. im Zeitraum von 2010 bis 2012) gesucht oder Treffer können auf Beiträge reduziert werden, die einen Begutachtungsprozess durchlaufen haben. Daneben ist eine Vielzahl weiterer Spezifikationen der Suchabfragen möglich, etwa eine Fokussierung auf einzelne Fachzeitschriften oder Branchen.

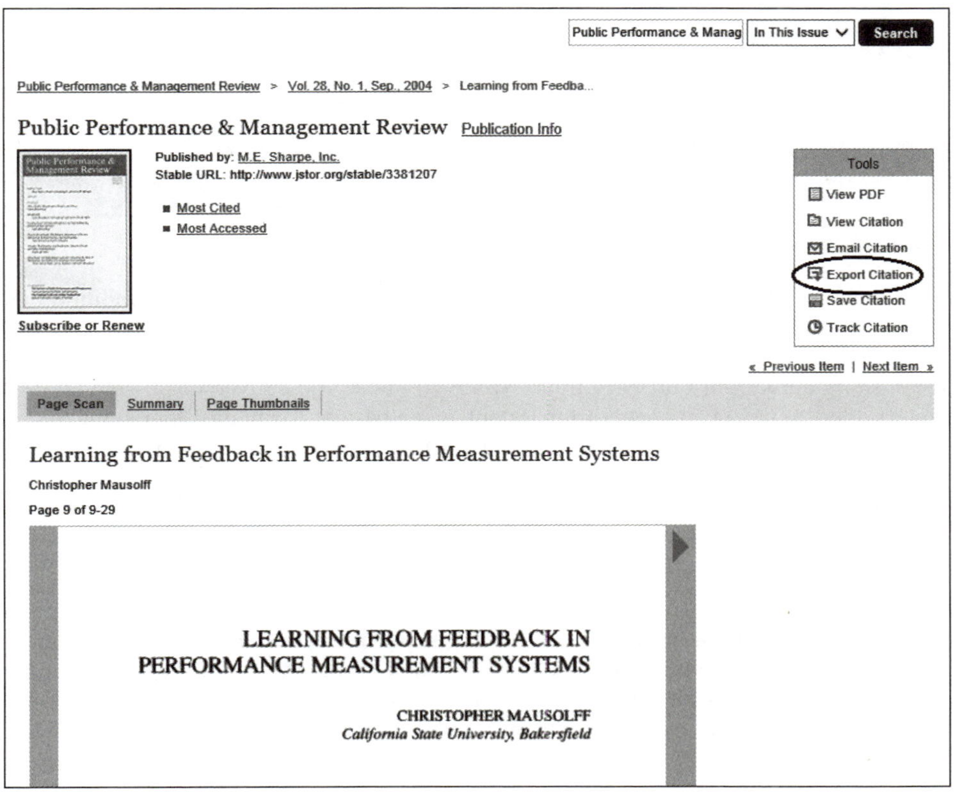

Abbildung 1.3: Export der Quellenangaben in eine Literaturverwaltungssoftware
Quelle: http://www.jstor.org/openurl?volume=28&date=2004&spage=9&issn=15309576&issue=1

Neben unzähligen Möglichkeiten bei der Gestaltung der Suchabfrage können Datenbanken wie EBSCOHost auch dazu genutzt werden, mittels eines kostenlosen Benutzerzugangs die relevanten Quellen zu speichern und für die eigene Arbeit zu strukturieren. Zudem werden verschiedene **Exportmöglichkeiten** für die als relevant identifizierten Beiträge angeboten. Häufig genutzt wird beispielsweise der Export der Quellenangaben in eine **Literaturverwaltungssoftware** wie Endnote oder Citavi. Abbildung 1.3 zeigt hierfür ein Beispiel.

Tabelle 1.2 stellt eine Auswahl wichtiger wirtschaftswissenschaftlicher Online-Literaturdatenbanken dar (in Anlehnung an Stickel-Wolf und Wolf 2011, S. 145).

Literaturquelle	Internetadresse
WISO Wissenschaften	*http://www.wiso-net.de*
EBSCOHost / Business Source Premier	*http://search.ebscohost.com*
EconLit	*http://www.aeaweb.org/econlit*
ABI / Inform	*http://proquest.umi.com*
JSTOR	*http://www.jstor.org*
ELSEVIER (ScienceDirect)	*http://www.sciencedirect.com*
Emerald Fulltext Archive Database	*http://www.emeraldinsight.com*

Tabelle 1.2: Auswahl wichtiger Online-Literaturdatenbanken

Eine weitere Recherchemöglichkeit bietet die **Elektronische Zeitschriftenbibliothek** (EZB; *http://rzblx1.uni-regensburg.de/ezeit*). Diese stellt umfassende Übersichten von Zeitschriften und deren Verfügbarkeit dar. Dieses Angebot wurde von der Universität Regensburg entwickelt und wird mittlerweile von über 400 Universitäten genutzt. Der Unterschied zu den oben angeführten Datenbanken besteht darin, dass hier keine Suche nach einzelnen Fachartikeln möglich ist. Die Datenbank bietet vielmehr die Möglichkeit einer Abfrage, die Auskunft darüber gibt, welche Fachzeitschriften es in bestimmten Fachgebieten gibt, in welchen Datenbanken diese geführt werden und welche Einrichtungen im deutschsprachigen Raum über entsprechende Lizenzen verfügen.

Internet

Die **Literaturrecherche im Internet** bietet Zugriff auf eine Vielzahl von Informationen. Diese erstrecken sich von einem groben Überblick zu einem spezifischen Thema bis hin zu konkreten wissenschaftlichen Veröffentlichungen. Oftmals kann auf aktuelle Publikationen und den dazugehörigen Volltext zugegriffen werden. Aufgrund der

Fülle an unstrukturierten Informationen ist jedoch eine genaue Prüfung der Quellen erforderlich. Dies gilt insbesondere im Hinblick auf die Verwendung in einer wissenschaftlichen Arbeit.

Für einen ersten Überblick über ein Wissensgebiet bzw. den Einstieg in ein Thema sind daher die gängigen Suchmaschinen und Enzyklopädien geeignet. Um akademische Texte zu finden, stehen zudem eine Reihe von spezialisierten Suchmaschinen zur Verfügung. In Tabelle 1.3 sind einige Beispiele für beide Gruppen dargestellt (Balzert et al. 2008, S. 89; Hoffmann 2008, S. 87).

Literaturquelle	Internetadresse
Themeneinstieg / Überblick	
Google	*www.google.de*
Yahoo	*www.yahoo.com*
Wikipedia	*www.wikipedia.de*
Spezialisierte Suchmaschinen	
Google Scholar	*www.scholar.google.de*
Google Books	*www.books.google.de*
Bielefeld Academic Search Engine	*www.base-search.net*
Vascoda	*www.vascoda.de*
Vivisimo	*www.vivisimo.de*

Tabelle 1.3: Auswahl wichtiger Suchmaschinen

Sonstige Literaturquellen

Neben den oben beschriebenen Arten der Literaturbeschaffung können auch andere Quellen herangezogen werden. Es können Quellen von Experten erfragt werden, beispielsweise von Wissenschaftlern verschiedener Institute, Professoren, Autoren oder in dem betrachteten Wissenschaftsbereich arbeitenden Praktikern. Daneben sollte vor allem auch der jeweilige Betreuer der wissenschaftlichen Arbeit nach Literaturhinweisen befragt werden (Stickel-Wolf und Wolf 2011, S. 153). Lehrstühle haben in der Regel eine kleine, aber auf das jeweilige Fachgebiet spezialisierte Literatursammlung, aus der gegebenenfalls Exemplare entliehen werden können. Meistens sind die Bestände dieser dezentralen Bibliotheken auch über die Internetkataloge der Universitätsbibliothek ersichtlich.

1.2.4 Qualitätsunterschiede von Quellen

Im Anschluss oder auch parallel zur Literaturrecherche gilt es zu entscheiden, welche der gefundenen Quellen relevant und qualitativ auf einem angemessenen Niveau sind. Eine definitive Klassifizierung kann und soll hier nicht angestrebt werden. Es können jedoch **vier Kriterien zur Bewertung** der Zuverlässigkeit der betreffenden Fundstellen identifiziert werden. Diese Kriterien sind in Abbildung 1.4 dargestellt und werden im Folgenden näher erläutert.

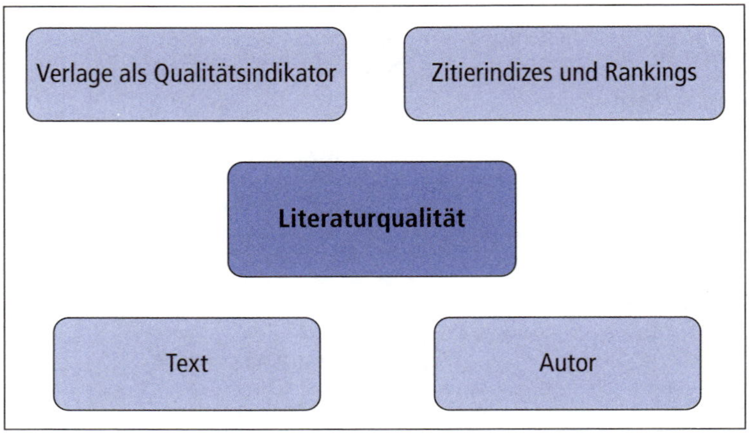

Abbildung 1.4: Kriterien der Literaturqualität

Verlage als Qualitätsindikator

Grundsätzlich sollten Publikationen von einschlägigen **Fachverlagen** bevorzugt werden, da diese über eine vergleichsweise höhere Reputation verfügen und bemüht sind, ihren Status zu erhalten. Jedoch sollte auch bei Fachverlagen auf die jeweiligen Buchreihen und Zeitschriften geachtet werden, da die Qualität je nach Zielgruppe durchaus deutlich variieren kann. So gibt es beispielsweise Verlage, die sowohl Bücher für Wissenschaftler als auch für Praktiker und auch für Ausbildungszwecke veröffentlichen, dabei jedoch unterschiedliche Maßstäbe im Hinblick auf die Fundierung und Detaillierung der Inhalte zugrunde legen. Zu den Fachverlagen zählen unter anderem Pearson, Gabler-Springer, Kohlhammer, Vahlen, Schäffer-Poeschel und UTB. Im englischsprachigen Raum genießen neben den **Universitätsverlagen** wie z.B. Cambridge, Harvard, Princeton und Oxford University Press auch Palgrave Macmillan, Routledge, Sage oder Wiley ein hohes Ansehen. Wenn mehrere Auflagen eines Buchs erschienen sind, sollte die neueste Auflage zitiert werden, es sei denn, die entsprechenden Inhalte sind nur in einer älteren Auflage vorzufinden.

In Bezug auf den Zeitpunkt der Veröffentlichung sollten in der Regel **jüngere Texte** bevorzugt werden. Zum einen kann dadurch in Fachgebieten mit einer Fülle von Veröffentlichungen eine Arbeitserleichterung erzielt werden. Die Inhalte knüpfen dabei in der Regel systematisch an existierende, ältere Publikationen an. Im Hinblick auf die Präferenz für ursprüngliche Zitate aus Primärquellen können die älteren Texte daraufhin selektiv gesucht werden (Spoun 2011, S. 78). Zum anderen enthalten jüngere Werke meist einen aktuelleren Wissensstand, der eventuell schon einige wichtige

Korrekturen beinhaltet. Umgekehrt erfolgt in jüngeren Quellen immer auch eine Interpretation der Primärquellen, was auch zu Verzerrungen oder Fehlinterpretationen führen kann. Hier sei erneut auf die Notwendigkeit einer kritischen Würdigung und Reflexion der als relevant festgehaltenen Fundstellen hingewiesen.

Zitierindices und Rankings

Einen weiteren Indikator für die wissenschaftliche Qualität von Fachzeitschriften stellen die sogenannten **Rankings** dar. Im Bereich betriebswirtschaftlicher Zeitschriften liefert das in Zeitabständen aktualisierte Jourqual-Ranking (Jourqual steht für Journal Quality) des Verbands der Hochschullehrer für Betriebswirtschaftslehre (VHB) die wohl einflussreichste Orientierung. Abbildung 1.5 zeigt die zugehörige Internetseite.

Abbildung 1.5: VHB-Ranking-Jourqual
Quelle: http://vhbonline.org/service/jourqual/

Die Rangfolge des derzeit aktuellen Rankings (Stand: Frühjahr 2013) basiert auf einer Umfrage, an welcher sich 653 Mitglieder beteiligt haben. Je nach Qualität reichen die sogenannten Bewertungen von sehr hochwertig einzustufenden Fachzeitschriften (A+-Zeitschriften) bis zu eher niedrig eingestuften Organen (sogenannte E-Zeitschriften). Es wurden insgesamt 838 Fachzeitschriften beurteilt. Die Liste der fünfzehn am besten beurteilten Zeitschriften ist in Tabelle 1.4 dargestellt. Die gesamte Liste kann im Internet unter *http://vhbonline.org* abgerufen werden. Für andere Fachrichtungen existieren vergleichbare Rankings.

Rank	Name der Zeitschrift	Rating
1	Journal of Finance	A +
2	American Economic Review	A +
3	Review of Financial Studies	A +
4	Administrative Science Quarterly	A +
5	Journal of Marketing	A +
6	Journal of Consumer Research	A +
7	Journal of Financial Economics	A +
8	Information Systems Research	A +
9	Journal of Political Economy	A +
10	Journal of Marketing Research	A +
11	Marketing Science	A +
12	Science	A +
13	Management Science	A +
14	Operations Research	A +
15	Econometrica	A +

Tabelle 1.4: Liste der Top-15-Zeitschriften (siehe *http://vhbonline.org*)

Ein weiterer Ansatz, um die Qualität der verwendeten Literatur zu beurteilen bzw. um die Qualität der eigenen Ausarbeitung zu steigern, nutzt den sogenannten **Impact Factor** (zu Deutsch: Einflussfaktor). Diese Maßzahl misst im Allgemeinen den Einfluss von Fachzeitschriften. Zu Grunde gelegt wird dabei, wie häufig ein Artikel in anderen wissenschaftlichen Texten zitiert wurde. Alljährlich werden dazu vom Institute of Scientific Information (ISI; heute Thomson Reuters) die sogenannten Journal Citation Reports (JCR) berechnet und veröffentlicht. Abbildung 1.6 zeigt die dazugehörige Internetseite.

Weitere Ansätze zur Bewertung von Fachzeitschriften sind der sogenannte **Eigenfactor Score** (*http://eigenfactor.org/*) oder die **Journal List** des Erasmus Research Institute of Management (*http://www.erim.eur.nl/ERIM/About/*). Im deutschsprachigen Raum ist zudem das vom **Handelsblatt** veröffentlichte Ranking für die Felder Betriebs- und Volkswirtschaftslehre relevant (siehe dazu *http://www.handelsblatt.com/politik/oekonomie/bwl-ranking/*).

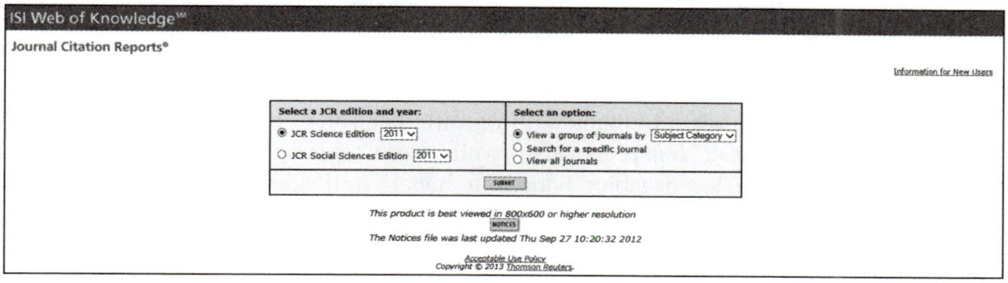

Abbildung 1.6: Journal Citation Reports
Quelle: http://admin-apps.webofknowledge.com/JCR/JCR?SID=1E1C4jD2Mk2mkm5P2LE&locale=en_US

Abschließend sei noch angemerkt, dass Rankings oder Zitierindices letzten Endes nur als Indizien für die Qualität einer Fachzeitschrift herangezogen werden können. Deshalb sollten Fachzeitschriften, die nicht auf den Spitzenplätzen von Rankings auftauchen oder gar nicht erst gelistet sind, aber nicht per se von der Literaturrecherche ausgeschlossen werden. Zitierindices sollten folglich nicht als alleinige Beurteilungsgrundlage dienen, da diese nicht die inhaltlich-methodische Qualität eines speziellen Textes oder die Reputation einer Fachzeitschrift innerhalb der relevanten wissenschaftlichen Gemeinschaft erfassen (Brink 2005, S. 123).

Die Praxis von Zeitschriftenrankings und der Impact-Factors wird in der deutschsprachigen Betriebswirtschaftslehre und insbesondere in der Organisationsforschung zunehmend mit Vorbehalten beobachtet. Manche Forscher sprechen sich gar für einen Boykott solcher Praktiken aus, weil dadurch eine Pseudo-Objektivität geschaffen und Forschungsbeiträge zunehmend auf vermeintlich akzeptierte Paradigmen zugeschnitten würden (Kieser 2010, 2012). Kritisch zu beurteilen ist darüber hinaus die Tatsache, dass Rankings zunehmend durch privatwirtschaftliche Unternehmen erstellt werden, bei denen die Vermutung geäußert werden kann, dass wissenschaftliche Ansprüche hinter Aspekten der Vermarktung zurückstehen könnten.

Text

Für die qualitative Einordnung eines Textes können die von den Autoren gesetzten Ziele aufschlussreich sein. Einerseits bietet die Zielsetzung mitunter einen ersten, groben Überblick über ein bestimmtes Thema und führt in das jeweilige Fachgebiet ein. Andererseits gibt die Zielsetzung normalerweise Aufschluss darüber, wie die Forschungsarbeit ausgerichtet ist, z.B. theoretisch-konzeptionell, empirisch oder eher praxisorientiert. Hinweise auf die Zielsetzung einer wissenschaftlichen Veröffentlichung können die Kurzzusammenfassungen (Abstracts) oder Einleitungen von Texten bieten. Ferner ist es ratsam, den Internetauftritt einer Fachzeitschrift zu sichten, da dort meist umfangreiche Angaben im Hinblick auf die inhaltlichen Schwerpunkte und die anvisierten Zielgruppen gegeben werden. Zudem bietet die Gliederungsstruktur des Textes einen Anhaltspunkt auf das vom Autor gewählte Vorgehen sowie die Schwerpunkte und den Differenzierungsgrad der wissenschaftlichen Arbeit. Neben der Zielsetzung und der Struktur kann eine hohe stilistische Qualität auf die allgemeine Qualität einer Publikation hindeuten. Als positiv zu werten ist es beispielsweise, wenn tragende theoretische Aussagen hinreichend mit einschlägigen Quellen unterlegt werden. Umgekehrt ist es ein schlechtes Anzeichen, wenn Texte theoretische Behauptungen aufstellen, die unzureichend durch eigene Argumente oder ohne Rekurs auf einschlägige Quellen gestützt sind.

Autor

Neben den Qualitätsindikatoren Veröffentlichungskontext und den Publikationen selbst kann ebenfalls – sofern möglich bzw. nötig – der Autor der Publikation berücksichtigt werden. Einige Forschungsrichtungen sind unmittelbar von einem bzw. einigen zentralen Autoren beeinflusst, beispielsweise weil diese über einen langen Zeitraum Forschung in einem Wissensgebiet betrieben haben und somit über herausragende Kenntnisse verfügen. Teilweise waren die Wissenschaftler auch selbst die Initiatoren eines speziellen Forschungsbereichs, haben diesen mithin über Jahre hinweg maßgeblich geprägt. Einige Hinweise auf die Bevorzugung eines Autors gegenüber anderen sind die Reputation, die zentralen Arbeitsgebiete und die Denkrichtungen der Autoren (Spoun 2011, S. 83f.).

Aufgaben

Identifizieren Sie mindestens fünf für Ihre Abschlussarbeit relevante Fachzeitschriften.

Orientieren Sie sich an einem Ranking und erstellen Sie eine Reihenfolge der identifizierten Fachzeitschriften im Hinblick auf ihre Qualität entsprechend des betreffenden Rankings.

1.2.5 Umfang der Literaturrecherche

Die Frage nach dem angemessenen Umfang einer Literaturrecherche und damit verbunden die Frage, wie viele Quellen in die Arbeit einfließen sollen, ist schwer zu beantworten. Dazu gehören neben dem Umfang der Arbeit auch die zugrunde liegende Methodik, die Aktualität des Themas und auch, wie kontrovers mit der Thematik in der Vergangenheit umgegangen wurde. Generell sollte man auf die jeweiligen Vorgaben des Instituts bzw. Lehrstuhls achten, da hier allgemeine Aussagen nur schwer zu treffen sind (Wala und Miklavc 2007, S. 59).

Andere Ansätze orientieren sich an den **Creditpoints (ECTS)**, die für die jeweilige Arbeit angesetzt werden. Gemäß diesem eher pragmatischen Ansatz entspricht ein ECTS einer Arbeitszeit von 25 bis 30 Stunden. Bei kleineren Seminar- und Hausarbeiten im Umfang von sechs ECTS wird zumeist ein erster Rechercheaufwand von ca. 10% vorgeschlagen (15 bis 18 Stunden). Bei größeren Arbeiten wie einer Bachelor-, Master- und Diplomarbeit steigt der Rechercheaufwand jedoch überproportional, da hier eine intensivere Auseinandersetzung erforderlich ist (Spoun 2011, S. 95).

In jedem Fall scheint es ratsam, die betreuende Person zu konsultieren. Denn neben dem inhaltlichen Austausch ist es in diesem Zusammenhang ebenfalls möglich, zu prüfen, ob die eigene Literaturrecherche ausreichend ist.

1.3 Literatur

Bakker, R. M. (2010): Taking stock of temporary organizational forms: A systematic review and research agenda, in: International Journal of Management Reviews, 12(4), S. 466–486.

Balzert, H./Schäfer, C./Schröder, M./Kern, U. (2008): Wissenschaftliches Arbeiten: Wissenschaft, Quellen, Artefakte, Organisation, Präsentation, Herdecke: W3l Verlag.

Brink, A. (2005): Anfertigung wissenschaftlicher Arbeiten: Ein prozessorientierter Leitfaden zur Erstellung von Bachelor-, Master- und Diplomarbeiten in acht Lerneinheiten, München: Oldenbourg.

Ebster, C./Stalzer, L. (2003): Wissenschaftliches Arbeiten für Wirtschafts- und Sozialwissenschaftler, Stuttgart: UTB.

Hoffmann, S. (2008): So gelingen Seminar-, Bachelor- und Masterarbeiten: Ein Leitfaden für BWLer und VWLer: Von der Recherche bis zur fertigen Arbeit, Heidenau: PD-Verlag.

Kieser, A. (2010). Die Tonnenideologie der Forschung, in: Frankfurter Allgemeine Zeitung, Nr. 130, S. N5.

Kieser, A. (2012): JOURQUAL – der Gebrauch, nicht der Missbrauch, ist das Problem (Standpunkt), in: Die Betriebswirtschaft, 72(1), S. 93–110.

Kornmeier, M. (2012): Wissenschaftlich schreiben leicht gemacht: Für Bachelor, Master und Dissertation, Stuttgart: UTB.

Lehmann, G. (2008): Wissenschaftliche Arbeiten: Zielwirksam verfassen und präsentieren, Renningen: Expert-Verlag.

Lück, W. (2004): Lexikon der Betriebswirtschaft, München: Oldenbourg.

Müller-Seitz, G. (2012): Leadership in interorganizational networks: A literature review and suggestions for future research, in: International Journal of Management Reviews, 14(4), S. 428–443.

Seiffert, H./Radnitzky, G. (1992): Handlexikon der Wissenschaftstheorie, München: Deutscher Taschenbuch Verlag.

Spoun, S. (2011): Erfolgreich studieren, München: Pearson Studium.

Stickel-Wolf, C./Wolf, J. (2011): Wissenschaftliches Arbeiten und Lerntechniken – erfolgreich studieren – gewusst wie!, Wiesbaden: Gabler.

Wala, T./Miklavc, N. (2007): Praxisleitfaden zur Betreuung von Diplomarbeiten, in: Zeitschrift für Hochschulrecht, Hochschulmanagement und Hochschulpolitik, 6(2), S. 52–60.

Vorbereitungen treffen

2

ÜBERBLICK

Die Anforderungen einer Abschlussarbeit sind keineswegs nur fachlicher oder inhaltlicher Art, sondern verlangen Studierenden insbesondere auch planerische und selbstorganisatorische Fähigkeiten ab. Dies umfasst ein zielführendes Zeit- und Selbstmanagement (Kapitel 2.1), da ein Schreibprojekt nur so fristgerecht und vollständig abgeschlossen werden kann. Des Weiteren lohnt es sich bereits vor dem eigentlichen Beginn des aktiven Schreibens, die Möglichkeiten einer informationstechnischen Unterstützung auszuloten und z.B. Templates, also Formatvorlagen in Textverarbeitungsprogrammen, an die eigenen Bedürfnisse anzupassen (Kapitel 2.2). Eine gute Vorbereitung des Schreibprojekts kann später zu großen Erleichterungen führen und wertvolle Zeit vor der Abgabe (z.B. für Umformatierungen) einsparen.

2.1 Zeit- und Selbstmanagement

Egal, ob Bachelor- oder Masterstudent, eines haben alle Studierenden gemeinsam: Sie verpflichten sich, am Ende des Studiums eine Abschlussarbeit nach wissenschaftlichen Maßstäben anzufertigen. Nur so erlangen sie einen berufsqualifizierenden akademischen Abschluss. Beim Verfassen des Manuskripts sollen Studierende nachweisen, dass sie die Fähigkeit erlernt haben, sich mit einem bestimmten Thema in einer vorgegebenen Zeit intensiv auseinanderzusetzen und dieses systematisch zu erarbeiten.

Im Folgenden wird ein idealtypischer Umgang mit dem Zeit- und Selbstmanagement vorgestellt. Letztlich gibt es kein perfektes Rezept, sondern jeder versucht einen individuellen Umgang damit zu finden. Oft wird in der Literatur darauf hingewiesen, dass die eigene Disziplinierung die größte Herausforderung darstellt. Um diese zu meistern, steht ein breites Repertoire an unterstützenden Tools zur Verfügung. Einige davon werden im Folgenden aufgeführt. Ziel sollte es nicht sein, alle Methoden anzuwenden, sondern sich vielmehr selektiv zu bedienen. Für eine leichtere Führung durch das Kapitel des Zeit- und Selbstmanagements soll Abbildung 2.1 eine Orientierung bieten.

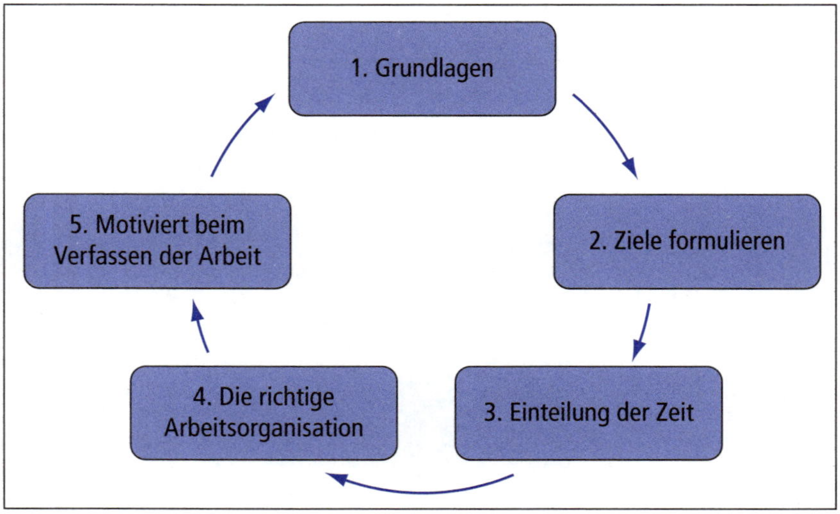

Abbildung 2.1: Kreislauf des Zeitmanagements

Zunächst werden einige Grundlagen zum Umgang mit Zeitmanagement erläutert und welche Bedeutung diese für das wissenschaftliche Arbeiten haben (Abschnitt 2.1.1). Im zweiten Schritt werden Methoden zur Formulierung von Zielen (Abschnitt 2.1.2) dargestellt. Ziele sollen eine effektive Priorisierung ermöglichen und die Erstellung einer Abschlussarbeit vereinfachen. Im darauf folgenden Unterkapitel zur Einteilung der Zeit (Abschnitt 2.1.3) werden beispielhafte Arbeitspläne dargestellt, um Prinzipien zur Gestaltung eines Tages- und Wochenarbeitsplans zu erläutern. Neben der sinnvollen Zeiteinteilung unter Berücksichtigung von Pausen- und Erholungszeiten wird auch die Gefahr von Fehleinschätzungen im Hinblick auf das vorhandene Zeitbudget verdeutlicht. Das anschließende Unterkapitel zur richtigen Arbeitsorganisation (Abschnitt 2.1.4) gibt anwendungsorientierte Hinweise zum Thema Arbeitsplatzwahl und Datenverwaltung. Im Unterkapitel 2.1.5 soll eine Sensibilisierung für Strategien der Selbstmotivation erreicht werden. Das letzte Unterkapitel setzt das Zeitmanagement bei der Abschlussarbeit im Sinne eines ganzheitlichen Zeit- und Lebensmanagements (Abschnitt 2.1.6) in einen größeren Zusammenhang.

2.1.1 Grundlagen des Zeitmanagements

Der Begriff **Zeitmanagement** stellt im Grunde einen Widerspruch in sich dar. Die Zeit als konstante Größe verrinnt kontinuierlich. Wir können sie als solche nicht variieren, sondern nur uns selbst bestmöglich im Hinblick auf das Abfassen der Abschlussarbeit ausrichten. Zeitmanagement bedeutet daher vor allem **Selbstmanagement**. Die begrenzt zur Verfügung stehende Zeit wird bei der Planung und Durchführung einer Abschlussarbeit oftmals zu wenig berücksichtigt. Mittelschwere bis starke zeitliche Engpässe, insbesondere am Ende der Bearbeitungszeit, sind hierbei oftmals die Folge. Aufgrund dessen ist es umso wichtiger, dass die verfügbare Zeit von Beginn an sinnvoll geplant und strukturiert wird. Vor dem Start der Abschlussarbeit ist also ein gutes Zeitmanagement ebenso sinnvoll wie die richtige Themenwahl. Bei gutem Zeitmanagement wird die persönlich zur Verfügung stehende Zeit bewusst effektiv und effizient geplant. Hierbei kann es sich zum einen um die Tages- oder Wochenplanung, zum anderen – im Sinne einer integrierten und nachhaltigen Planung – aber auch um die Laufbahn- oder sogar Lebensplanung handeln.

Die zur Verfügung stehende Zeit für eine wissenschaftliche Abschlussarbeit umfasst in der Regel zwischen zwei und sechs Monaten. Um diese Zeit effektiv zu planen, bietet es sich an, **Wochen- und Tagespläne** mit kleinschrittig formulierten Fristen zu erstellen. Stück für Stück entsteht so die Abschlussarbeit; ohne zeitliche Engpässe in den letzten Tagen vor der Abgabe. Für eine bewusste Zeitplanung sollten auch die persönlichen Zeitfallen aufgespürt werden. Diese können nach ihrer Identifizierung in einem Zeitplan berücksichtigt bzw. ausgeschlossen werden. Ein gutes Zeitmanagement kann zudem Unzufriedenheit und Demotivation vorbeugen.

Beispiel: Ursachen für mangelnde Zeit

- *Mangelnde Selbstdisziplin*
- *Fehlende Zielsetzungen*
- *Negative Grundeinstellung*
- *Keine systematische Planung bzw. Prioritätensetzung*
- *„Nicht nein sagen können"*
- *Fehlende Begeisterung für das Themenfeld bzw. die Aufgabe selbst*
- *Zu viele Termine*
- *Häufige Störungen*
- *Zu große Ambitionen*
- ...

Die Vorteile eines konsequenten und zielorientierten Selbstmanagements sowie einer geschickten Zeiteinteilung können einer möglichen Unzufriedenheit entgegenwirken. Durch die Anwendung besonderer Arbeitstechniken, wie einer möglichst optimalen Gestaltung der Arbeitsabläufe durch **Checklisten**, können mehr Freude und weniger Stress bei der Bearbeitung der Abschlussarbeit erzielt werden.

Die nachfolgenden Hinweise sind sicherlich nur schwer zu generalisieren, weshalb die Anregungen je nach individuellem Gusto zu wählen sind. In jedem Fall lohnt es sich, testweise einzelne Anregungen auszuprobieren; auch wenn es auf den ersten Blick vielleicht noch nicht vorstellbar ist, wie manche Tipps sinnvoll genutzt werden können.

2.1.2 Vorbereitung: Ziele formulieren

„Wenn ich nicht weiß, wohin ich will, darf ich mich auch nicht wundern, wenn ich woanders ankomme." (Chinesisches Sprichwort)

Jeder Student hat **individuelle Ziele**. Ein Studium wird schließlich vor allem auch mit dem Ziel, einen Abschluss zu erwerben, begonnen. Wie viel Zeit und Mühe investiert wird, ist von vielen Faktoren abhängig. Neben der finanziellen Grundausstattung und Nebentätigkeiten spielen dabei allerdings vor allem das Selbstmanagement und der persönlich verfolgte Weg zum Ziel eine entscheidende Rolle. Ziele werden immer wieder neu und re-definiert. Bevor die eigentliche Arbeit beginnt, sollte trotzdem feststehen, zu welchem Ergebnis der anvisierte Weg letztlich führen soll.

Im Fall einer Abschlussarbeit ist es das Ziel, eine wissenschaftlich korrekt verfasste und strukturierte Arbeit vorlegen zu können und damit in erster Linie die Ansprüche an die eigene Person und die des Prüfers zu erfüllen. Hierbei ist es besonders wichtig, die persönlichen Ziele zu definieren und oftmals hilfreich, diese auch schriftlich zu dokumentieren.

Bevor nun aber das Ziel näher definiert werden kann, sollten zunächst die dafür relevanten Rahmenbedingungen betrachtet werden. Hierzu bietet sich die Erstellung einer **Situationsanalyse** an. Diese wird im folgenden Abschnitt näher erläutert.

Eine sinnvolle Situationsanalyse erstellen

Neben einer sinnvollen Zieldefinition und einer guten Priorisierung ist es zuvor wichtig, sich die **eigene Lebenssituation** ins Bewusstsein zu rufen. Dabei sollte im besten Fall klar werden, welche unterschiedlichen Rollen im Alltag übernommen werden.

Wichtig ist dabei einzuschätzen, wie viel Zeit diese **Rollen im Alltag** in Anspruch nehmen. Hierbei ist es sinnvoll, eine Liste über die eingenommenen Positionen im Leben aufzustellen und sich darüber bewusst zu werden, welche Rollen im Alltag eingegangen werden und welche Verpflichtungen diese möglicherweise mit sich bringen. Das nachfolgende Beispiel soll zur Sensibilisierung für die Vielfalt an Rollen einer Person beitragen.

Beispiel: Rollen im Alltag

Ich …
… bin Studentin
… bin eine feste Partnerin
… eine Freundin
… bin Tochter / Tante / Enkelin
… bin Angestellte in einem Café
… bin engagiert in einer studentischen Initiative
… treibe Sport

Dabei sind z.B. folgende Fragen zu stellen:

- Was muss ich noch leisten?
- Welchen Aufgaben bin ich verpflichtet?
- Übe ich einen Nebenjob aus, der mich zeitlich einschränkt?
- Bin ich außeruniversitär engagiert?

Aber nicht nur Verpflichtungen gegenüber Arbeitgebern und der Universität sind wichtig, sondern auch Rollen im privaten Umfeld, wie etwa die eines Freundes, einer Tochter oder eines Vaters. Diese übernommenen Rollen beeinflussen die innerpsychischen Abläufe, die unser Denken, Fühlen und Handeln prägen können, und sollten somit bei der Zeitplanung berücksichtigt werden.

Dabei können auch Konflikte durch gegensätzliche Rollenerwartungen entstehen. Oft gerät z.B. die Rolle des Nebenjobs mit der des Freundes aneinander. Hierbei ist es wichtig, Prioritäten zu setzen und sich der eigenen Rollen bewusst zu werden. Ein gutes Zeitmanagement kann daher helfen, Rollenkonflikte zu vermindern.

Aufgaben

Beantworten Sie für sich selbst folgende Fragen und überlegen Sie stets, wie viel Zeit Sie dafür realistisch veranschlagen müssen:

- Welche Ziele habe ich mir für den Studienabschluss gesetzt (beispielsweise bezüglich der Endnote oder der anschließenden Berufswahl)?
- Welchen alltäglichen Aufgaben gehe ich nach (beispielsweise die Pflege Familienangehöriger oder Hobbys)?
- Übe ich einen Nebenjob aus, der mich zeitlich einschränkt?
- Welchen außeruniversitären Verpflichtungen gehe ich nach?

Ziele richtig definieren

Für die Realisierung der eigenen Ziele ist es essenziell, diese möglichst exakt zu formulieren. Um Ziele greifbar und erreichbar zu machen, ist es erforderlich, diese zu operationalisieren und regelmäßig zu überprüfen. Oft werden tägliche **To-do-Listen** mit Stichpunkten der zu erledigenden Aufgaben formuliert. Das einfache Umwandeln eines Stichpunkts einer To-do-Liste in eine Liste mit Zielen erleichtert dabei zumeist das Abarbeiten der Aufgaben.

Die nachstehende Aufzählung zeigt, wie To-do-Listen optimal eingesetzt werden können.

Beispiel: To-do-Listen

Herkömmliche To-do-Liste	Effektivere To-do-Liste mit Zielen
Kapitel 3 und 5 lesen	Kapitel 3 und 5 verstanden haben
2 Stunden an der Abschlussarbeit sitzen	3 Seiten für die Abschlussarbeit verfasst haben
Abwaschen	Eine saubere Küche hinterlassen

Das Denken in Zielen sollte dabei möglichst häufig in das Bewusstsein gerufen werden. Griffig formuliert: Was hilft dabei, die eigenen Ziele zu erreichen? Daraus lässt sich der bekannte Appell „Tue das Wichtige vor dem Dringenden" ableiten (vgl. Stickel-Wolf und Wolf 2011, S. 284).

Aufgaben

Erstellen Sie eine To-do-Liste für einen einzelnen Tag, eine Woche, einen Monat sowie ein Semester.

- To-do-Liste für einen Tag
- To-do-Liste für eine Woche
- To-do-Liste für einen Monat
- To-do-Liste für das kommende Semester

Damit die gesetzten Ziele auch umsetzbar sind, kann die sogenannte **SMART-Methode** helfen. Durch diese kann eine Überlastung und eine damit einhergehende Demotivation bereits von Beginn an vermieden werden.

Definition

Die SMART-Methode:

S = Spezifisch – unmissverständlich benennen worum es geht

M = Messbar – am besten an Kennzahlen ausgerichtet und für andere nachvollziehbar

A = Attraktiv/ anspruchsvoll – Ziele positiv und herausfordernd beschreiben

R = Realistisch – Zielereichbarkeit sicherstellen

T = Terminiert – Endtermin und ggf. Meilensteine festlegen

Im Folgenden werden die einzelnen Komponenten detailliert erläutert:

S steht für spezifisch, schriftlich und selbst zu initiieren. Die Ziele und Vorhaben werden so konkret wie möglich und speziell auf das persönliche Problem ausgerichtet. Es wird empfohlen, an dieser Stelle keine komplexen Zielsetzungen zu wählen. Des Weiteren ist zu beachten, dass die eigenen Ziele steuerbar und nicht von weiteren äußeren Faktoren abhängig sind. Eine Verschriftlichung der Ziele ist immer sinnvoll und schafft Verbindlichkeit.

M steht für messbar. Woran wird erkannt, dass das persönliche Ziel erreicht wurde? Denn durch konkrete Zahlen fällt eine Überprüfung sehr leicht. Eine einfache Regel: Was nicht gemessen werden kann, kann auch nicht überprüft werden. Daher sollte danach gestrebt werden, die Ziele messbar zu machen.

A steht für attraktiv, anspruchsvoll, affirmativ und aktionsorientiert. Affirmativ bedeutet, dass das Ziel positiv und somit gleichsam auch zielförderlich formuliert wird. Gleichzeitig sollte das Ziel anspruchsvoll genug sein, um eine möglichst hohe Leistung bei sich selbst abzurufen. Aktionsorientiert sagt aus, dass aus den Zielen konkrete Handlungsschritte ableitbar sind, die das Ziel näher bringen können.

R steht für realistisch. Liegt das Ziel im Bereich des Möglichen? Und viel wichtiger: Ist es nach eigener Einschätzung erreichbar? Eine Überforderung kann durch eine realistische Einschätzung vermieden werden. Umgekehrt sollte man aber natürlich auch nicht dazu neigen, die eigenen Ziele so zu setzen, dass sie ohne Aufwand erreicht werden.

T steht für Timing bzw. terminiert und beschreibt die Festlegung eines Zeitpunkts für die geplante Zielumsetzung und Zielerreichung. Ist es eine Aufgabe für den Rest des Lebens oder gönnt man sich die Freude, eher fertig zu werden, um das Erreichte dann noch ein paar Jahre genießen zu können? Termine sind auch für Zwischenschritte z.B. in Form von **Meilensteinen** wichtig, denn nur so wird ersichtlich, ob Fortschritte gemacht wurden und ob der Plan einzuhalten ist. Das hat zur Folge, dass Ziele berechenbar(er) werden. Nichts schafft größere Motivation weiterzumachen, als erste Erfolge zu sehen (Career-Tools 2012).

Beispiel: Ein Ziel nach der SMART-Methode

„Ich werde in meiner Statistikklausur am 2. März besser als 2,0 abschneiden!"	
S =	Es handelt sich um eine konkrete Klausur.
M =	Das Ziel wird bei einer Note von 2,0 und besser erreicht.
A =	Mit Lernen ist das Ziel zu erreichen und eine gute Note in Statistik ist vorteilhaft für meinen beruflichen Werdegang.
R =	Es wurde zuvor eine Vorlesung zum Thema besucht und es besteht genügend Zeit zum Lernen.
T =	Das Datum der Klausur steht fest.

Aufgaben

Formulieren Sie ein Ziel nach der SMART-Methode!

S =

M =

A =

R =

T =

Priorisieren leicht gemacht

Nicht selten kommt es vor, dass die To-do-Liste eine DIN-A5-Seite überschreitet. Um alle Aufgaben, die auf den ersten Blick als wichtig erscheinen, auch rechtzeitig zu erledigen, kann eine Priorisierung der Aufgaben hilfreich sein.

Dabei empfiehlt es sich, das sogenannte **Eisenhower-Prinzip** (Abbildung 2.2) anzuwenden. Unter Berücksichtigung der Faktoren Wichtigkeit und Dringlichkeit können anfallende Aufgaben ohne Zeitstress erledigt werden.

Folgende Regeln sollten dabei beachtet werden:

- Wichtigkeit kommt vor Dringlichkeit.
- Wichtigkeit bedeutet Arbeitserfolg.
- Dringlichkeit ist reine Terminsache.

Bei der Beachtung der Regeln entsteht eine Rangfolge für die Erledigung anstehender Aufgaben, die sich gut grafisch darstellen lässt:

- A-Aufgaben sind wichtig und dringlich.
- B-Aufgaben sind wichtig, aber weniger dringlich.
- C-Aufgaben sind dringlich, aber nicht besonders wichtig.
- Aufgaben, die weder wichtig noch dringlich sind, sollten im Papierkorb landen (sogenannte P-Aufgaben).

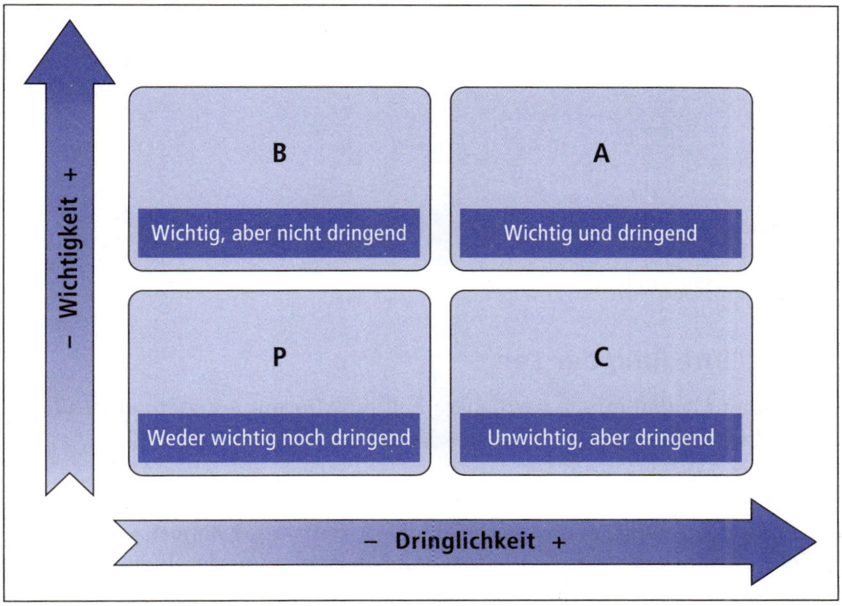

Abbildung 2.2: Das Eisenhower-Modell
Quelle: Seiwert et al. (2011), S. 169

Beispiel: Umsetzung des Eisenhower-Prinzips

Beispiele für A-Aufgaben:	Einkaufen, Bewerbung schreiben
Beispiel für B-Aufgaben:	Gesundheitscheck beim Arzt
Beispiele für C-Aufgaben:	Rechnungen begleichen, Treffen vereinbaren
Beispiele für P-Aufgaben:	Werbepost durchblättern, Landschaftsfotos für den Bildschirmschoner testen

Das Wichtige ist selten dringlich und das Dringende ist selten wichtig! In der Wirklichkeit dominiert jedoch leider immer wieder Dringlichkeit vor Wichtigkeit. Dringende Dinge haben immer mit den Prioritäten und Terminen anderer zu tun. Wenn niemand auf ihre Abgabe drängen würde, wäre auch nichts besonders eilig. So steckt hinter der Planung und Erledigung von dringenden Tagesaktivitäten immer ein gewisser externer Druck. So werden Prioritäten im häufig von Hektik und Zeitdruck geprägten Arbeitsalltag vornehmlich nach Dringlichkeitskriterien gesetzt. Unter den dringenden Dingen werden dann die relativ wichtigen und dringenden zuerst erledigt, dann die weniger wichtigen, aber dringenden. Für die strategisch wichtigen B-Aufgaben, auf die niemand drängt, bleibt somit am Ende häufig weniger oder gar keine Zeit mehr (vgl. Seiwert, Tracy, Küstenmacher und McGee-Cooper 2011, S. 169).

Aufgaben

Ordnen Sie bitte die heute für Sie anfallenden Aufgaben entsprechend des Eisenhower-Prinzips:

A-Aufgaben:

B-Aufgaben:

C-Aufgaben:

P-Aufgaben:

Kontrolle der Erledigung am:

2.1.3 Die Einteilung der Zeit

Zeitmanagement bedeutet, die verfügbare Zeit effektiv und effizient einzuplanen. Für eine sinnvolle Einteilung können kleine Arbeitsschritte sinnvoll sein.

Erstellung eines Arbeitsplans für die eigene Abschlussarbeit

Eine frühzeitige, detaillierte und verbindliche **Arbeits- und Zeiterfassung** ist für eine erfolgreiche Abschlussarbeit für die meisten Menschen unerlässlich. Zunächst ist es sinnvoll, einzelne Meilensteine und Fristen festzulegen, beispielsweise Termine für inhaltliche Absprachen mit dem Betreuer der Arbeit. Meilensteine sollten im Hinblick auf das dafür zu veranschlagende Zeitbudget großzügig geplant werden, um Unvorhersehbares einzuplanen (Telefon, Besuch etc.).

In Tabelle 2.1 werden exemplarisch die einzelnen Arbeitsschritte einer Abschlussarbeit mit zwölf Wochen Bearbeitungszeit dargestellt.

Phase	Aufgaben/ Tätigkeiten	Wissenswertes/Tipps	Frist
Themensuche	Ideen sammeln, recherchieren, erste Literatursuche, Entwurf zum Thema (Grobkonzept mit Arbeitstitel)	Erstellung eines Schlagwortkatalogs, erste Strukturierung des Themas, z.B. über Mindmapping (vgl. Abbildung 2.3), frühestmöglicher Start (Bücher müssen eventuell bestellt werden oder sind anderweitig vorgemerkt), an einer Bibliotheksführung teilnehmen, Ausleihmodalitäten klären, Leihfristen berücksichtigen, mit Semester- und Handapparaten sowie Möglichkeiten der Fernleihe vertraut machen.	1 Woche
Formale und organisatorische Bedingungen klären	Voraussetzungen und Anforderungen bezüglich der Abschlussarbeit einholen, Betreuer wählen	Eine frühzeitige Konsultation von potenziellen Betreuern trägt dazu bei, die gegenseitigen Erwartungen abzustimmen.	1 Woche
Themenbestimmung und Exposé verfassen	Eingrenzung des Themas, Fragestellung und methodisches Vorgehen bestimmen, zeitliche Grobplanung	Hilfreich kann es sein, die Grobgliederung mit dem Betreuer durchzusprechen. Dabei können erste Erwartungen an die Arbeit von beiden Seiten abgeglichen werden.	1 Woche

Phase	Aufgaben/ Tätigkeiten	Wissenswertes/Tipps	Frist
Literaturauswertung	Bearbeitung der Fragen und Hypothesen, Differenzierung des Konzepts	Es empfiehlt sich, relevante Stellen in Quellen mit Post-its zu markieren. Direkte Zitate sollten immer gleich mit Seitenzahl herausgeschrieben werden, nur so entgeht man der Gefahr, sie später nicht mehr wiederzufinden.	1–2 Wochen
Rohfassung der Kapitel schreiben	Weitere Bearbeitung und Differenzierung	Pufferzeiten einplanen: Datenerhebung und Überarbeitung der Arbeit	2 Wochen
Rückmeldung einholen	Beurteilung von fachfremden Personen und Experten, Beitrag in einem Kolloquium vorstellen	Hierfür sollte genügend Zeit eingeplant werden, da die Korrekturleser ebenfalls Zeit benötigen. Es empfiehlt sich, die Arbeit von mehreren Personen Korrektur lesen zu lassen. Dabei sollten die Personen aus unterschiedlichen Fachgebieten stammen, wie Experten, die das gleiche Fach studiert haben und das Thema kennen, aber auch Personen, die themen- bzw. fachfremd sind.	1 Woche
Überarbeitung	Differenziertes Überarbeiten, weitere Ausarbeitungen		1–2 Wochen
Erneute Phase der Rückmeldung	Expertenurteile einholen, weitere Überarbeitung	Diese und die folgenden Phasen können als sehr mühsam wahrgenommen werden, weil die eigene Arbeit bereits des Öfteren gelesen wurde. Ein bis zwei Tage Distanz von der Arbeit können dabei wieder neue Motivation schaffen, sich mit dem Text auseinanderzusetzen.	1 Woche
Endredaktion, Abgabe der Arbeit	Technische Fertigstellung, Schlusskorrektur	Die Formatierung benötigt oft mehr Zeit als ursprünglich einkalkuliert. Hierfür sollten mehrere Stunden eingeplant werden. Ziel sollte es sein, eine Woche vor Abgabetermin die Arbeit final abgefasst zu haben. Die Arbeit sollte sodann mit einer professionellen Bindung versehen werden. Hierfür empfiehlt es sich, vorher Preise zu vergleichen und den Erwartungsanspruch an die Qualität der Exemplare zu klären; sowohl im Hinblick auf die Erwartungen des betreffenden Lehrstuhls als auch hinsichtlich des Preis-Leistungsverhältnisses des gewählten Dienstleisters, der den Druck erstellt.	1 Woche

Tabelle 2.1: Beispielhafte Phasen einer Abschlussarbeit (in Anlehnung an Knigge-Illner (2009))

Zur Themenfindung eignet sich besonders gut die Methode des **Brainstormings**. Für eine überschaubare Skizzierung dessen bietet sich die Erstellung einer **Mindmap** an. Mindmapping ist eine effiziente und universelle Notiz- und Merktechnik, bei der die Funktionen des Gehirns optimal genutzt werden.

Gegenüber herkömmlichen Notizen haben Mindmaps noch weitere Vorteile: Sie sind zum einen weitaus flexibler, z.B. kann bei Mindmaps jederzeit etwas an- oder eingefügt werden. Außerdem regt eine Mindmap die Kreativität an, denn das Gehirn strebt stets danach, Bilder zu vervollständigen. Softwareprogramme zur Erstellung einer Mindmap können im Internet oftmals kostenlos heruntergeladen werden. Ähnliche Funktionen werden auch von manchen Literaturverwaltungsprogrammen, wie z.B. Bibliographix, angeboten. In Abbildung 2.3 wird ein Beispiel dieser Methode dargestellt.

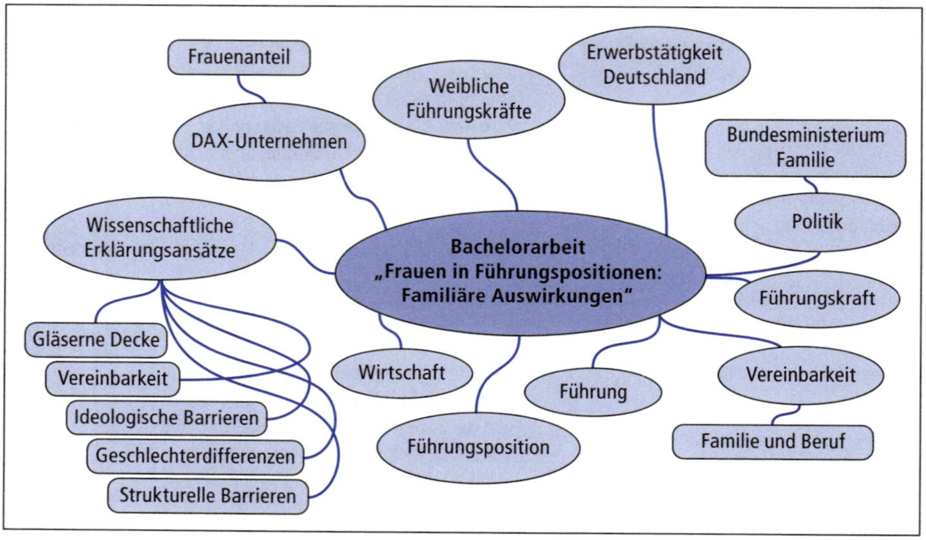

Abbildung 2.3: Beispiel Mindmapping

Tipps zur Erstellung des Wochenarbeitsplans

Nachdem die Meilensteine und Fristen für die Arbeit festgelegt wurden, sollten die Tage, an denen die Arbeit entstehen soll, durchgeplant werden. Hierfür eignet sich ein **Wochenplan** sehr gut. Auf Grundlage des Plans können sodann Aufgaben, Termine und sonstige Aktivitäten auf die Tage der Woche sinnvoll verteilt werden. Hierbei können die folgenden Aspekte hilfreich sein:

1. Die Wochenplanung schriftlich festhalten

Es ist ratsam, jede Woche Ziele und Aktivitäten schriftlich festzuhalten. Neben den Arbeitszeiten sollte auch Zeit für Entspannung, die Familie und Freunde sowie Freizeitaktivitäten reserviert werden. Auf besonders anstrengende, monotone oder Konzentration erfordernde Arbeiten sollten interessante Aufgaben folgen. Unangenehme Arbeiten fallen leichter, wenn diese nacheinander in kleinen Schritten durchgeführt werden. Durch die Festlegung der einzelnen Aktivitäten wird Struktur in die Arbeitswoche gebracht und das Arbeitspensum kann besser gehandhabt werden.

2. Einführung von Arbeitszeiten/-freiräumen

Der Beginn der Arbeit sollte nicht von Stimmungen („Wenn ich mich so richtig in Arbeitslaune fühle, dann fange ich an") oder äußeren Bedingungen („Wenn es endlich ganz ruhig im Haus ist, dann lege ich erst los") abhängig gemacht werden. Stattdessen ist es sinnvoll, genau festzulegen, wann die Schreibtischarbeit beginnen und wann sie enden soll. Des Weiteren kann eine gewisse Verbindlichkeit durch öffentliche Ankündigungen geschaffen werden. Indem die Familie und Freunde benachrichtigt werden, dass man zu einem bestimmten Zeitpunkt nicht mehr erreichbar ist, kann Unruhe vermieden werden. Gerade kreative bzw. geistige Aufgaben erfordern ein intensives, störungsfreies sowie kontinuierliches Arbeiten. Ein erhebliches Maß an Selbstdisziplin und eine gute Organisation sind dafür unverzichtbar. „Hier und da mal ein Stündchen" arbeiten, bringt selten den gewünschten Arbeitsfortschritt.

Um sich richtig in die Materie vertiefen zu können, ist die Unterteilung einer mehrstündigen Dauer in kürzere Zeitblöcke sinnvoll. Regelmäßige, feste Arbeitszeiten haben den Vorteil, dass sich daraus produktive Gewohnheiten bilden können. Geist und Körper stellen sich auf den Rhythmus ein, um zur richtigen Zeit die erforderliche Arbeitsmotivation zu entwickeln. Auf diese Weise werden die vorher definierten Ziele leichter erreicht.

3. Berücksichtigung des Biorhythmus

Die Hauptarbeitsphasen sollten auf die Tageszeiten gelegt werden, zu denen man sich besonders physisch wohl fühlt und geistig leistungsfähig ist. Dies ist individuell höchst unterschiedlich. Vorsicht ist hierbei vor ungünstigen Gewohnheiten geboten, die möglicherweise nicht dem persönlichen Biorhythmus entsprechen, jedoch vom sozialen Umfeld goutiert werden. Hierzu zählt vor allem die von Studierenden häufig als produktiv wahrgenommene Nachtarbeit. Kritisch sei in diesem Zusammenhang jedoch angemerkt, dass der Biorhythmus der meisten Menschen so angelegt ist, dass vor allem in den Morgenstunden die produktivsten Phasen zu verorten sind. Ständige Spätschichten können dagegen auf Dauer sehr erschöpfend wirken. Eine Orientierung an der in Abbildung 2.4 dargestellten 24-Stunden-Kurve der allgemeinen psycho-physischen Leistungsbereitschaft ist bei der Arbeitsplanung tendenziell vorteilhaft.

Die dargestellte Kurve weist zwei Leistungsoptima auf, die auf dem biologischen Rhythmus des Organismus beruhen: Das eine Optimum ist am Vormittag zwischen 8 und 12 Uhr angesiedelt, das andere am Spätnachmittag zwischen 16 und 20 Uhr. Individuelle Gewohnheiten können diese Kurve zwar verschieben, aber nicht völlig außer Kraft setzen. So kann zwar auch noch nach Mitternacht gearbeitet werden, aber der erforderliche psychische Aufwand ist unvorteilhaft hoch. Außerdem wird hierdurch der als erholsam einzustufende Nachtschlaf eingeschränkt.

Es empfiehlt sich deshalb, sich an dieser Kurve zu orientieren und die Zeiten individuell leicht abzuwandeln. Um diese **Leistungskurve** auszunutzen, sollten wichtige Arbeiten im Leistungshoch am Vormittag erledigt werden. Weniger wichtige Tätigkeiten und Routinearbeiten sollten tendenziell eher auf den Nachmittag verlegt werden.

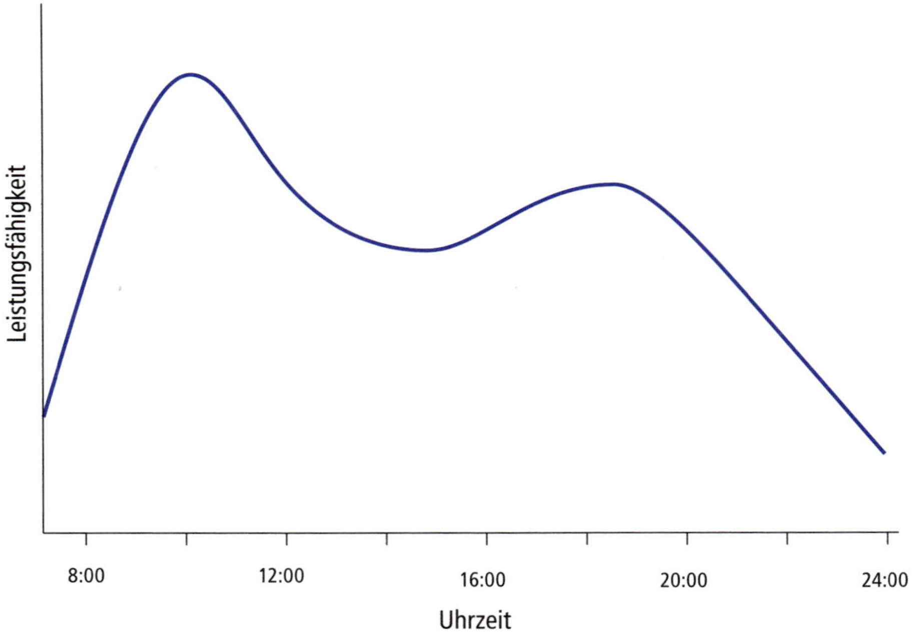

Abbildung 2.4: Biorhythmus – Leistungskurve

Falls die persönliche Leistungskurve nicht genau bekannt ist, lohnt es sich, die Konzentrationsfähigkeit über mehrere Tage zu beobachten und zu dokumentieren (Career-Tools 2012). Oftmals hilft auch die (Selbst)Kontrolle des eigenen Arbeitsalltags. So bietet es sich an, zu notieren, zu welchen Tageszeiten man besonders gut für die letzte Klausur oder eine bestimmte Aufgabe lernen konnte und wann dies nicht der Fall war. Derartige Erkenntnisse können anschließend in die künftige Tagesplanung einbezogen werden.

Aufgaben

Notieren Sie sich, zu welchem Zeitpunkt Sie welche Aufgaben erledigt haben und wie Sie sich dabei gefühlt haben.

Uhrzeit	Tätigkeit	Wohlbefinden
00.00-01.00		
01.00-02.00		
02.00-03.00		
03.00-04.00		
04.00-05.00		
05.00-06.00		

Uhrzeit	Tätigkeit	Wohlbefinden
06.00-07.00		
07.00-08.00		
08.00-09.00		
09.00-10.00		
10.00-11.00		
11.00-12.00		
12.00-13.00		
13.00-14.00		
14.00-15.00		
15.00-16.00		
16.00-17.00		
17.00-18.00		
18.00-19.00		
19.00-20.00		
20.00-21.00		
21.00-22.00		
22.00-23.00		
23.00-24.00		

4. Überschaubare Arbeitseinheiten mit ausreichend Pausen schaffen

Geistige Arbeit ist anstrengend und wirkt schnell ermüdend. Daher ist es wichtig, dass Arbeitsblöcke in mehrere **Arbeitseinheiten** unterteilt werden. In der Regel sollte man nach 45 bis 90 Minuten jeweils eine kurze Entspannungspause von 10 bis 15 Minuten einlegen. Dies wirkt sich nachweislich sehr positiv auf die Konzentrationsfähigkeit aus und ist auch ein Grund dafür, warum akademische Unterrichtseinheiten üblicherweise auf 90 Minuten angelegt sind.

Die Kurve der allgemeinen Leistungsbereitschaft legt nahe, dass in der ungünstigsten Zeit, also um die Mittagszeit, eine längere Pause eingeplant werden sollte. Das muss aber nicht unbedingt heißen, dass man sich nur mittels eines Mittagsschlafs erholen kann. Auch Fahrrad fahren oder ein Spaziergang durch den Park wirkt revitalisierend und kann dazu beitragen, trotz möglicherweise schwer verdaulicher Mittagskost der Müdigkeit entgegenzuwirken.

5. Revidieren ist manchmal nötig – flexibel bleiben

Nicht alle gesteckten Ziele lassen sich wie geplant erreichen. Vielleicht wurde der Aufwand unterschätzt oder es hat sich überraschend herausgestellt, dass das Thema noch auf andere Art verfolgt werden muss. Auch das gehört zu einer wissenschaftlichen Arbeit. Häufig gibt es gute Gründe dafür, dass sich die Arbeit verzögert oder etwas nicht auf dem direkten Weg zu erreichen ist. Es wäre allerdings fatal, wenn der persönliche Arbeitsplan gleich vollständig verworfen oder die Planung grundsätzlich aufgegeben wird, wenn ein bestimmtes vordefiniertes Zwischenziel nicht erreicht werden kann. Dies würde dem Prinzip realistischer Arbeitsplanung gründlich widersprechen. Wenn sich Abweichungen und Terminverschiebungen ergeben, dann kommt es darauf an, diese Änderungen in den Plan aufzunehmen und ihn entsprechend zu revidieren. In diesem Zusammenhang kann eine **rollierende Planung** hilfreich sein. Bei rollierender Planung wird von der Vorstellung Abstand genommen, dass ex ante ein vollständiger Plan deterministisch erstellt und konsequent abgearbeitet werden kann. Vielmehr ist dieser Plan fortwährend an den Arbeitsfortschritt und die jeweils aktuellen Begleitumstände anzupassen (vgl. Knigge-Illner 2009, S. 69ff.). Denkbare Unterbrechungen, die es spontan zu berücksichtigen gilt, sind beispielsweise Krankheiten oder unerwartete Aufgaben.

6. Sieben Regeln zur Tagesplanung

Für eine gründliche Tagesplanung sollte man sich am Abschluss des Vortages bereits genügend Zeit nehmen. Eine klare Struktur hilft, den Arbeitsalltag besser zu überschauen und leichter zu bewältigen. Damit eine gute Tagesplanung gelingt, sollten die folgenden sieben Regeln zur Tagesplanung (in Anlehnung an Career-Tools, 2012) hilfreich sein:

1. Oberstes Prinzip ist die schriftliche Abfassung der Tagesplanung.
2. Planung des neuen Arbeitstags am Vorabend
3. Abschätzung des Zeitbedarfs und Setzung von Zeitlimits
4. Planung von Aufgaben für lediglich die Hälfte des Tages
5. Ähnliche Aktivitäten zu Arbeits- und Zeitblöcken zusammenfassen und dem Tag eine grobe Struktur geben – aber flexibel bleiben!
6. Fokussierung auf Prioritäten
7. Positiver Start, Bewältigung und Beendigung des Arbeitstags

7. Fehleinschätzungen im Umgang mit der Zeit

Es ist wichtig, zu erkennen, dass der Tag zwar 24 Stunden hat, aber diese nicht vollständig mit höchster Konzentrationsfähigkeit zur Verfügung stehen. Ein Kreisdiagramm wie in Abbildung 2.5 kann eine Übersicht über die zu erledigenden Aufgaben eines Tages geben.

Schlafen nimmt in diesem Beispiel mit acht Stunden den größten Zeitblock der 24 Stunden ein. Neben der Pflege der sozialen Kontakte sind auch genügend Freiräume für Unerwartetes mit einzuplanen. Dies können u.a. Ereignisse wie Arzttermine, unvorhersehbare Telefongespräche und Aufgaben sein, die spontan anfallen. Demnach bleibt nur rund ein Fünftel der täglichen Zeit für die Abschlussarbeit übrig. Dies sollte vorher berücksichtigt werden, um Zeitstress zu reduzieren.

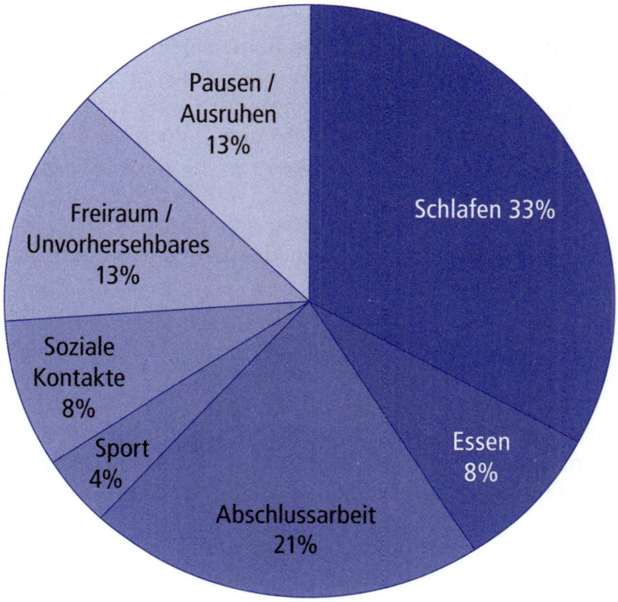

Abbildung 2.5: Tagesplanung

Zeitdiebe

Für die optimale Nutzung der täglichen 24 Stunden sollte man sich der persönlichen **„Zeitdiebe“** bewusst werden und entsprechend die zur Verfügung stehenden Zeiteinheiten besser nutzen bzw. Ablenkungen vorbeugen. Unter Zeitdieben oder Zeitfallen sind Handlungsweisen oder Vorfälle zu verstehen, durch die unnötig Zeit vergeudet wird. Aufgaben und Ereignisse, die täglich anfallen können, wie beispielsweise das Abwaschen, Bügeln oder aber auch ein unerwarteter Besuch oder Anruf, stören in der Summe womöglich nachhaltig den eigenen Arbeitsablauf und damit einhergehend die Produktivität. Im Folgenden stellen wir eine Reihe von gängigen Zeitdieben dar.

E-Mail und Internet

Die Sichtung von Seiten im Internet und die Bearbeitung und der Versand von E-Mails nehmen heute einen großen Teil der Arbeits- und Freizeit in Anspruch. In diesem Zusammenhang wurde auch der Begriff des Internetsurfens geschaffen, deutet er doch auf das oftmals vergnügliche Stöbern auf unterschiedlichen Seiten im Internet hin. Der einzig hilfreiche Tipp, um diesem unkontrollierten Surfen im Internet zu entkommen, ist schlichtweg Selbstdisziplin. Hierbei sollte das Herumstöbern im Internet auf die als relevant eingeschätzten Seiten reduziert bzw. feste Zeiten hierfür eingeplant werden. So bietet es sich an, das Lesen und Versenden von E-Mails in den Tagesablauf mit einzuplanen und dies nur in Blöcken vorzunehmen, beispielsweise vormittags und nachmittags jeweils einen Freiraum hierfür gezielt zu nutzen. Ein einfacher Trick zur Selbstdisziplinierung ist hierfür die Nutzung eines Weckers, dessen Alarmsignal die Nutzungszeit konsequent beenden sollte.

Unordnung in der Wohnung bzw. auf dem Schreibtisch

Wer kennt das nicht? Papiere stapeln sich scheinbar bis unter die Decke, die Schubladen quellen über und das eine Blatt, das ausgerechnet jetzt dringend benötigt wird, ist just in diesem Moment unauffindbar. In diesem Fall sei nur dazu geraten: Ordnung mit System. Die angestrebte Ordnung erreicht man jedoch nicht, indem in einer einmaligen Aufräumaktion (die dann üblicherweise nicht wiederholt wird) versucht wird, der Unordnung Herr zu werden. Vielmehr sollten täglich ungefähr fünf Minuten investiert werden, um zumindest den Arbeitsplatz aufzuräumen. Das Gleiche gilt für den Computer. Beispielsweise sollten auch der Desktop aufgeräumt und alte oder redundante Dateien gelöscht werden.

Nicht „nein“ sagen können

Wer Probleme damit hat, anderen Menschen einen Gefallen abzuschlagen, kann schnell ein Zeitproblem bekommen. Sofern dies auf die eigene Person zutrifft, sollte man trotz aller Hilfsbereitschaft, die natürlich grundsätzlich positiv ist, den eigenen Zeitplan stets berücksichtigen und die eigenen Bedürfnisse klar kommunizieren. Es kommt dabei letztlich auf die Art und Weise an, wie der betreffenden Person eine Absage erteilt wird.

Unterbrechungen

Ein Telefonat, unerwarteter Besuch oder ein Bekannter, dem man plötzlich in der Bibliothek begegnet. Das alles sind Umstände, die vermutlich bekannt sind, leider jedoch auch den Effekt haben, dass sie den Arbeitsfluss behindern können. Diese Unterbrechungen müssen nicht lange andauern, sind aber dennoch kritisch zu betrachten, da die Konzentration nachhaltig gestört werden kann. Denn die erneute Einarbeitung in die Materie nimmt Zeit in Anspruch. So kann eine Arbeitsunterbrechung von wenigen Sekunden dazu führen, dass mehrere Minuten vergehen, bis die Konzentration wieder das Niveau erreicht, das vor der Unterbrechung aufgebaut wurde. Geschieht dies mehrfach am Tag, so summiert sich die hierdurch eingebüßte Zeit schnell auf. Dies ist ärgerlich, da man bei von vornherein möglichst konsequenter Ausschaltung der Störquellen viel Zeit hätte hinzugewinnen können. Zudem können solche Unterbrechungen Motivationseinbußen zur Folge haben, da Zwischenergebnisse nicht eingehalten werden können.

Ermüdung

Müdigkeit ist meist die Folge von zu wenig Schlaf oder Überarbeitungszuständen. Allerdings kann auch Unlust ein Grund für Müdigkeit sein. Bei mangelnder Motivation lässt sich oft feststellen, dass damit ein Nachlassen der Konzentration einhergeht und die Lust auf eine Auszeit oder eine kurze Schlafeinheit wächst. Unlust entsteht oft auch aus einem Gefühl der Überforderung heraus. Dagegen kann jedoch aktiv vorgegangen werden, indem man genügend Pausen und ausreichend Schlaf einplant. Dies hilft auch dabei, der Frustration vorzubeugen, tagtäglich festzustellen, dass ein anvisiertes Arbeitspensum verpasst wurde oder man weit hinter dem eigentlichen Soll zurückgeblieben ist.

Daneben hilft es, sich selbst zu belohnen. In diesem Zusammenhang muss man sich nicht immer größere Auszeiten oder Geschenke gönnen. Wichtig ist nur, in der Lage zu sein, bei dem Verfolgen des persönlichen Tages- oder Teilziels etwas Vorfreude zu verspüren. Anschließend ist man eher in der Lage, die Belohnung zu genießen; sei es auch nur eine Kleinigkeit wie ein Stückchen Schokolade, Kuchen, ein Kaffee oder ein kurzes – zeitlich im Einklang mit dem Tagesplan vorab weitestgehend terminiertes – Telefonat mit Bekannten oder Verwandten.

Um die im persönlichen Lebensstil typischen Zeitfallen besser aufspüren und beheben zu können, empfehlen führende Zeitmanagementexperten, sich einmal die Zeit zu nehmen, um über zwei Wochen lang genau Protokoll über den Tagesablauf zu führen und gezielt Zeitdiebe aufzuspüren (Career-Tools 2012).

Zehn typische Zeitdiebe

In der Literatur finden sich häufig Aufzählungen von idealtypischen Zeitdieben (wie z.B. von Seiwert et al. 2011, S. 182):

1. Versuch, zu viel oder alles auf einmal zu tun
2. Keine Ziele, Prioritäten oder Tagespläne aufstellen
3. Telefonische Unterbrechungen, Ablenkungen
4. Langwierige, überflüssige Besprechungen
5. Papierkram und Lesestoff, voller Schreibtisch
6. Unangemeldete Besucher, externe Störungen
7. Aufschieben unangenehmer Aufgaben
8. Unfähigkeit, „nein" zu sagen
9. Kontraproduktiver Perfektionismus, alles wissen zu wollen
10. Mangelnde Konsequenz und Selbstdisziplin

Diese Liste muss nicht zwangsweise auf jeden zutreffen, insbesondere nicht in dieser Reihenfolge. Sie kann jedoch bei der Identifikation der persönlichen Zeitdiebe unterstützen.

Arbeitseinsatz im Zeitverlauf

Abbildung 2.6 skizziert drei unterschiedliche Ausprägungen des Arbeitseinsatzes im Zeitablauf.

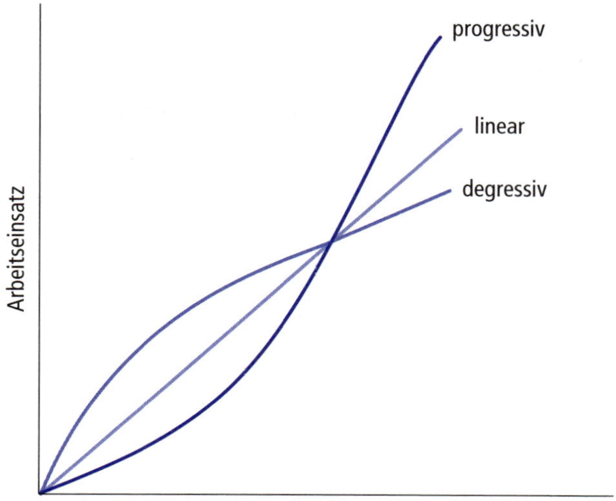

Abbildung 2.6: Arbeitseinsatz im Zeitverlauf

Es wird zwischen degressivem, linearem und progressivem Arbeitseinsatz im Zeitverlauf unterschieden. Die am häufigsten angewendete, aber zugleich unvorteilhafteste Möglichkeit ist der progressive Verlauf. Dabei wird am Anfang der Bearbeitungszeit wenig Arbeitseinsatz in eine Abschlussarbeit investiert. Zwingenderweise steigt dann der Arbeitseinsatz zum Ende des Zeitraums hin, da ein festgelegter Abgabetermin unumgänglich ist. Typische Stressreaktionen und nächtliche Arbeitseinheiten, um zum Abgabetermin die Arbeit einreichen zu können, sind die Folge.

Beim linearen Vorgehen bleibt der Arbeitseinsatz im Zeitverlauf immer beständig. Jedoch können unvorhersehbare Zwischenfälle den konstanten Arbeitsverlauf stören. Durch den degressiven Ansatz lassen sich Zeitprobleme am Ende der Abschlussarbeit vermeiden. Dabei wird am Anfang der laufenden Arbeitszeit der Arbeitseinsatz intensiviert, so dass am Ende noch genügend Zeit übrig bleibt, um auch unvorhergesehenen Störungen gelassen begegnen zu können.

Pausen richtig festlegen

Lernpausen sind wichtig zur Regenerierung des Körpers und sollten daher ausreichend eingeplant werden (vgl. Spoun 2011, S. 34). Die folgende Checkliste soll es erleichtern, Pausen möglichst optimal zu gestalten und einzuteilen:

- Der Plan folgt dem eigenen Rhythmus.
- Die Konzentrationsfähigkeit bestimmt die Pausen.
- Kurze Regenerationspausen sind fester Bestandteil des Plans, da es motiviert und den Wiedereinstieg nach einer Unterbrechung erleichtert.
- Eine lange Regenerationspause ist während des Nachmittagstiefs eingeplant.
- Ein halber fixer Tag pro Woche bleibt frei.

Tabelle 2.2 zeigt einen Pausenplan (in Anlehnung an Stickel-Wolf und Wolf 2011, S. 363). Das Einhalten der Pausen fördert die weitere Konzentrationsfähigkeit.

Pausenart	Dauer	Abstand	Tätigkeit während der Pause
Kurzpause	5 Min.	Nach 30-45 Min.	Aufstehen, herumlaufen
Kaffeepause	15-20 Min.	Nach 90-120 Min.	Kleine Mahlzeiten, Erfrischungsgetränke
Erholungspause	60-90 Min.	Nach ca. 3-4Std.	Essen, schlafen, Sport

Tabelle 2.2: Pausen einplanen

2.1.4 Die richtige Arbeitsorganisation

Neben einem effektiven Zeitmanagement gehört auch eine sinnvolle Arbeitsorganisation zum Verfassen einer Abschlussarbeit.

Wahl und Gestaltung des Arbeitsplatzes

Nicht nur die Tageszeit, sondern auch der Ort hat Einfluss auf die Konzentration. Deswegen sollte man sich darüber im Klaren sein, wo man sich am wohlsten fühlt und ungestört arbeiten kann. Immerhin verbringt man an diesem Platz sehr viel Zeit. Ein großer Schreibtisch mit guter Beleuchtung in einem ansprechend eingerichteten Arbeitszimmer, etwa mit schöner Aussicht auf Bäume oder mit selbst ausgesuchten Bildern, kann zur Steigerung der Arbeitsmotivation beitragen.

Um den Überblick zu behalten, sollte der Schreibtisch nicht mit Büchern und Papieren unübersichtlich bedeckt sein. Die Zeit, die in ein gutes Ordnungssystem für die Abschlussarbeit investiert wird, zahlt sich aus, weil dadurch unnötige und zeitraubende Sucharbeit erspart bleibt. Ein aufgeräumter Schreibtisch, auf dem nur jeweils das Material zu finden ist, an dem gerade gearbeitet wird, lädt förmlich zur Arbeit ein. Ein überladener Schreibtisch wirkt dagegen eher kontraproduktiv, lässt die anstehende Arbeit mithin umfangreicher erscheinen, als sie es vermutlich ist. Dies kann leicht dazu führen, dass man nach Ausflüchten sucht und die Arbeit vor sich herschiebt.

Universitätsbibliothek

Manchmal ist ein ständiger Arbeitsplatz in der Bibliothek die beste Lösung. Dort sind tendenziell weniger, aber möglicherweise andere Ablenkungen vorzufinden als zu Hause am eigenen Schreibtisch. In der relativ nüchternen Umgebung einer Universitätsbibliothek fällt es vielen Studierenden erfahrungsgemäß leichter, ihren Arbeitsplatz zweckvoll einzurichten und konzentriert zu arbeiten. Dies liegt oftmals darin begründet, dass viele Studierende sich besser zur Arbeit überwinden können, wenn sie andere um sich haben, die ebenfalls fleißig und konzentriert sind (aber eben auch zum Auslöser von Ablenkung werden können). Ein weiterer Vorteil ist, dass auf diese Weise klarer zwischen Arbeit und Freizeit getrennt werden kann. Viele Studierende empfinden es als sehr befreiend, wenn sie ihre Arbeit am Ende des Tages in der Bibliothek zurücklassen und sich dann wieder ganz normal dem wohlverdienten Feierabend widmen können. Besonders gut eignen sich auch Bibliotheken anderer Universitäten. Die Wahrscheinlichkeit, dort Bekannte oder Freunde zu treffen, ist vergleichsweise gering, so dass die Konzentration auf die Aufgabe gerichtet bleibt.

Optimale Datenverwaltung

Die Datei, die den jeweils aktuellen Bearbeitungsstand der Abschlussarbeit enthält, sollte nach jeder Arbeitsphase immer neu abgespeichert werden. So könnte z.B. für jeden Tag eine neue Datei nach dem Muster Jahr-Monat-Tag abgespeichert werden: 20130601.doc, 20130602.doc, 20130603.doc, ...

Dies kann sinnvoll sein, weil

- Dateien aufgrund von Software- oder Hardwarefehlern beschädigt werden können,
- der Arbeitserfolg durch die Anzahl der Dateien sichtbarer wird und so auch die Motivation steigt,
- frühere Bearbeitungsstände nicht verloren gehen. Geschriebene Sätze und Abschnitte werden oft während der Bearbeitung gelöscht. Vorherige Versionen können auf diesem Wege wieder abgerufen werden.
- die aktuellste Version schnell aufgefunden werden kann.

Des Weiteren sollte die Datei nicht nur auf dem Computer oder Laptop abgespeichert werden, sondern regelmäßig auch auf **weiteren Speichermedien**, wie beispielsweise einem USB-Stick oder der Dropbox (siehe Unterkapitel 2.2.9 für weitere Informationen). Darüber hinaus vertrauen viele Studierende darauf, sich am Ende des Tages die aktuelle Datei selbst per E-Mail zu senden. Aber auch gedruckte Zwischenstände in Papierform sind grundsätzlich geeignet, Datenverlusten vorzubeugen und die Arbeit systematisch zu begleiten.

2.1.5 Motiviert beim Verfassen der Arbeit

Es gibt zwei Arten von Motivation. Zum einen handelt es sich dabei um die **intrinsische Motivation** („von innen" heraus). Das Lernen fällt durch einen inneren Antrieb sehr leicht, weil man z.B. ein originäres Interesse an dem Lernstoff besitzt. Zum anderen existiert die **extrinsische Motivation** („von außen"). Hier besteht der Anreiz in äußeren Umständen, wie guten Noten, Lob oder Karrierechancen. Das Lernen fällt dann möglicherweise schwerer, weil der zu lernende Stoff uninteressant erscheint und die Bearbeitung eher als Pflichtaufgabe wahrgenommen wird. Kurz gefasst lässt sich also Folgendes festhalten: Wer extrinsisch motiviert ist, reagiert eher auf das, was andere von ihm erwarten, als auf das, was ihm wirklich am Herzen liegt (vgl. Seiwert et al. 2011, S. 34). Wer intrinsisch motiviert ist, hört zuerst auf die eigenen inneren Werte und wägt diese dann gegen die Wünsche, Anforderungen und Bedürfnisse anderer ab (ebd.). Studien zeigen, dass intrinsisch motivierte Studierende zumeist effektiver lernen. Wenn die eigenen Gedanken und Empfindungen in Einklang gebracht und störende Einflüsse ausgeblendet, werden, besteht sogar die Chance, in sogenannte **Flow-Zustände** (vgl. Csikszentmihalyi und LeFevre 1989, S. 815ff.) zu gelangen. Dieses Phänomen tritt bei einer starken Konzentration auf, in deren Folge alles andere, bis hin zu Raum und Zeit, nicht mehr wahrgenommen werden und zugleich eine hochproduktive Arbeitsphase einsetzt.

Aufgaben

Notieren Sie bitte, unter welchen Umständen Ihnen die Auseinandersetzung mit dem wissenschaftlichen Arbeiten besonders viel Spaß macht, Sie mithin Flow-Erlebnisse haben.

Identifizieren Sie zugrunde liegende Muster hinsichtlich Ihrer Flow-Zustände. Oftmals lässt sich daraus ableiten, welchen zukünftigen Beruf Sie später ausüben sollten, um möglichst motiviert arbeiten zu können.

Abschließend seien noch zwei Wege zur Förderung der eigenen Motivation aufgezeigt:

Selbstmotivation durch ...

das Schaffen eines **Belohnungssystems** bzw. von Anreizen.

Ist ein Meilenstein erreicht, darf man sich etwas gönnen, beispielsweise zwei Stunden der Lieblingsserie im Fernsehen anschauen, sich etwas Gutes kochen oder einfach nichts tun.

das Schaffen höheren **Drucks**.

Wenn man Freunden oder der Familie die Fristen bestimmter Arbeitsschritte mitteilt, dann erhöht sich wie zuvor bereits erwähnt der äußere Druck, die Arbeit auch erfolgreich zu Ende zu führen. Sinnvoll ist es zudem, sich schon während des Abfassens der Arbeit darüber Gedanken zu machen, wer eine Korrektur vornehmen soll. Nicht jeder hat die Zeit, 50 Seiten einer Abschlussarbeit kurzfristig Korrektur zu lesen.

Wenn mit der betreffenden Person aber vorher ein fester Termin bzw. ein Zeitfenster vereinbart wurde, ist dies nicht nur günstiger für die Korrektur lesende Person, sondern erhöht ebenfalls den eigenen Druck.

2.1.6 Ganzheitliches Zeit- und Lebensmanagement

Das **ganzheitliche Zeit- und Lebenskonzept** nach Seiwert et al. (2011) verfolgt das Ziel, alle wichtigen Lebensbereiche – Beruf, Familie, Gesundheit und die Frage nach dem Sinn – zu verbinden und in Einklang zu bringen (vgl. Seiwert et al. 2011, S. 77). Dabei stehen die einzelnen Lebensbereiche in gegenseitiger Abhängigkeit zueinander. Im Falle einer Überbeanspruchung oder Vernachlässigung eines Lebensbereichs, geraten auch die anderen Lebensbereiche aus der Balance. Dadurch werden auf Dauer die persönliche Motivation und die Fähigkeit zur Leistung rapide absinken. Der Schlüssel zum Erfolg liegt also in der **Balance zwischen allen vier Lebensbereichen**, wie Abbildung 2.7 darstellt.

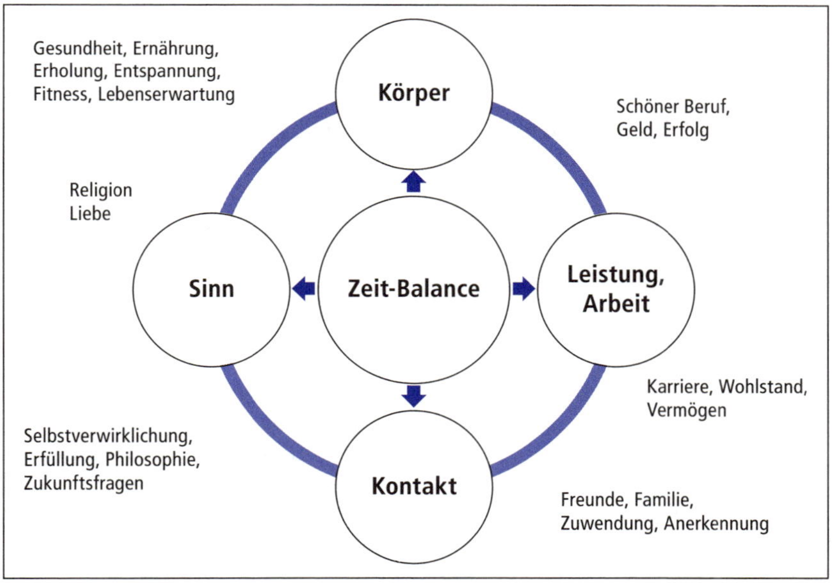

Abbildung 2.7: Zeit- und Lebenskonzept in Anlehnung an Seiwert et al. (2011)

Die meisten Menschen in den westlichen Industrienationen haben eine bestimmte Rangfolge der einzelnen Lebensbereiche verinnerlicht, die es jedoch zu hinterfragen gilt:

Rang 1: Leistung

Hohes Engagement im Berufsleben sowie ein ausgeprägtes Verantwortungsgefühl für übernommene Aufgaben führen zu intensiver Beschäftigung im Leistungsbereich. Schlechte Planung, unklare Prioritäten und Termindruck sorgen dafür, dass man sich nach Abschluss des Arbeitstags nicht einfach gedanklich von der Arbeit befreien kann. Es kommt zu Zeitstress. Probleme und Unerledigtes werden in den privaten Alltag transportiert und erschweren es, die Freizeit zu genießen. Darunter leiden wiederum auch die übrigen drei Lebensbereiche.

Rang 2: Gesundheit

Wie wichtig Gesundheit ist, fällt den meisten Menschen erst auf, wenn sie krank sind. Ursache ist die geringe Aufmerksamkeit für diesen Lebensbereich, so dass dafür nur gezwungenermaßen Zeit investiert wird. Dies ist besonders dann der Fall, wenn ein weiteres Arbeiten aufgrund körperlicher oder auch psychischer Einschränkungen unmöglich geworden oder nur unter starken Einschränkungen möglich ist.

Rang 3: Soziale Kontakte

Wichtige Kontakte wie z.B. zum Ehe- oder Lebenspartner, zu den Kindern, Eltern, Freunden und Arbeitskollegen werden oft nachhaltig gestört, besonders durch den Bereich Leistung. In der heutigen schnelllebigen, hochtechnologischen Gesellschaft kann das zu Gefahren wie Entfremdung und sozialer Isolation führen. Daher gelangt dieser Bereich wieder zunehmend ins Bewusstsein vieler Menschen.

Rang 4: Sinngebung

Auch der Frage nach den Werten, die unserem Leben einen Sinn geben, und den Zielen, die wir verfolgen, wird häufig zu wenig Aufmerksamkeit gewidmet. Da jeder Tag nur eine begrenzte Anzahl an Stunden bereithält, erfordert jede Ausweitung eines Bereichs die Beschränkung eines anderen.

Zusammenfassend kann aus dem Konzept der Schluss gezogen werden, dass sich jeder Mensch ein Bewusstsein über seine eigenen Lebensbereiche und deren Rangordnung verschaffen sollte und diese durch eine aktive zeitliche Planung berücksichtigen kann. So sollte eine Balance zwischen den einzelnen Bereichen geschaffen und eine zufriedene und motivierte Arbeitsweise erreicht werden.

2.2 Unterstützung durch IT

Die Softwareanwendung **Microsoft Word** ist so allgegenwärtig, dass heutzutage fast jeder mit diesem Programm vermeintlich sicher umgehen kann. Dennoch wissen viele nicht, welche Potenziale diese Software bietet. Funktionen wie das automatische Erstellen von Verzeichnissen oder Querverweisen erleichtern das Arbeiten ungemein. Für das Verfassen einer wissenschaftlichen Arbeit ist es somit ratsam, sich am besten vorab intensiv mit dem Programm auseinanderzusetzen und dessen Funktionen genauer kennenzulernen. Weiterhin sollte man sich mit den Formvorgaben für wissenschaftliches Arbeiten des Instituts oder der Professur vertraut machen und frühzeitig eine **Formatvorlage** erstellen, die alle formalen Anforderungen exakt erfüllt. Dies ist zu Beginn besonders wichtig, da eine nachträgliche Formatierung meist wesentlich mehr Zeit in Anspruch nimmt und sich zudem die Wahrscheinlichkeit von Fehlern erhöht.

Die folgenden Unterkapitel beschäftigen sich Schritt für Schritt mit den wichtigsten Funktionen, die benötigt werden, um auf einfachem Wege und gleichsam effizient einen Text auf wissenschaftlichem Niveau zu erstellen. Hierbei werden auch zahlreiche Screenshots (aus MS Word 2010) zur Veranschaulichung dargeboten.

2.2.1 Seitenränder, Papierformat und Kopf-/Fußzeile

Seitenränder werden über die Menüfolge Seitenlayout → Seite einrichten → Seitenränder festgelegt. Word bietet hier eine Auswahl von voreingestellten Vorlagen sowie die Möglichkeit unter Benutzerdefinierte Seitenränder individuelle Einstellungen vorzunehmen (siehe Abbildung 2.8).

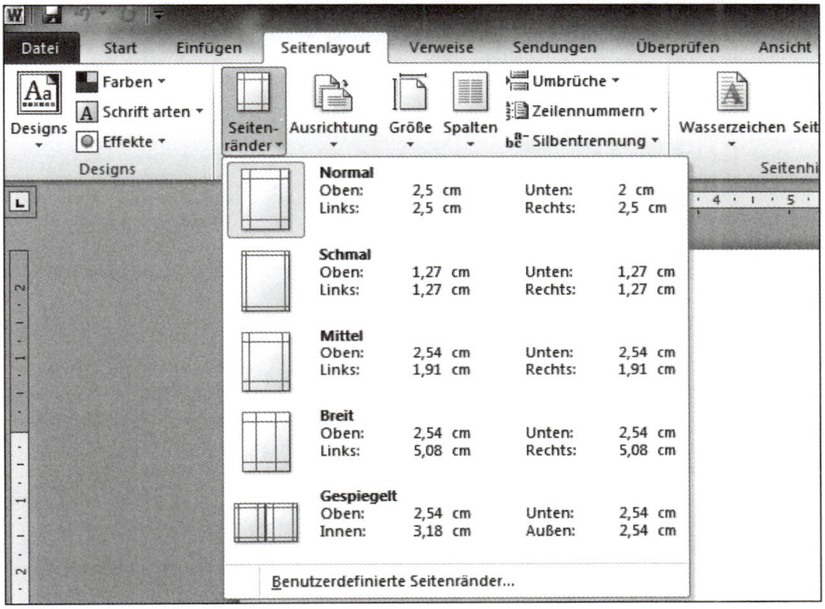

Abbildung 2.8: Seitenränder

Im gleichen Menü kann unter Papier das **Papierformat** festgelegt werden. Das Papierformat ist bereits standardmäßig auf das übliche Format DIN A4 vordefiniert.

Ferner ist es möglich, unter dem Punkt Ausrichtung zwischen **Hoch- und Querformat** zu wählen (vgl. Abbildung 2.9). Bedarf es innerhalb eines Dokuments eines Wechsels der Ausrichtung, muss unter dem Punkt Übernehmen für → Dokument ab hier ausgewählt werden. Andersfalls werden die Einstellungen für das gesamte Dokument übernommen. Das Einfügen einzelner Abschnitte im Querformat ist z.B. sinnvoll, wenn große Tabellen abgebildet werden sollen und diese im Hochformat zu klein dargestellt werden.

Die **Kopf- bzw. Fußzeile** dient zum einen dazu, eine Arbeit optisch ansprechender zu gestalten, zum anderen als Fläche für zusätzliche Informationen wie etwa Seitenzahlen. Die Menüfolge Einfügen → Kopf- und Fußzeile ermöglicht das Bearbeiten der Kopf-/Fußzeile.

In der Kopfzeile bietet es sich an, den jeweiligen Namen des aktuellen Kapitels einzufügen. Hierbei ist allerdings zu beachten, dass nach jedem Kapitel ein neuer Abschnittswechsel eingefügt werden muss, da die Kopf- bzw. Fußzeile jeweils abschnittsweise automatisch übernommen wird.

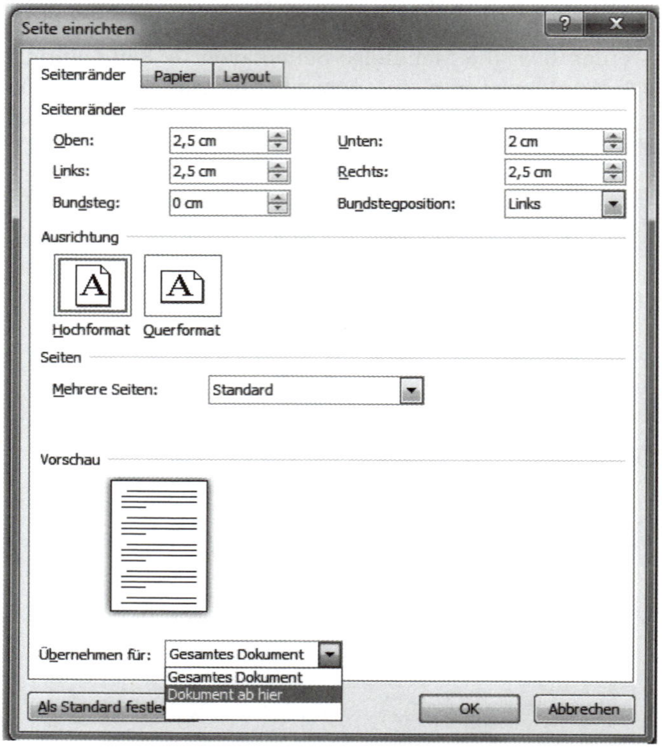

Abbildung 2.9: Seite einrichten

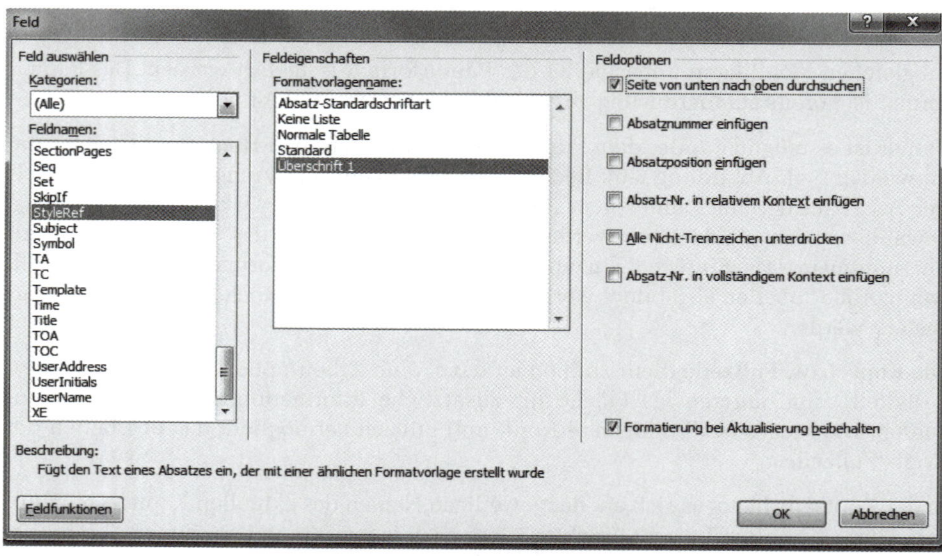

Abbildung 2.10: Erzeugen von Kapitelüberschriften in der Kopfzeile

Die bereits angesprochenen **Abschnittsumbrüche** sind eine sehr nützliche Funktion beim Erstellen einer wissenschaftlichen Arbeit. Diese unterteilen ein Dokument in einzelne voneinander getrennte Bereiche. Notwendig wird dies beispielsweise beim Formatwechsel von Seitenzahlen, etwa dem Übergang von Verzeichnissen (römische Wer noch mehr Automatisierung möchte, kann den Kapitelnamen in der Kopfzeile alternativ auch dynamisch aus der jeweils zugehörigen Kapitelüberschrift speisen lassen. Das erforderliche dynamische Feld kann über Einfügen – Schnellbausteine – Feld... – StyleRef – Überschrift 1 erzeugt werden (vgl. Abbildung 2.10).

Zahlen) zum Haupttext (arabische Zahlen). Das Menü zum Einstellen der Abschnittswechsel befindet sich unter Seitenlayout → Seite einrichten → Umbrüche → Abschnittsumbrüche. Hier bieten sich je nach Bedarf vier verschiedene Möglichkeiten, einen Abschnittswechsel einzufügen (Nächste Seite, Fortlaufend, Gerade Seite und Ungerade Seite). Zusätzlich ist das Einfügen eines Seitenumbruchs möglich (vgl. Abbildung 2.11).

Während beim Seitenumbruch lediglich eine neue Seite begonnen wird, ist der Abschnittsumbruch erforderlich, wenn innerhalb des Dokuments Formatänderungen (z.B. neue Seitenzählung, andere Kopf-/Fußzeile) vorgenommen werden sollen.

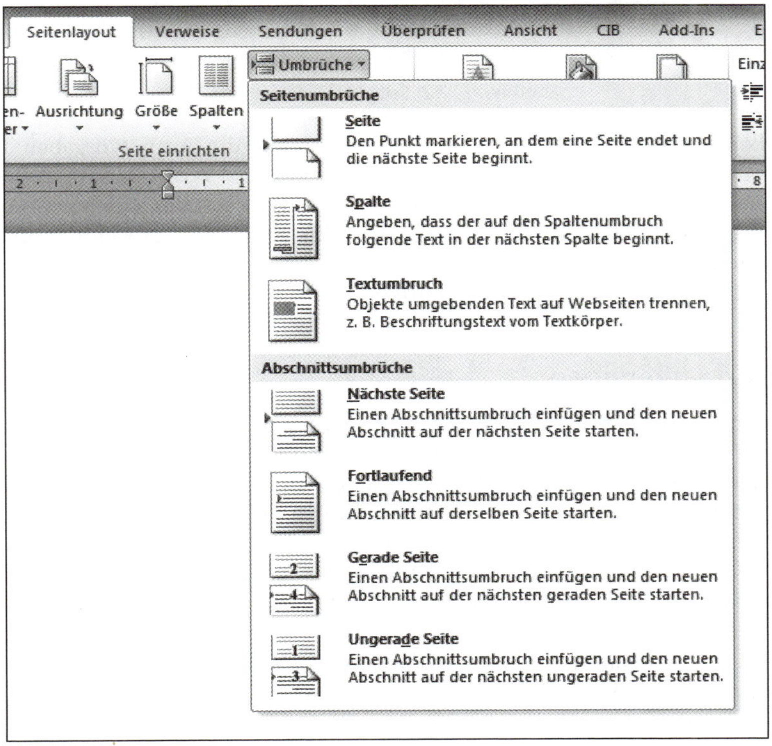

Abbildung 2.11: Abschnittsumbrüche

2.2.2 Seitenzahlen

Seitenzahlen lassen sich über Einfügen → Kopf- und Fußzeile → Seitenzahl einfügen. Über die Punkte Seitenanfang, -ende, -ränder und -zahlen lassen sich die Position und Darstellung der Seitenzahlen festlegen. Der Menüpunkt Seitenzahlen formatieren bietet zudem noch weitere Möglichkeiten der individuellen Textgestaltung (vgl. Abbildung 2.12).

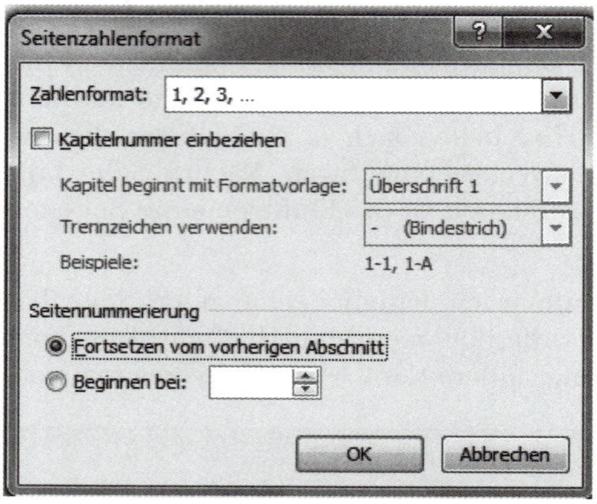

Abbildung 2.12: Seitenzahlen formatieren

Wichtig beim Einfügen von Seitenzahlen sind auch hier die Formatvorgaben des Instituts oder der Professur. So ist es oftmals gewünscht, dass Verzeichnisse und Anlagen römisch nummeriert sind. Hierfür ist es notwendig, dass das Dokument in unterschiedliche Abschnitte unterteilt wird. Das Einfügen von Abschnittsumbrüchen wurde bereits in Abschnitt 2.2.1 erläutert. In jedem Abschnitt muss dann separat die Seitenzahlformatierung eingerichtet werden.

2.2.3 Formatvorlagen

Die meisten Nutzer von Word ändern die Formatierung von Texten und Überschriften manuell von Abschnitt zu Abschnitt. Bei umfangreicheren Dokumenten, wie wissenschaftlichen Arbeiten, ist diese Methode jedoch mehr als ungeeignet. So führt dies schnell zu unnötigen Fehlern in der Formatierung und kostet zudem viel Zeit. Dies ist insbesondere dann der Fall, wenn im Nachhinein zusätzliche Unterkapitel oder Abschnitte eingefügt oder Passagen gelöscht werden sollen. Mit Hilfe der **Formatvorlagen** lassen sich die Formate der unterschiedlichen Textarten (z.B. Überschriften, Fließtext, Fußnoten, Beschriftungen) bereits im Voraus definieren und dies muss lediglich einmal vorgenommen werden. Werden dann Kapitel eingefügt oder gelöscht, wird die Nummerierung der Kapitel automatisch angepasst. Die Formatvorlagen sind überdies notwendig, wenn die verschiedenen **Verzeichnisse** automatisiert erstellt werden sollen (vgl. Unterkapitel 2.2.6). Wer sich im Voraus die Mühe macht, diese Einstellungen vorzunehmen, wird am Ende viel Zeit sparen. Für das Erstellen einer wissenschaftlichen Arbeit sind die wichtigsten Formatvorlagen:

- Standard (für den Fließtext),
- Überschriften 1 bis 4 (für die unterschiedlichen Gliederungsebenen),
- Fußnotentext und
- Beschriftungen (z.B. für Abbildungen).

Die Formatvorlagen befinden sich unter der Menüfolge Start → Formatvorlagen. Hier können die voreingestellten Vorlagen eingesehen und auswählt werden. Um ein Format zuzuweisen, muss der entsprechende Text markiert und dann die gewünschte Vorlage mit einem Linksklick aus dem Menü ausgewählt werden. Wenn die Vorlagen verändert werden sollen, ist dies über einen Rechtsklick mit der Maus auf die jeweilige Überschrift unter dem Punkt „Ändern“ möglich. Hier können Schriftart, Schriftgröße, Absatzformat, der Abstand vor und nach einer Überschrift und ähnliche Änderungen definiert werden (vgl. Abbildung 2.13).

Weiterhin kann die gewünschte Nummerierung der Kapitelüberschriften bestimmt werden. Dies ist unter der Menüfolge Start → Absatz → Liste mit mehreren Ebenen zu finden. Wenn keines der vordefinierten Formate geeignet scheint (am weitesten verbreitet ist der markierte Verzeichnistyp), kann unter dem Punkt Neue Liste mit mehreren Ebenen definieren… eine individuelle Nummerierung erstellt werden (vgl. Abbildung 2.14).

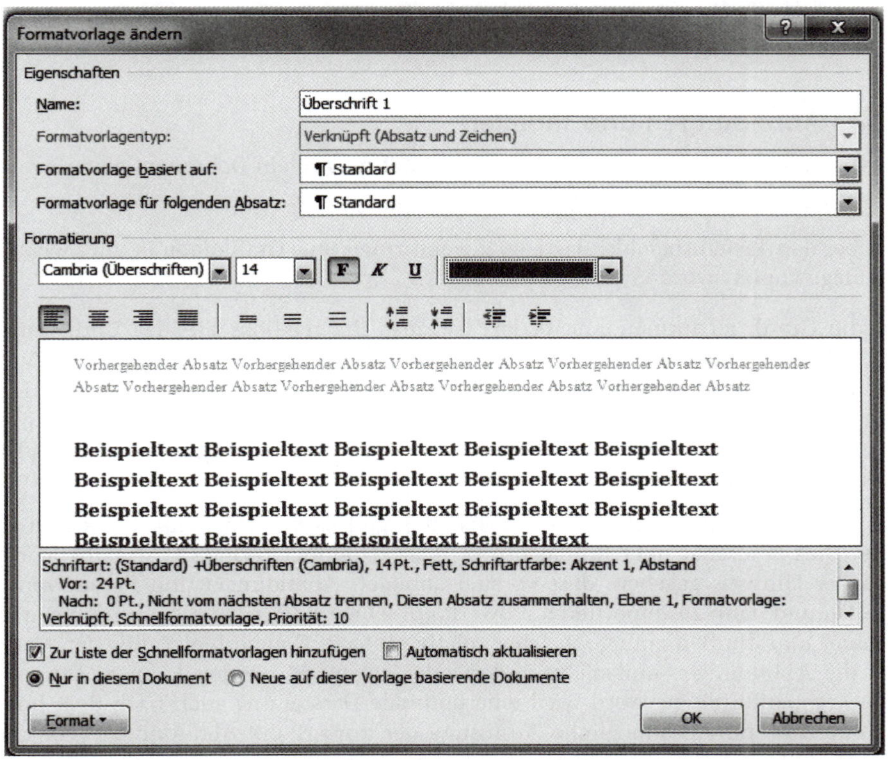

Abbildung 2.13: Formatvorlage ändern

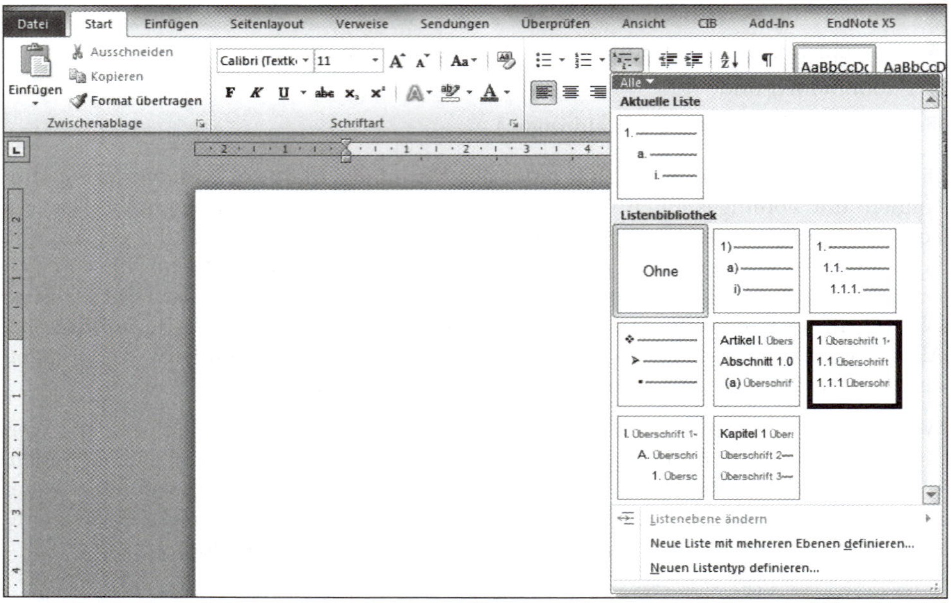

Abbildung 2.14: Ebenen

2.2.4 Abbildungen und Tabellen

Es existieren zwei Möglichkeiten, um eine **Abbildung** in ein Dokument einzufügen:

1. Über die Menüpunkte: Einfügen → Illustrationen → Grafik
2. Über den Tastaturbefehl `Strg` + `V`, wenn zuvor eine Grafikdatei in die Zwischenablage kopiert wurde

Um die Grafik zu formatieren, bedarf es eines Rechtsklicks auf das Bild, um das benötigte Menü aufzurufen. Unter dem Menüpunkt Beschriftung einfügen können eine **Beschriftung** sowie deren Bezeichnung und Position bestimmt werden. Diese wird dann automatisch mit dem **Abbildungsverzeichnis** verknüpft (vgl. Unterkapitel 2.2.6). Das Einfügen einer **Tabelle** ist mit der Menüfolge Einfügen–Tabellen–Tabelle möglich (vgl. Abbildung 2.15).

Um Daten einzufügen (z.B. aus einer Tabelle), gibt es die Möglichkeit des **Datenimports**. Dies geschieht über Einfügen–Text–Objekt einfügen–Objekt. Abschließend sei noch der Hinweis gegeben, dass es sich anbietet, Abbildungen mit **PowerPoint** zu erstellen und dann zu importieren. PowerPoint ist extra für solche Anwendungen ausgerichtet und die Bedienung ist daher relativ einfach. Zudem bietet dies den Vorteil, dass die Abbildungen einfach verändert oder angepasst werden können. Durch die hohe Kompatibilität zu Word wird eine optimale Darstellung auch nach dem Import gewährleistet. Eine bestmögliche Auflösung der PowerPoint-Abbildungen (vor allem beim Druck) wird erreicht, indem die Folien nicht über das standardmäßige Kopieren/

Einfügen eingebunden, sondern als ***erweiterte Metadatei*** eingefügt werden. Diese Funktion befindet sich im Auswahlmenü unterhalb des Einfügen-Buttons und dort unter dem Punkt Inhalte einfügen... → Bild-Erweiterte Metadatei (vgl. Abbildung 2.16).

Abbildung 2.15: Tabelle einfügen

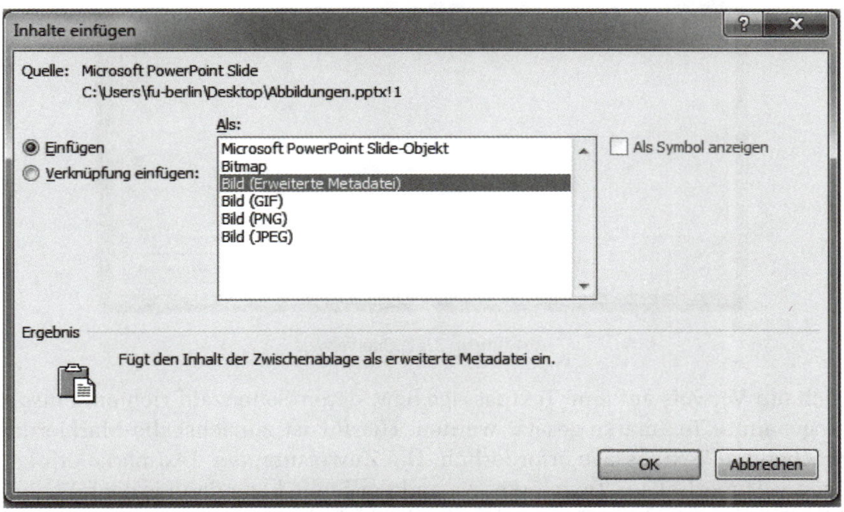

Abbildung 2.16: Einfügen als erweiterte Metadatei

2.2.5 Querverweise und Textmarken

Gelegentlich ist es erforderlich, innerhalb eines Textes auf eine Abbildung, eine Tabelle oder einen anderen Abschnitt zu verweisen. Wenn jedoch im Laufe der Arbeit zusätzliche Abbildungen eingefügt werden, ändert sich auch die Nummerierung und der Verweis zielt auf eine falsche Abbildung. Daraus resultiert, dass immer wieder manuell die Verweise überprüft und angepasst werden müssten. Dabei kann es schnell passieren, dass ein fehlerhafter Verweis übersehen wird. Um solch unnötige

Fehler zu vermeiden, bietet Word die Funktion ***Querverweis*** an. Hierdurch können Verknüpfungen innerhalb eines Dokuments erstellt werden. Wenn sich beispielsweise die Nummer einer Abbildung verändert, werden alle Querverweise aktualisiert. Es genügt, den gesamten Text mit dem Tastaturbefehl Strg+A zu markieren und mit der Taste F9 zu aktualisieren.

Um einen Querverweis zu setzen, ist zunächst das Menü aufzurufen. Dieses findet sich unter Einfügen → Hyperlinks → Querverweis (vgl. Abbildung 2.17). Unter dem Punkt Verweistyp kann ausgewählt werden, worauf sich ein Verweis beziehen soll. Nach der Auswahl werden in dem Feld Für welche Beschriftung alle bekannten Einträge innerhalb des Dokuments angezeigt. Zusätzlich kann in dem Menü Verweisen auf u.a. eingestellt werden, ob in dem Text nur die Nummer der Abbildung bzw. der Tabelle oder auch die Beschriftung gezeigt werden soll.

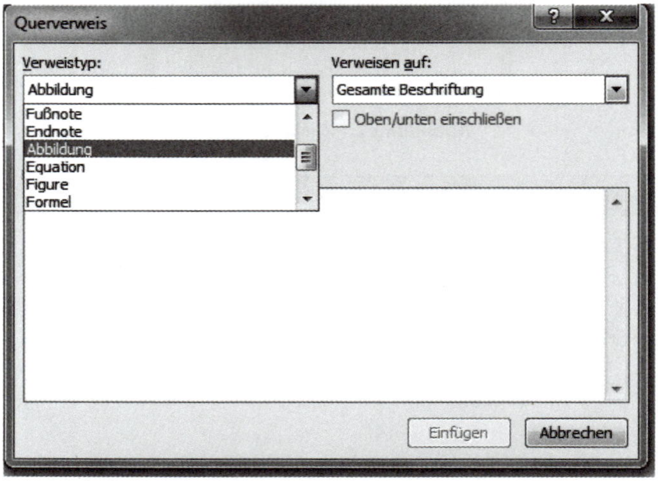

Abbildung 2.17: Querverweis

Soll sich ein Verweis auf eine Textpassage bzw. deren Seitenzahl richten, muss zuvor eine sogenannte Textmarke gesetzt werden. Hierfür ist zunächst die Markierung der entsprechenden Textpassage erforderlich. Die Zuweisung der Textmarke erfolgt über Einfügen → Hyperlinks → Textmarke. An anderer Stelle kann dann je nach Bedarf über das Menü Querverweis → Textmarke ein dynamischer Verweis auf die gewünschte Textmarke gerichtet werden (vgl. erneut Abbildung 2.17).

2.2.6 Verzeichnisse erstellen und einfügen

Neben einem Inhaltsverzeichnis muss eine wissenschaftliche Arbeit auch ein Literaturverzeichnis und bei der Verwendung von Abbildungen und Tabellen auch ein Abbildungs- bzw. Tabellenverzeichnis aufweisen. Manche Formatvorschriften von Universitäten legen nahe, die Abbildungs- und Tabellenverzeichnisse zu kombinieren und als **Darstellungsverzeichnis** zu bezeichnen. Letzteres bietet sich an, wenn nur wenige Abbildungen und Tabellen vorliegen.

Das **Inhaltsverzeichnis** lässt sich über die Menüfolge: Verweise–Inhaltsverzeichnis–Inhaltsverzeichnis erstellen und einfügen (vgl. Abbildung 2.18).

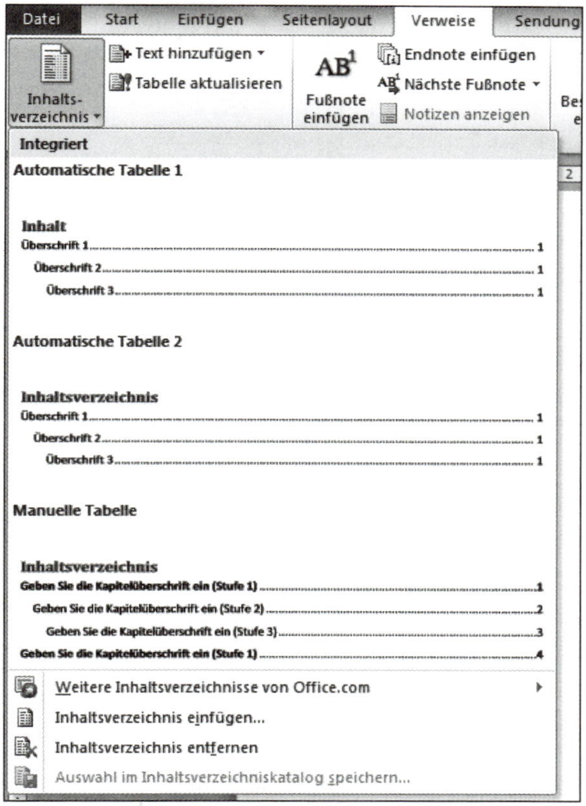

Abbildung 2.18: Inhaltsverzeichnis

Auch hier bietet Word voreingestellte Vorlagen sowie die Möglichkeit einer individuellen Anpassung. Dabei übernimmt Word automatisch alle Kapitel, die in dem Dokument als Überschrift deklariert wurden, und fügt sie automatisch ein. Zu beachten ist, dass sich das Inhaltsverzeichnis bei Veränderungen des Textes automatisch aktualisiert, sobald mit einem Rechtsklick auf das Inhaltsverzeichnis der Menüpunkt Felder aktualisieren gewählt wird. Um ein **Abbildungs- bzw. Tabellenverzeichnis** zu erstellen, kann die Menüsequenz Verweise–Beschriftungen–Abbildungsverzeichnis einfügen genutzt werden (vgl. Abbildung 2.19). In dem Menü findet sich der Punkt Beschriftungskategorie, bei dem ausgewählt werden kann, um welche Art von Verzeichnis es sich handelt. Auch hier ist es möglich, eine Vorlage zu wählen oder ein individuelles Format zu nutzen.

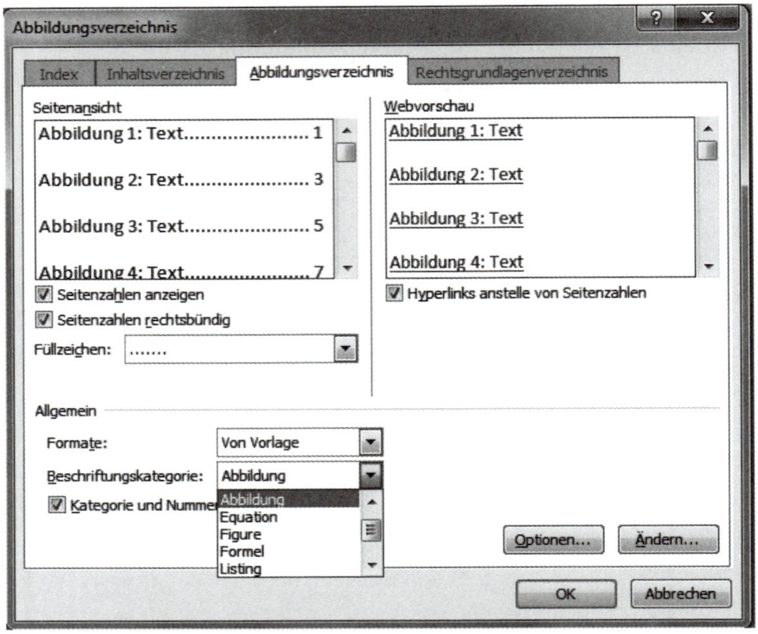

Abbildung 2.19: Abbildungsverzeichnis

2.2.7 Literaturverwaltung

Ein wichtiger Aspekt einer wissenschaftlichen Arbeit ist der Nachweis der verwendeten Literatur im **Literaturverzeichnis** am Ende der Arbeit. Dort werden alle benötigten Informationen (wie Autor, Titel, Zeitschrift etc.) zu den verwendeten Quellen aufgelistet. Vollständige und korrekte Angaben sind im Sinne eines gewissenhaften Arbeitens von sehr großer Bedeutung. Ein wiederholter Verstoß gegen solche Formatvorschriften führt üblicherweise zu Punkt- bzw. Notenabzügen.

Grundsätzlich besteht die Möglichkeit, Einträge im Literaturverzeichnis manuell vorzunehmen. Allerdings erfordert dies bei umfangreicheren Arbeiten einen großen Aufwand und birgt die Gefahr von unnötigen Fehlern. Komfortabler ist es, ein automatisch generiertes Literaturverzeichnis zu verwenden. Das dazugehörige Menü in Word 2010 befindet sich unter Verweise → Zitate und Literaturverzeichnis. Unter dem Punkt Quellen verwalten können die genutzten Quellen sodann hinterlegt werden. Es gibt eine Masterliste für alle Quellen und eine Aktuelle Liste für die tatsächlich genutzten Quellen (vgl. Abbildung 2.20). Sind die nötigen Quellen eingetragen, können diese über den Button Zitat einfügen mit einer Textstelle verknüpft werden. Nun ist das Literaturverzeichnis automatisch generierbar.

Weiterhin gibt es für die **Literaturverwaltung** auch externe Programme wie beispielsweise Endnote (*http://www.endnote.com*) oder Bibliographix (*www.bibliographix.de*). Diese bieten im Vergleich zu Word einen wesentlich größeren Funktionsumfang. So ist es beispielsweise möglich, alle Informationen (wie z.B. Autor, Verlag oder das Publikationsjahr) einer Quelle aus dem Internet zu importieren. So kann im Vergleich zur manuellen Eingabe viel Zeit eingespart werden. Für den Quellenimport bieten wissenschaftliche

Datenbanken (z.B. *http://search.ebscohost.com* oder *http://wwww.jstor.com*) Schnittstellen zu den allermeisten Literaturverwaltungsprogrammen an. Ferner können mit diesen Programmen verschiedene wissenschaftliche Arbeiten parallel in einer Datenbank verwaltet werden.

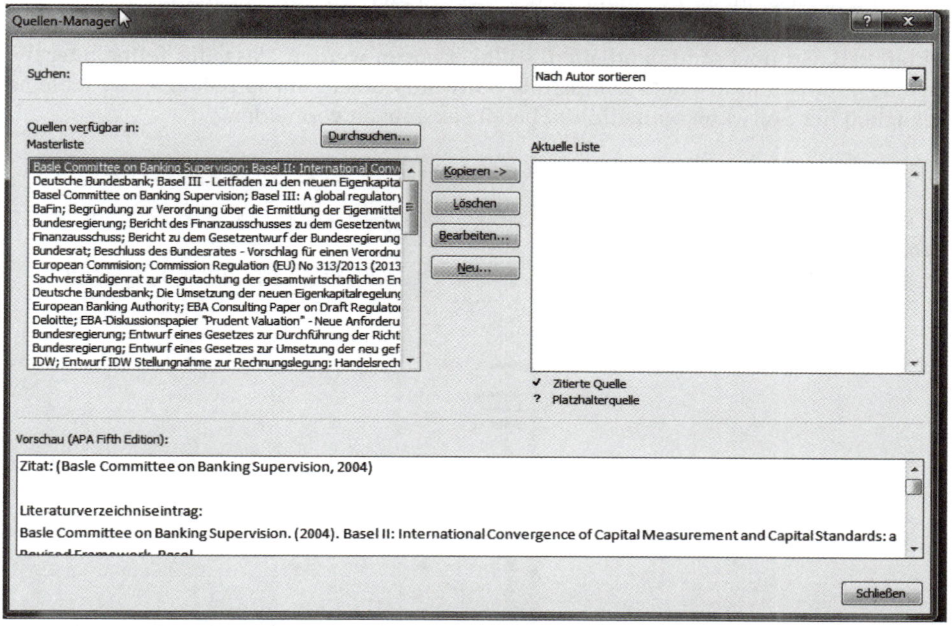

Abbildung 2.20: Quellenmanager

Weit verbreitet sind folgende Literaturverwaltungsprogramme:

- Endnote (*http://www.endnote.com*)
- Endnote Web (*http://www.myendnoteweb.com*)
- Zotero (*http://www.zotero.org*)
- Citavi (*http://www.citavi.com*)
- RefWorks (*http://www.refworks.com*)
- Bibliographix (*http://www.bibliographix.de*)
- JabRef (*http://jabref.sourceforge.net*)
- Synapsen (*http://www.verzetteln.de/synapsen*)

Welche Software im Rahmen einer Abschlussarbeit am besten geeignet ist, lässt sich nicht pauschal beantworten. Die einzelnen Programme unterscheiden sich sowohl in ihrem Funktionsumfang als auch im Preis. Viele Universitäten stellen ihren Studierenden manche Programme kostengünstig oder sogar kostenlos zur Verfügung. Wer sich mit den Unterschieden der einzelnen Programme genauer auseinandersetzen möchte, findet im Internet eine Vielzahl von Seiten, die sich mit diesem Thema beschäftigen. Die Universität Augsburg hat beispielsweise einen Vergleich der fünf wichtigsten Programme auf ihrer Homepage veröffentlicht (*http://www.bibliothek.uni-augsburg.de/service/literaturverwaltung/downloads/vergleich.pdf*).

In den Wirtschaftswissenschaften wird sehr oft auf Citavi (vgl. Abbildung 2.21) und Endnote (vgl. Abbildung 2.22) zurückgegriffen. Endnote zeichnet sich durch eine große internationale Verbreitung aus, ist jedoch nur englischsprachig verfügbar. Demgegenüber bietet Citavi auch eine deutschsprachige Version an. Darüber hinaus verfügt Citavi über einige zusätzliche Funktionen, die insbesondere die Strukturierung von Wissen und die Sammlung unterschiedlichster Informationen fördern. In **Gemeinschaftsprojekten** (z.B. Gruppenseminararbeiten) sollte erwogen werden, dass alle Teilnehmer die gleiche oder zumindest eine kompatible Software nutzen, um so potenzielle Probleme bezüglich der Softwarekompatibilität bereits ex ante zu vermeiden.

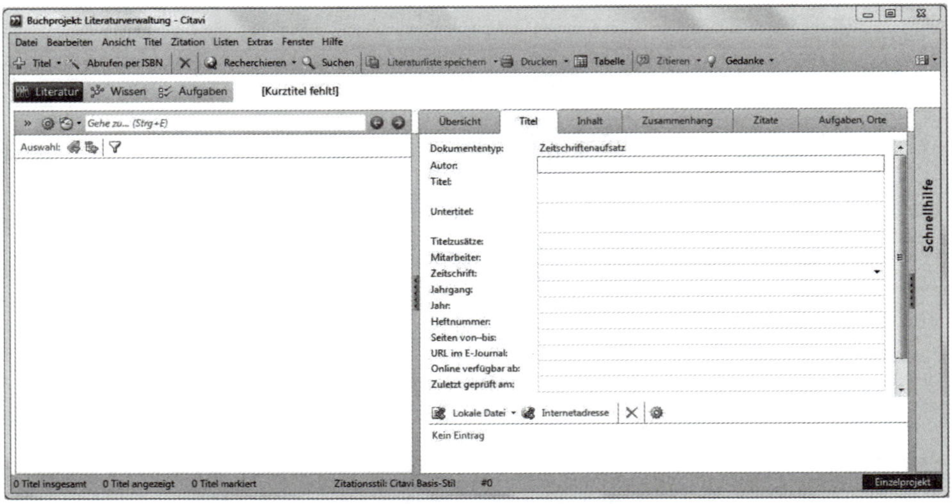

Abbildung 2.21: Citavi

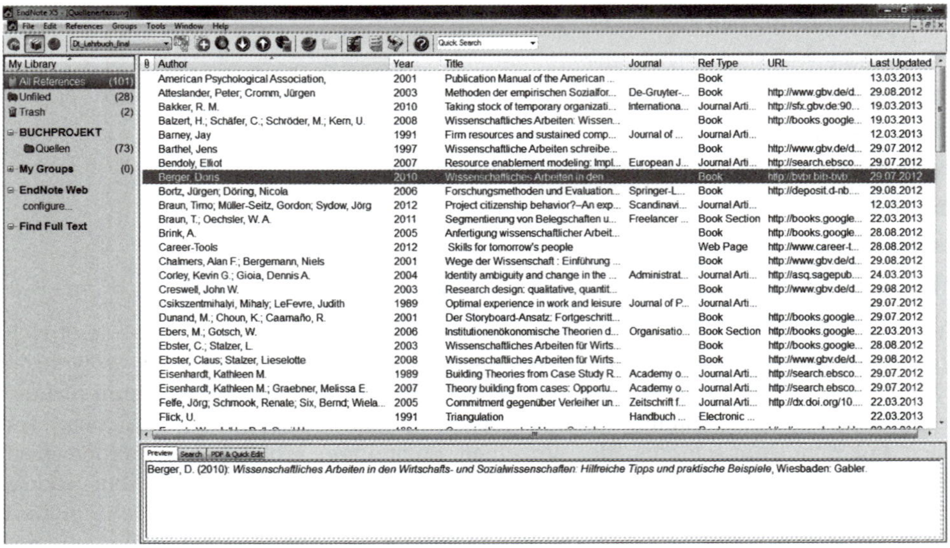

Abbildung 2.22: Endnote

2.2.8 Mindmapping

Das sogenannte **Mindmapping** ist eine **kognitive Technik**, um ein Themengebiet visuell darzustellen, zu planen und zu strukturieren. Diese Technik ist dem Brainstorming ähnlich und bietet den Vorteil, mithilfe des Assoziationsprinzips die eigenen Gedanken frei entfalten und variabel strukturieren zu können (siehe Unterkapitel 2.1.3 für weitere Informationen). Für das Erstellen und Lesen von Mindmaps gibt es definierte Regeln, wobei ein bestimmter Begriff, welcher das Thema möglichst präzise erfasst, im Mittelpunkt steht. Davon ausgehend werden die Hauptthemen (z.B. Buchkapitel) in Großbuchstaben mit einer dicken Linie (Hauptlinie) verbunden. Von den Hauptthemen ausgehend werden dann weitere dünnere Linien gezogen, um Unterthemen in Kleinbuchstaben (z.B. Unterkapitel eines Buchs) zu beschreiben. Bei Bedarf ist es auch möglich, weitere Unterebenen einzufügen. Zusätzlich können z.B. Farben, Symbole oder unterschiedliche Pfeile eingesetzt werden, um so bestimmte Begriffe hervorzuheben oder Beziehungen herzustellen. Für das Erstellen einer Mindmap werden im Prinzip nur ein Stift und ein Blatt Papier benötigt, es gibt jedoch auch einige Anbieter von Mindmap-Software. Die Software Freeplane ist beispielsweise eine kostenlose Anwendung mit den nötigsten Funktionen (*http://freeplane.sourceforge.net/wiki/index.php/Main_Page*). Eine kostenpflichtige Alternative ist der MindManager von Mindjet (*http://www.mindjet.com*). Diese Software bietet einen größeren Funktionsumfang, ist im Vergleich optisch ansprechender gestaltet und kann auch kostenlos als App für mobile Endgeräte heruntergeladen werden.

Aufgaben

Erstellen Sie eine Mindmap, in deren Mitte der Arbeitstitel Ihrer Abschlussarbeit aufgeführt ist. Fügen Sie sodann dem Titel Mindmap-Verästelungen entsprechend der Abschnitte sowie der noch in Verbindung mit der Abschlussarbeit durchzuführenden Arbeitsschritte hinzu.

WWW.PEARSON-STUDIUM.DE CWS COMPANION WEBSITE

2.2.9 Sicherungskopien/Cloud-Dienste

Ein wichtiger und nicht zu vernachlässigender Punkt ist das **regelmäßige Abspeichern** der erstellten Dokumente (siehe Abschnitt 2.1.4 für weitere Informationen). Hier bieten sich neben externen Festplatten oder USB-Sticks vor allem die sogenannten Cloud-Dienste an. Dies sind Angebote, bei denen Daten auf externen Servern im Internet gespeichert werden und mithilfe derer weltweit, von jedem Rechner aus, ein Zugriff auf die Daten möglich ist. Ein beliebtes Produkt ist Dropbox (http://*www.dropbox.com*), dessen Kunden begrenzten Online-Speicherplatz kostenlos zur Verfügung gestellt bekommen. Sofern ein größerer Speicherplatz benötigt wird, fallen für den Dienst Kosten an. Wenn zusätzlich die Software von Dropbox installiert wird, erfolgt die Synchronisation sogar automatisch im Hintergrund. Dadurch kann ein Text an mehreren Arbeitsplätzen bzw. von mehreren Autoren bearbeitet werden.

2.3 Literatur

Career-Tools (2012): Skills for tomorrow's people. Internetquelle: *http://www.career-tools.de*, Zuletzt abgerufen am: 29.07.2012.

Csikszentmihalyi, M./LeFevre, J. (1989): Optimal experience in work and leisure, in: Journal of Personality and Social Psychology, 56(5), S. 815–822.

Knigge-Illner, H. (2009): Der Weg zum Doktortitel: Strategien für die erfolgreiche Promotion, Frankfurt am Main: Campus-Verlag.

Seiwert, L./Tracy, B./Küstenmacher, W. T./McGee-Cooper, A. (2011): Wenn du es eilig hast, gehe langsam: Mehr Zeit in einer beschleunigten Welt, Frankfurt am Main: Campus-Verlag.

Spoun, S. (2011): Erfolgreich studieren, München: Pearson Studium.

Stickel-Wolf, C./Wolf, J. (2011): Wissenschaftliches Arbeiten und Lerntechniken – erfolgreich studieren – gewusst wie!, Wiesbaden: Gabler.

Zielführend argumentieren

3

ÜBERBLICK

Beim wissenschaftlichen Argumentieren geht es darum, andere Personen mit sachlichen Aussagen zu überzeugen. Dies gelingt nur, wenn die Argumentation nachvollziehbar, d.h. transparent und schrittweise aufgebaut wird. Hierfür ist **Logik** eine zentrale Voraussetzung. Mitunter wird das logische Argumentieren als selbstverständlich empfunden, schließlich sind niedergeschriebene Gedanken das Ergebnis intensiven Nachdenkens.

Dabei wird leicht übersehen, dass Denkmuster sehr individuell geprägt sein können, etwa durch die eigenen Qualifikationen, Lebenserfahrungen, die Sozialisation etc. Wissenschaftliche Texte verfolgen jedoch den Anspruch, auch für den neutralen Leser, der die spezifischen Denkmuster von Autoren im Zweifel nicht kennen wird, nachvollziehbar und überzeugend zu sein. Die Herausforderung besteht darin, das logische Argumentieren nicht zu trivialisieren, sondern dessen Potenzial und Schlagkraft bewusst zu erkennen und einzusetzen. Deshalb soll dieser Teil dazu beitragen, Argumentationslogik und deren praktische Anwendung zu reflektieren.

In Kapitel 3.1 wird ausgehend von einer kurzen Annäherung zur praktischen Anwendung in der eigenen Abschlussarbeit übergeleitet. Kapitel 3.2 verdeutlicht mithilfe des Ansatzes von Toulmin, wie grundsätzlich der Schritt von Behauptungen zu überzeugenden Argumenten gelingt. Kapitel 3.3 liefert mit Syllogismen die notwendigen Werkzeuge, die ganz pragmatisch in Abschlussarbeiten eingesetzt werden können, und Kapitel 3.4 gibt unter Bezugnahme auf das Pyramidenprinzip Aufschluss darüber, wie einzelne Argumente zu einer größeren Struktur verknüpfbar sind.

3.1 Über Logik nachdenken und diese zielgerichtet einsetzen

Logik (griechisch: Vorgehensweise) bezeichnet die **Lehre von der Folgerichtigkeit** und wurde erstmals von Aristoteles in seinem Buch Organon untersucht; damals allerdings noch unter einem primär semantischen Blickwinkel[1]. Logik untersucht, unter welchen Bedingungen das Folgern einer Aussage aus einer Menge anderer Aussagen korrekt ist, und entwickelt hierzu formale Systeme zur exakten Beschreibung der untersuchten Schlussregeln.

Grundsätze

- *Satz der Identität*: Identische Begriffe sollen stets die gleiche Bedeutung haben.
- *Satz des Widerspruchs*: Die gleichzeitige Bejahung und Verneinung einer Aussage ist nicht möglich.
- *Satz der Zweiwertigkeit*: Klassische Aussagenlogik, bei der es nur zwei Werte gibt, wahr oder falsch.
- *Satz vom zureichenden Grund*: Nichts geschieht ohne Grund.

(vgl. Rossig and Prätsch, 2002).

Im wissenschaftlichen Kontext lässt sich Logik im Bereich der Idealwissenschaft verorten (vgl. Wöhe & Döring, 2000). Als solche versucht sie primär, allgemeine Zusammenhänge aufzuzeigen, wobei der praktische Nutzen dort originär nicht im Vorder-

1 Aristoteles war in diesem Zusammenhang der Erste, der sich mit den Besonderheiten des wissenschaftlichen Argumentierens gegenüber anderen Arten des Argumentierens, also der Konzentration auf Vernunft anstatt beispielsweise auf das Gefühl, auseinandergesetzt hat.

grund steht. Dennoch ist die Anwendung der Logik fester Bestandteil in Wissenschaft und Praxis. Logik ist eine zentrale Komponente für den universitären Diskurs und die berufliche Praxis. Im Rahmen des Studiums und im späteren Berufsleben ist Logik unabdingbar; sie manifestiert sich u.a. …

- … in der Bewältigung von Arbeitsaufgaben, bei denen ein systematisches Vorgehen verlangt wird, welches …
  - … Wissen, d.h. die notwendigen theoretischen Grundlagen, sowie
  - … eine Transferleistung erfordert.
- … in der stringenten, mithin nachvollziehbaren Aufbereitung des eigenen Wissens.

Im Rahmen von wissenschaftlichen Arbeiten dient Logik also dazu, die Gedankengänge und Schlussfolgerungen für den Leser transparent zu gestalten.

Beispiel: Konzeption einer Präsentation

Zur Konzeption einer Präsentation ist eine Organisation der Ideen und Überprüfung der Präsentationslogik („roter Faden“) anhand eines ***Storyboards*** *sinnvoll. Storyboards werden in anderem Kontext beispielsweise verwendet, um die Handlung eines Films oder Theaterstücks zu skizzieren. Abbildung 3.1 veranschaulicht, wie Präsentationsunterlagen auf diese Art und Weise logisch strukturiert werden können. Dabei wird die Hauptbotschaft durch die auf der linken Seite grau hinterlegten Leitfolien vermittelt. Um die Glaubwürdigkeit der hier vorgebrachten Argumente zu stützen und diese detailliert auszuarbeiten, sollten die Leitfolien durch Unterstützungsfolien ergänzt werden. Sofern eine größere Anzahl solcher Unterstützungsfolien zum Einsatz kommt, kann es sinnvoll sein, am Ende des Arguments eine kurze Zusammenfassung mit einzubeziehen, bevor die nächste Leitfolie angeführt wird. Eine Titelfolie und eine Abschlussfolie sollte die Präsentation ebenfalls stets aufweisen. Sofern bestimmte Inhalte nur bei Rückfragen aus dem Publikum vorgetragen werden sollen, können diese als „Backup“-Folien zur Unterstützung hinzugezogen werden. Diese sind normalerweise ganz am Ende der Präsentation bzw. – wie in Abbildung 3.1 dargestellt – am Ende eines Abschnitts anzufügen (Dunand et al., 2001).*

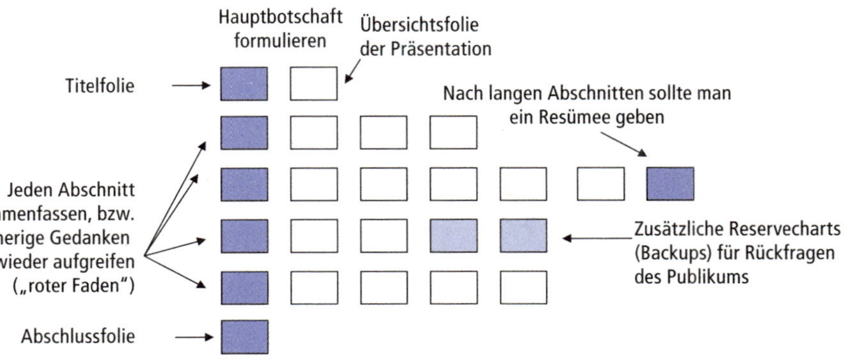

Abbildung 3.1: Konzeption von Präsentationsunterlagen
Quelle: in Anlehnung an Dunandet al. (2001)

Beispiel: Konzeption einer Präsentation (Forts.)

Eine derartige Konzeption einer Präsentation soll anhand des konkreten Beispiels einer Vorlesung zum wissenschaftlichen Arbeiten verdeutlicht werden. Abbildung 3.2 zeigt schematisch, wie das Thema strukturiert werden könnte. Hierbei liegt die Idee zu Grunde, vom Allgemeinen (wissenschaftliches Arbeiten als solches) schrittweise zum Speziellen (z.B. Visualisierung von spezifischen Argumenten) zu gelangen und dabei die wichtigsten Facetten des wissenschaftlichen Arbeitens zu thematisieren.

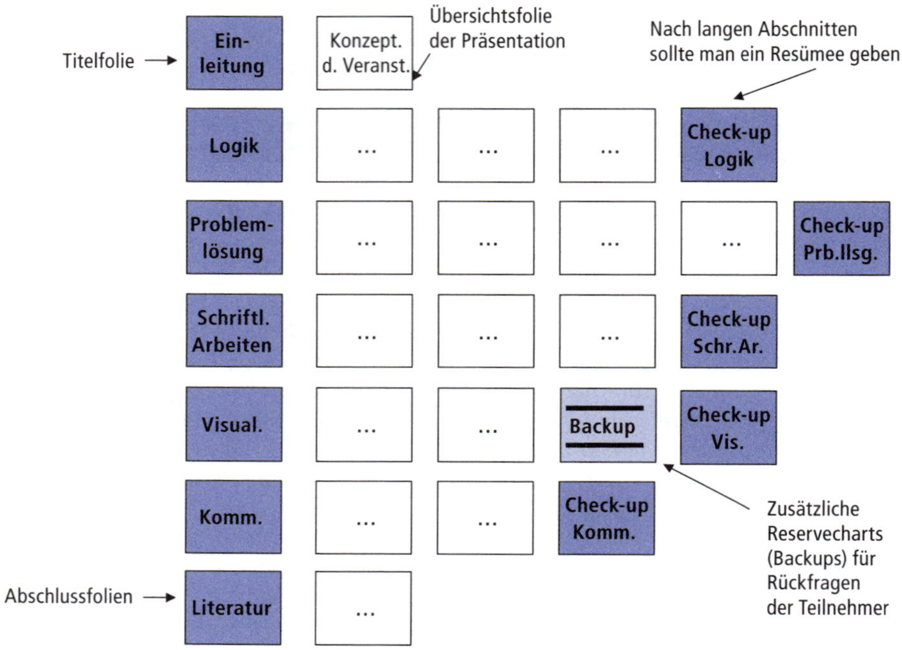

Abbildung 3.2: Vorlesung als Anwendungsbeispiel einer Präsentationslogik

Für die Nutzung von Logik im Rahmen von wissenschaftlichen Arbeiten existieren unterschiedliche Ansätze. Davon sollen im Folgenden drei genauer vorgestellt werden[2]:

- Argumentationslogik nach Toulmin,
- Syllogismen als Manifestation von Logik sowie
- Pyramidenprinzip nach Minto.

2 Die vorliegende Herangehensweise an das Thema Logik ist keinesfalls die einzige Option. Weitere denkbare Zugänge wären z.B. eine linguistische Betrachtungsweise oder ein mathematischer Zugang. Die hier erörterten drei Ansätze wurden aufgrund der pragmatischen Relevanz für das wissenschaftliche Arbeiten gewählt.

3.2 Argumentationslogik nach Toulmin: überzeugen statt behaupten

Entwickelt wurde der hier vorgestellte Ansatz vom britischen Wissenschaftstheoretiker und Philosophen Stephen Toulmin. Als Ausgangspunkt nahm er dabei – im Gegensatz zu traditionellen Ansätzen – nicht wissenschaftlich-theoretische Fragestellungen. Vielmehr griff Toulmin auf tatsächliche, im Alltag vorzufindende Argumentationsvorgänge zurück und leitete daraus allgemeine Regeln ab (vgl. Geiger, 2006). Er lieferte damit den Anstoß zur modernen **Argumentationstheorie**. Der Ansatz gehörte lange Zeit zur akademischen Grundausbildung und zeichnet sich durch große Wirksamkeit beim Abfassen von Texten aus.

Ziel des Ansatzes ist es, die Erstellung einer detaillierten Analyse zur Untersuchung der Effektivität einer Argumentation zu ermöglichen.

Dabei werden die folgenden Elemente verwendet:

- Argument bzw. Prämisse (Daten, Fakten),
- Schlussfolgerung bzw. These oder Konklusion,
- Schlussregel,
- Stützung,
- evtl. Ausnahmebedingungen (vgl. Toulmin and Berk, 1996).

Abbildung 3.3 visualisiert, wie diese Elemente miteinander in Beziehung stehen.

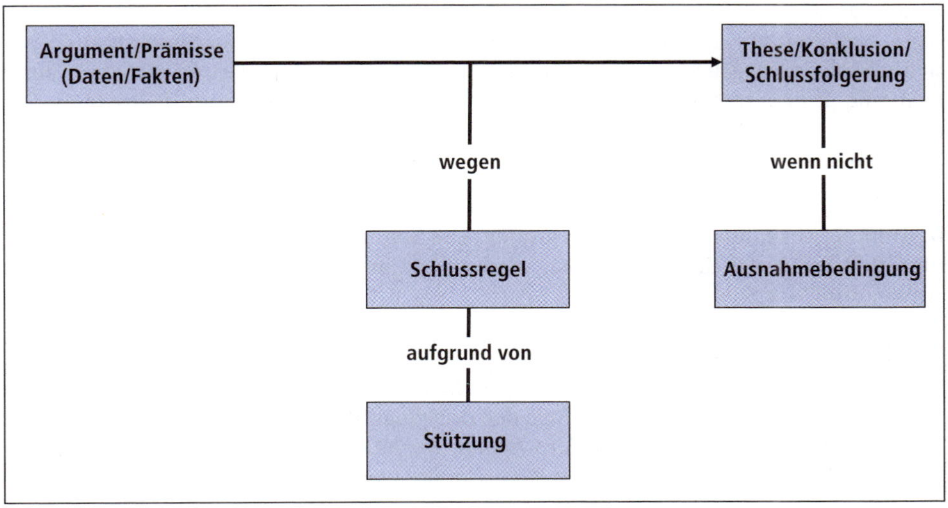

Abbildung 3.3: Argumentationsvorgang nach Toulmin
Quelle: in Anlehnung an Toulmin (1996)

Eine strittige Behauptung (**These**) wird durch diverse Argumente (Fakten bzw. Daten etc.) begründet. Damit die Argumente überhaupt eine Rolle zur Begründung für eine bestimmte These übernehmen können, sind sie in ein bestimmtes logisches Verhältnis zur These zu bringen. Dies geschieht durch eine **Schlussregel**, auf deren Grundlage die betreffende These aufgestellt werden kann. Die Schlussregel (als hypothetische und brückenartige Aussage) macht sodann erst aus der These eine vollständige Aussage, begründet mithin die Argumentationslogik.

Zur **Stützung** der Schlussregel werden z.B. Gesetzestexte, Normen, anerkannte Prinzipien oder Taxonomien verwendet. In der Alltagsargumentation dagegen bleibt häufig nichts anderes übrig, als den Übergang vom einzelnen „Argument" zur „Schlussfolgerung" durch Rückgriff auf (vermeintlich) allgemeingültige Auffassungen oder durch Appelle an den „gesunden Menschenverstand" zu stützen (vgl. Toulmin and Berk, 1996).

Um den Ansatz anzuwenden, unabhängig davon, ob im wissenschaftlichen oder praktischen Kontext, ist von einer bestimmten Ausgangssituation (Fakten und Daten) auszugehen. Diese konkrete Situationsbeschreibung wird z.B. anhand von statistischen Daten aus einem Unternehmen oder von Behörden, wie dem statistischen Bundesamt, vorgenommen. Es kann sich genauso gut um Aussagen in andersartigen Quellen handeln. In jedem Fall sollte darauf geachtet werden, dass die Daten gemeinhin akzeptiert sind, so dass hierbei keine Zweifel über die grundsätzliche Glaubwürdigkeit bestehen. Denn sonst hätte dies zur Folge, dass bereits die grundlegenden Annahmen des wissenschaftlichen Beitrags Mängel aufweisen.

Denkbar wäre z.B., dass im Rahmen einer Bachelor- oder Masterarbeit ein hochrangig publizierter Fachartikel zitiert und somit als Ausgangsbasis genommen wird. Dieser einschlägige Artikel, etwa von einem hochangesehenen Autor, würde hier als allgemein akzeptiert gelten.

Basierend auf dieser Grundlage wird nun unter Berücksichtigung der Daten und Fakten zu einer Schlussfolgerung geleitet. Diese wird dann mit Hilfe einer Schlussregel argumentativ untermauert. Jene begründet, wie von der Ausgangssituation zur Schlussfolgerung gelangt werden kann. Die Schlussregel wiederum wird von einer Stützung gesichert. Dabei handelt es sich um allgemein anerkannte Prinzipien. Die Schlussregel stellt also zwischen der Ausgangssituation und der Stützung einen Zusammenhang her.

Auf diesem Weg gelingt eine fundierte und solide Schlussfolgerung, es sei denn, bestimmte Ausnahmebedingungen greifen. Die Schlussfolgerung ergibt sich also nicht unmittelbar aus der Situation selbst, sondern erst durch Akzeptanz der Stützung und Anwendung der Schlussregel.

Beispiel: Argumentation bei politischen Entscheidungen

Als Daten bzw. Fakten wird im Zuge der Ausgangssituation angenommen, dass im Staatshaushalt 3.000.500.000 Euro fehlen, weshalb gespart werden soll. Um das Staatsdefizit zu belegen, dienen z.B. bestimmte Quellen von Regierungsbehörden.

Aufgrund dieser Ausgangslage ist es nunmehr möglich, eine Schlussfolgerung zu formulieren. Diese könnte etwa lauten, dass im Bereich von wissenschaftlichen Mitarbeitern gespart werden sollte bzw. dass keine Neueinstellungen von wissenschaftlichen Mitarbeitern mehr erfolgen sollten.

Beispiel: Argumentation bei politischen Entscheidungen (Forts.)

Als denkbare Schlussregel könnte hierfür angeführt werden, dass im Fall von Staatsverschuldungen eine Verpflichtung zum Sparen besteht. Als Stützung kann etwa das neoliberale Prinzip, dass der Staatshaushalt immer ausgeglichen sein soll, dienen. Das Argument wird untermauert, so dass es plausibel erscheint, es sei denn, es greift eine relevante Ausnahmebedingung. Die Aussage, dass im Bildungsbereich nicht gespart werden sollte, könnte als solche gelten. Sie wird aus dem politischen Normenhintergrund bzw. dem Sozialstaatsprinzip abgeleitet.

Bei der beschriebenen Vorgehensweise handelt es sich jedoch nur um eine mögliche Schlussfolgerung. Eine denkbare Alternative wäre in diesem Fall, Einsparungen beim Bau neuer Autobahnen vorzunehmen. Wenn eine solche Schlussfolgerung eintritt, wäre anschließend natürlich die Schlussregel, deren Stützung sowie etwaige Ausnahmebedingungen anzupassen.

Auch bei dem Beispiel der wissenschaftlichen Mitarbeiter sind andere Alternativen denkbar. So könnten die Schlussregel und Stützung mit der Ausnahmebedingung vertauscht werden, um zu dem Schluss zu gelangen, dass sodann bei den Mitarbeitern nicht gespart werden bzw. dafür ein anderer Bereich gefunden werden sollte.

Abbildung 3.4 veranschaulicht den Beispielfall noch einmal schematisch.

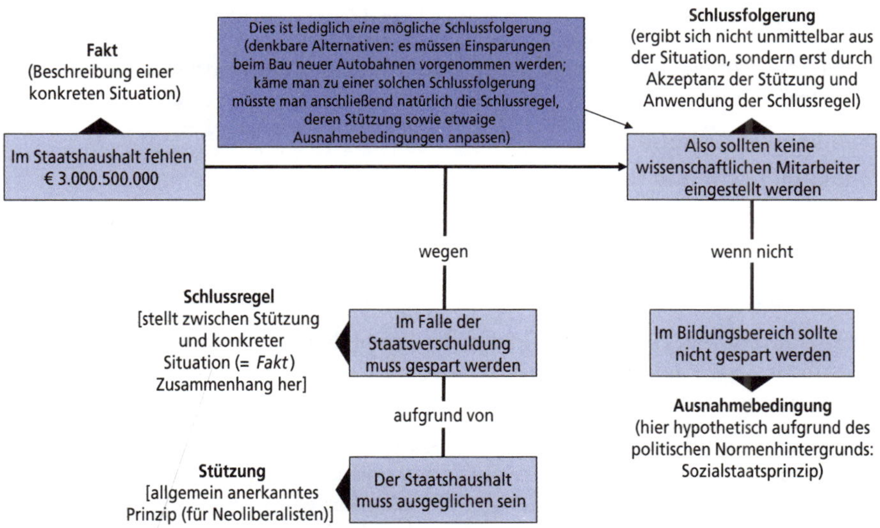

Abbildung 3.4: Toulmin'sche Argumentationslogik am Beispiel politischer Entscheidungen

Die Argumentationslogik nach Toulmin gehört nicht nur zu einer soliden akademischen Grundausbildung, sondern findet auch in wissenschaftlichen Arbeiten Anwendung. So sollte (z.B. in der Einleitung) auf Absatzebene stets zunächst mit einer Kernaussage, also der Schlussfolgerung aus der Ausgangssituation, begonnen werden. Anschließend könnte eine Abwägung von Argumenten für (Pro) und wider (Contra) diese Position erfolgen, wobei die Schlussregel und die dazugehörige Stützung das Pro und die Ausnahmebedingung das Contra repräsentieren.

In akademischen Arbeiten wird erwartet, dass dort ein Argument insofern geführt wird, als dass der Autor oder die Autorin in der Lage ist, unterschiedliche Positionen gegeneinander abzuwägen. Zwar sollte mit der Formulierung einer Kernaussage klar Stellung bezogen werden. Vor dem Hintergrund der vielfach eingeforderten **Reflexionsfähigkeit** sollten jedoch stets ebenfalls verschiedene, gegenteilige Argumente Berücksichtigung finden und mit in Anschlag gebracht werden. Dies verhindert eine zu einseitige Darstellung, die bei Lesern und/oder Korrektoren oftmals auf Widerstände stößt.

3.3 Syllogismen als Werkzeuge des Argumentierens

Unter **Syllogismus** (griechisch: Zusammenzählen) wird seit Aristoteles eine Aussage bzw. Argumentationsform verstanden, die vor allem im Bereich der traditionellen Logik angesiedelt ist. In diesem Fall wird aus zwei Behauptungen (Prämissen) eine Schlussfolgerung gezogen. Dabei wird die erste Behauptung (Majorprämisse) oder Obersatz (Proposia major), die zweite Minorprämisse oder Untersatz (Proposia minor) genannt (vgl. Müller-Seitz and Wilhelm, 2010).

Bei der Verwendung von Syllogismen gilt es generell, folgende Aspekte zu beachten:

- Syllogismen sind ausschließlich bei der Existenz zweier „Prämissen" verwendbar.
- Die inhaltlich-reale Plausibilität muss gewährleistet werden.
- Eine Übertragbarkeit der Aussagen untereinander ist nicht immer gegeben.

Im Folgenden sollen drei gängige ausgewählte Erscheinungsformen von Syllogismen näher betrachtet werden:

- Deduktion (Abschnitt 3.3.1),
- Induktion (Abschnitt 3.3.2) sowie
- Abduktion (Abschnitt 3.3.3).

3.3.1 Deduktion – vom Allgemeinen zum Besonderen

Unter **Deduktion** (lat. Herabführen) wird das Schließen vom Allgemeinen zum Besonderen subsumiert. Anders ausgedrückt wird von einer Theorie auf einen konkreten Einzelfall geschlossen.

Das Besondere an dieser Form des Syllogismus ist, dass alle Schlussfolgerungen die hierbei gezogen werden, zwingend wahr, d.h. apodiktisch, sind. Dies liegt an der sehr engen Formulierung der Prämissen. Ein Schluss muss wahr sein, wenn alle Prämissen wahr sind. Diese Form des Syllogismus findet häufig eine meist implizite Anwendung, wenn es um das Testen von Hypothesen geht.

Wenn im Rahmen einer Abschlussarbeit an einem Marketinglehrstuhl die Kundenzufriedenheit am Beispiel von Kunden der Internetseite Amazon.com untersucht werden soll, so erfolgt auch hier ein Schluss vom „Allgemeinen" zum „Besonderen". Das „Allgemeine" stellt in diesem Fall die Theorie der Kundenzufriedenheit (unter Rekurs auf die einschlägige Fachliteratur) dar, das „Besondere" den konkreten Einzelfall Amazon. Die Zufriedenheit der Kunden gegenüber Amazon könnte etwa durch eine Befragung ermittelt werden. Die Theorie der Kundenzufriedenheit an sich wird also nicht hinterfragt, sondern lediglich auf das konkrete Beispiel Amazon hin angewandt bzw. „herabgeführt".

Beispiel: Veranschaulichung der Deduktion anhand einer Unternehmensklassifikation

Prämissen: A) Alle DAX-Unternehmen sind Aktiengesellschaften.
B) Volkswagen ist ein DAX-Unternehmen.

Vereinfacht gesprochen, wird nun der „kleinste gemeinsame Nenner" der beiden Prämissen gesucht. In diesem Fall sind es die DAX-Unternehmen. Nun stellt sich die Frage, was diesen DAX-Unternehmen attribuiert wird. In Prämisse A heißt es, dass es sich um Aktiengesellschaften handelt, in Prämisse B wird der spezielle Fall des VW-Konzerns als DAX-Unternehmen bestimmt. Aufgrund dessen kann folgende Schlussfolgerung abgeleitet werden:

Konklusion: C) Volkswagen ist eine Aktiengesellschaft!
Erläuterung: Aus A) und B) folgt zwingend C)

C) ist notwendigerweise wahr.

Beispiel: Explikation eines deduktiven Vorgehens anhand einer multiplen Regressionsanalyse

Die multiple Regressionsanalyse ist ein Verfahren der Dependenzanalyse, bei der der Einfluss mehrerer unabhängiger Variablen (x1 bis xj) auf eine abhängige Variable (y) untersucht wird.

Das allgemeine Modell lautet

$$y = a + b1 \cdot x1 + b2 \cdot x2 + ... + bj \cdot xj + e$$

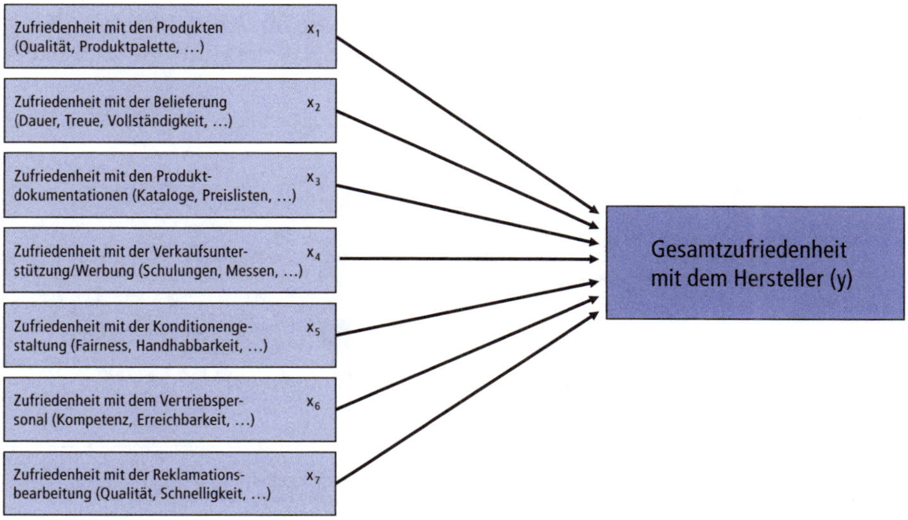

Abbildung 3.5: Beispiel zur Anwendung eines multiplen Regressionsmodells
Quelle: in Anlehnung an Homburg/Krohmer 2006, S. 381

Beispiel: Explikation eines deduktiven Vorgehens anhand einer multiplen Regressionsanalyse (Forts.)

Die Anwendung dieses allgemeinen Modells auf einen konkreten Forschungszweck folgt einem typisch deduktiven Ansatz. Es könnte beispielsweise untersucht werden, wie bestimmte Faktoren die Gesamtzufriedenheit von Handelspartnern mit einem Investitionsgüterhersteller beeinflussen. Dabei wird zunächst das allgemeine Modell auf den konkreten Fall spezifiziert, d.h., es werden die Variablen definiert. Abbildung 3.5 zeigt, wie dies im Anwendungsfall aussehen kann. Anschließend werden aus den konkreten Daten (z.B. aus einer Befragung der Handelspartner) die Regressionsparameter (a, b1, …, bj) geschätzt und schließlich die Güte des Modells beurteilt (vgl. Homburg and Krohmer, 2006).

3.3.2 Induktion – vom Besonderen zum Allgemeinen

Induktion (lat. Hinführung) bedeutet nun das Schließen vom Besonderen zum Allgemeinen. Es handelt sich also um ein Vorgehen, dass genau umgekehrt zur Deduktion angelegt ist.

Als Konsequenz hieraus ergibt sich Folgendes: Wenn sich eine Reihe von beobachteten Ereignissen als wahr erweist, so wird es sich vermutlich auch bei gleichartigen Ereignissen als wahr erweisen. Die Wahrscheinlichkeit der Richtigkeit dieser Aussage hängt dabei von der Anzahl der beobachteten Ereignisse ab; es handelt sich aber stets nur um eine Wahrscheinlichkeit!

Hier wird also ein Schluss durch Verallgemeinerung eines konkreten Einzelfalls gezogen. Fraglich ist in solchen Fällen stets, bis zu welchem Ausmaß eine derartige Verallgemeinerung zulässig ist. Der gezogene Schluss ist demnach, im Gegensatz zur Deduktion, nicht zwingend wahr. Abbildung 3.6 gibt einige grundsätzliche Hinweise zum induktiven Vorgehen.

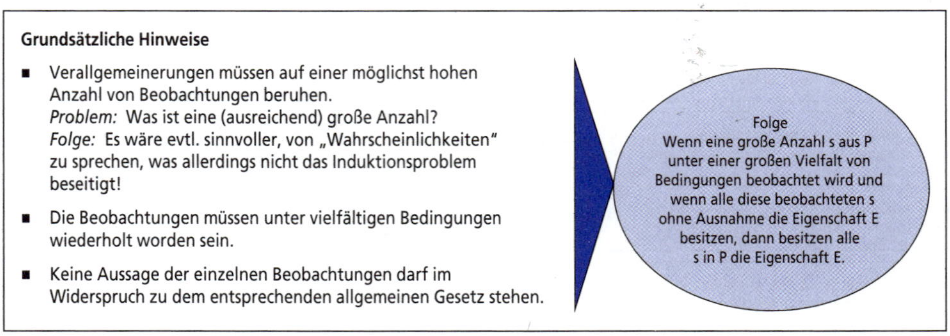

Abbildung 3.6: Regeln zum induktiven Vorgehen
Quelle: in Anlehnung an Chalmers (2001), S. 39 f.

Bei dieser Vorgehensweise entsteht das sogenannte **Induktionsproblem** nach Popper („Popper'sches Kriterium"): Theorien können nicht definitiv bestätigt (verifiziert), jedoch widerlegt (falsifiziert) werden.

Beispiel

Durch das häufige Beobachten von weißen Schwänen kann die (nicht zwingend wahre) Aussage abgeleitet werden, dass alle Schwäne weiß sind. Wird später trotzdem ein schwarzer Schwan entdeckt, wäre die Konklusion falsifiziert. Allgemein formuliert stehen in den Sozialwissenschaften sämtliche als „wahr" vermutete Theorien unter dem Vorbehalt ihrer Verifizierung; sie gelten mithin nur so lange als wahr, bis sie eventuell doch irgendwann falsifiziert werden (vgl. Popper, 1994).

Der Einsatz der Induktion in der Forschung ist vielfältig. Sie liefert eine kausale Erklärung der Wirklichkeit, wodurch zu einer empirisch-realistischen betriebswirtschaftlichen Theorie gelangt werden kann. Der Einsatz der Induktion ist daher …

- … sinnvoll zur Gewinnung neuer Erkenntnisse über Unternehmen als …
  - … Methode zur Gewinnung von Hypothesen sowie
  - … überprüfungsbedürftige Erweiterung des vorhandenen Erfahrungshorizonts.
- … nicht sinnvoll für die Rechtfertigung betriebswirtschaftlicher Aussagen.

Die Induktion wird für die Erhebung und Auswertung repräsentativer Stichproben verwendet. Dabei können statistische Verfahren, wie Korrelations- und Regressionsanalysen zum Einsatz kommen. So wird beispielsweise aus einer begrenzten Anzahl von Kosten-Beschäftigungs-Konstellationen eine allgemeingültige Kostenfunktion abgeleitet (vgl. Raffée, 1993; Schweitzer, 1997; Wöhe and Döring, 2000).

Vor allem im Bereich der Wirtschaftswissenschaften wird auf die Induktion zurückgegriffen, wenn es um das fallbasierte Schließen geht. Hierbei werden Beziehungen zwischen dem aktuellen Problem des Anwenders und Erfahrungen aus der Vergangenheit hergestellt. Beispiele dafür sind Fallstudien, Experteninterviews oder fragebogengestützte, explorative Umfragen. Gefahren liegen aber darin, dass induktiv generierte Aussagen einen explorativen Charakter haben und Prognosen einzelner Ereignisse mit einer hohen Unsicherheit behaftet sind.

So ist z.B. die Aussage „Die Wahrscheinlichkeit, dass die Fusion zwischen Daimler und Chrysler gelingt, liegt bei 25%" bei ausschließlicher Betrachtung des Falls DaimlerChrysler nichtig, da die Chancen de facto bei 50 : 50 stehen, sofern keine weiteren Zusatzinformationen zu diesem Fall gegeben sind, die etwas anderes vermuten lassen.

Beispiel: Veranschaulichung der Induktion anhand einer Unternehmensklassifikation

Prämissen: A) VW ist eine Aktiengesellschaft.
B) VW ist ein DAX-Unternehmen.

Hierbei ist nun VW der „kleinste gemeinsame Nenner". Es wird also der konkrete Fall VW in seinen Eigenschaften näher betrachtet. Dabei wird festgestellt, dass es sich um eine Aktiengesellschaft und gleichzeitig um ein DAX-Unternehmen handelt. Daraus lässt sich der folgende mögliche Schluss ziehen:

Konklusion: C) Alle DAX-Unternehmen sind Aktiengesellschaften.
Erläuterung: Nach C) und B) ist A) zwar durchaus wahrscheinlich, aber keineswegs zwingend wahr. Die Annahme wird auf Basis von VW getroffen und anschließend generalisiert. Der Induktionsschluss ist daher dialektisch, d.h. nicht zwingend wahr.

Beispiel: Die PIMS-Studie

Die PIMS-Studie ist ein weiteres prominentes Beispiel für ein induktives Vorgehen im Rahmen der Betriebswirtschaftslehre (vgl. Heinen, 1992). Zielsetzung war es, die Abhängigkeit von Rentabilitätskennzahlen von sogenannten Erfolgsfaktoren zu untersuchen. Auf der Grundlage dieser beobachteten Zusammenhänge ließen sich Modelle und Strategien für individuelle Geschäftseinheiten ableiten. Abbildung 3.7 veranschaulicht das Vorgehen im Rahmen der Studie.

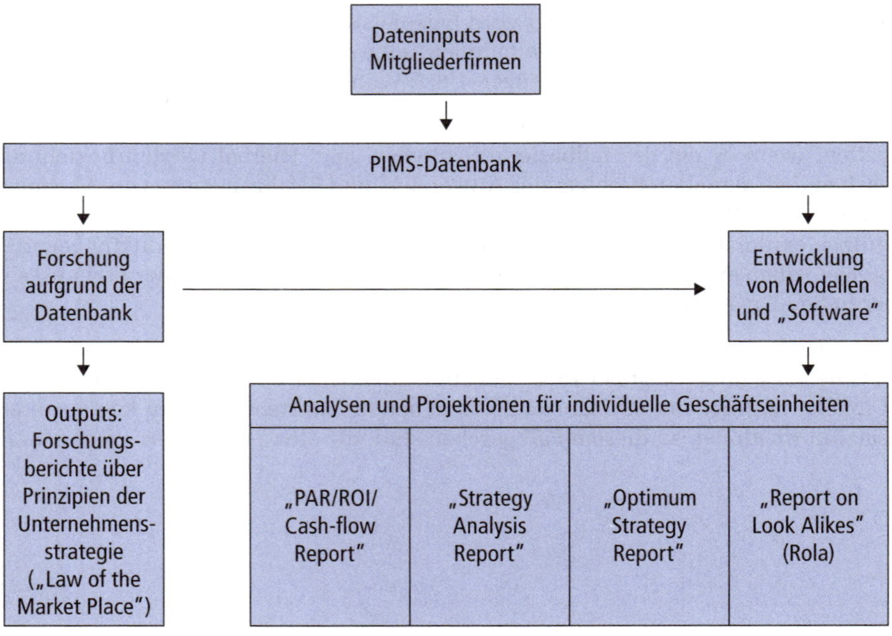

Abbildung 3.7: Die PIMS-Studie
Quelle: in Anlehnung an Kuhlmann (2001), S. 29

Exkurs: Action Research

Die Induktion weist Ähnlichkeiten zur sogenannten Aktionsforschung (Action Research) auf. Die Aktionsforschung unternimmt den Versuch, die Gewinnung theoretischer Erkenntnisse mit der Bewältigung praktischer Probleme zu verbinden.

Aktionsforschung ist ...

- ... dialogisch, d.h. hilft bei der Lösung von Konflikten (Lewin'scher Ansatz),
- ... dynamisch und steht im gesamtgesellschaftlichen Kontext (vgl. French and Bell, 1994; Kühn and Grünig, 1986; Schanz, 1990; Thomae, 1999). Als Beispiel kann hier die Studie von Michel (2007) dienen. Während einer zweijährigen ethnografischen Studie erforschte die Autorin den unterschiedlichen Umgang zweier Investmentbanken mit der kognitiven Unsicherheit von Berufseinsteigern. Hier wurde die Aktionsforschung eingesetzt, um die Entstehung individueller und organisationaler Einstellungen bzw. Wahrnehmungsmuster mit Blick auf die Unsicherheitsthematik zu beschreiben. Darüber hinaus wurde untersucht, in welcher Beziehung beide Bereiche stehen, wie sich diese im Zeitablauf verändern und wie bestimmte Rahmenbedingungen darauf Einfluss nehmen. Die Red Bank versuchte beispielsweise durch Vorgabe von allgemeinen Richtlinien und Konzepten zur Problemlösung die Unsicherheit zu reduzieren. Es konnte festgestellt werden, dass dies durch das eigenständige deduktive Vorgehen innerhalb der Organisation zu einer eher individual-zentrierten Wahrnehmung bzw. Informationsverarbeitung führte. Bei der Amp Bank hingegen wurden keine allgemeinen Vorgaben gemacht und damit die Besonderheit des Einzelfalls betont, was die wahrgenommene Unsicherheit der Nachwuchskräfte erhöhte. Da auftretende Probleme die Fähigkeiten des Einzelnen zur Problemlösung meist überstiegen, wurde hier viel stärker auf organisationale Ressourcen zur Falllösung zurückgegriffen. Dies führte zu einer eher kollektiv-zentrierten Wahrnehmung innerhalb der Organisation. Das Vorgehen der Studie diente somit der Theorieentwicklung über die Ausbildung von diversifizierten und spezialisierten Wahrnehmungsmustern bzw. Informationsverarbeitungsprozessen auf individueller und organisationaler Ebene (vgl. Michel, 2007).

Der Ansatz wird primär zur Aufstellung von Hypothesen genutzt bzw. zum Aufspüren von Bedingungszusammenhängen oder zur Ermittlung von Wahrscheinlichkeiten bestimmter Ereignisse. In wissenschaftlichen Arbeiten kommt diese Form des Syllogismus hauptsächlich zur Anwendung, wenn qualitative Untersuchungen angestellt werden. Dazu zählt z.B. das Beobachten einer konkreten Abteilung oder eines Unternehmens im Rahmen einer Fallstudie. Dabei wird versucht, von der konkreten Beobachtung zu abstrahieren und Rückschlüsse für andere Untersuchungszusammenhänge zu ziehen.

Wie aus Abbildung 3.8 ersichtlich wird, ist das grundsätzliche Vorgehen als Kreislauf interpretier- und darstellbar.

Exkurs: Action Research (Forts.)

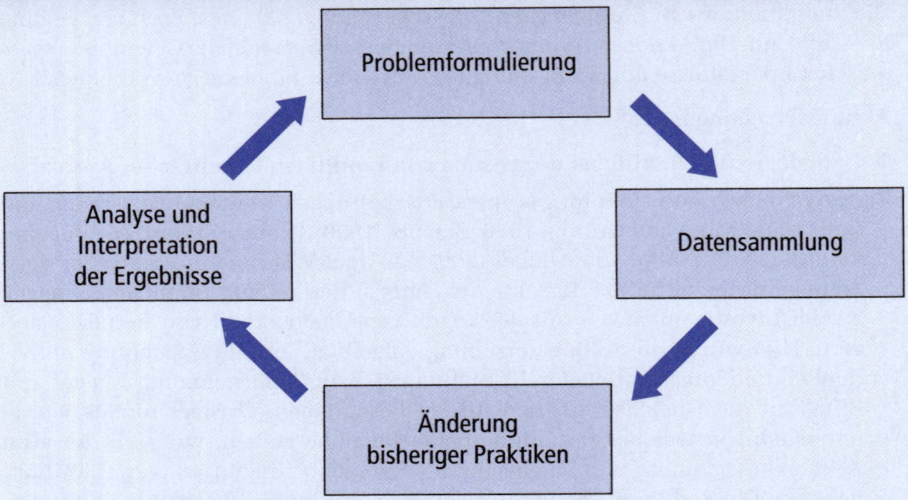

Abbildung 3.8: Grafische Darstellung der Aktionsforschung („Action Research")
Quelle: in Anlehnung an French, Bell (1994), S. 118 f., Kühn, Grünig (1986), S. 123 ff., Schanz (1990), Thomae (1999), S. 289 ff.

3.3.3 Abduktion – vom Ungewissen zur begründeten Vermutung

Die Syllogismusform der **Abduktion** wird in den Wirtschaftswissenschaften deutlich seltener angewendet als die beiden zuvor genannten Varianten. Der von Charles Sanders Peirce eingeführte Ansatz versucht, die Induktion und Deduktion miteinander zu kombinieren.

Die Abduktion (lat. Wegführen) verfolgt nicht das Ziel, den Beweis für bestimmte Zusammenhänge zu liefern, sondern vielmehr begründete Hypothesen darüber zu liefern, wie der Zusammenhang aussehen könnte. Der Schlusssatz der Abduktion enthält eine Hypothese, welche eine Verbindung zwischen den Prämissen herstellt. Es wird dabei eine Annahme ausgedrückt, die auf das Ergebnis – also die zweite Prämisse – führen würde. Im Vergleich zu Deduktion und Induktion sind im Fall der Abduktion die Prämissen weniger miteinander verbunden (vgl. Järvelin, 2001). Der Abduktionsschluss wird daher oftmals als theoretisch bzw. vielleicht wahr ausgelegt. Es gibt für seine Existenz zunächst keinen einzigen gesicherten Belegfall. Dies ist der wesentliche Unterschied zur Induktion.

Auch in den vermeintlich objektiveren Naturwissenschaften findet die Abduktion häufiger Anwendung, als dies zu vermuten ist. Dennoch wird eine abgewandte Form dieser Logik immer wieder auch unter dem Stichwort Grounded Theory (siehe Kapitel 4) und bei der Formulierung von Hypothesen im wirtschaftswissenschaftlichen Bereich angewendet. Weitere Anwendungsgebiete der Abduktion sind vor allem die Kriminalistik, die Medizin und teilweise die betriebswirtschaftliche Forschung.

Zur Illustration sei als Beispiel aus der Medizin die Tätigkeit eines Kinderarztes genannt. Bei der Untersuchung eines Babys hat dieser aufgrund fehlender Artikulationsmöglichkeit des Kindes in vielen Fällen nur die Möglichkeit, „theoretische“ (d.h. spekulative) Rückschlüsse auf die Krankheitsursache zu ziehen. Im Fall von Bauchschmerzen wird der Arzt sodann auf Basis von Indizien spekulieren, indem er möglicherweise den Bauch abtastet und Reaktionen (z.B. ein Zurückzucken des Babys oder Weinen) als Hinweis auf Bauchschmerzen interpretiert. Ähnlich verhält es sich im Bereich der Kriminalistik. Dort werden aufgrund der am Tatort gefundenen Indizien ebenfalls Rückschlüsse auf den Täter bzw. die Täterin gezogen.

Beim abduktiven Vorgehen stellt also ein nicht geklärtes Phänomen den Ausgangspunkt dar. In einem ersten Schritt wird versucht, diese Irritation durch eine erklärende Hypothese zu beseitigen. Ob es sich hierbei um eine korrekte Hypothese handelt, ist zunächst unerheblich. Es wird also im Fall der Abduktion hingenommen, dass zunächst noch unklar ist, ob anfangs die richtige Gesetzmäßigkeit ausgewählt bzw. unterstellt wurde. Erst im weiteren Verlauf der Forschung, wenn Deduktion und Induktion zur Anwendung kommen, wird auf Verifikation, Falsifikation und Begründung der aufgestellten Hypothesen abgezielt. Um dabei Zügellosigkeit und Beliebigkeit hinsichtlich der Hypothesenbildung zu vermeiden, ist eine deduktive Überprüfung aller sich logisch ergebenden Konsequenzen notwendig (vgl. Järvelin, 2001).

Beispiel: Veranschaulichung der Abduktion anhand einer Unternehmensklassifikation

Prämissen: A) Alle DAX-Unternehmen sind Aktiengesellschaften.
B) VW ist eine Aktiengesellschaft.

Die beiden Prämissen sind nur noch ganz vage über den „kleinsten gemeinsamen Nenner“, dem Phänomen Aktiengesellschaften, miteinander verbunden. Diesem Phänomen werden in den Prämissen gewisse Merkmalsausprägungen zugeordnet. Zum einen gehört Volkswagen zu dieser Gruppe, zum anderen auch die DAX-Unternehmen. Aufgrund dessen lässt sich nun eine spekulative Schlussfolgerung ziehen.

Konklusion: C) Volkswagen ist ein DAX-Unternehmen.
Erläuterung: Gemäß A) und B) ist C) zwar möglich, aber keineswegs zwingend notwendig, sondern eher zufällig wahr.

Beispiel: Entwicklung von Forschungskonstrukten

Die Analyse des exemplarischen Themas „Mitarbeiterzufriedenheit in Professional Service Firms“ kann als abduktiver Forschungsprozess beschrieben werden. Dabei erfolgt sowohl eine Berücksichtigung bestehender, in anderen Kontexten erarbeiteter Theorien als auch von in der konkreten Situation gewonnenen empirischen Daten. Beides wird miteinander in Verbindung gebracht, um die Mitarbeiterzufriedenheit in Professional Service Firms (PSF) zu thematisieren. Abbildung 3.9 zeigt das rekursive Zusammenspiel theoretischer und empirischer Elemente, die für die Konzeption herangezogen werden. Obwohl der Forschungsprozess häufig linear und deterministisch dargestellt wird, dürfte der hier dargestellte rekursiv-iterative Prozess näher an der tatsächlichen Forschungspraxis liegen.

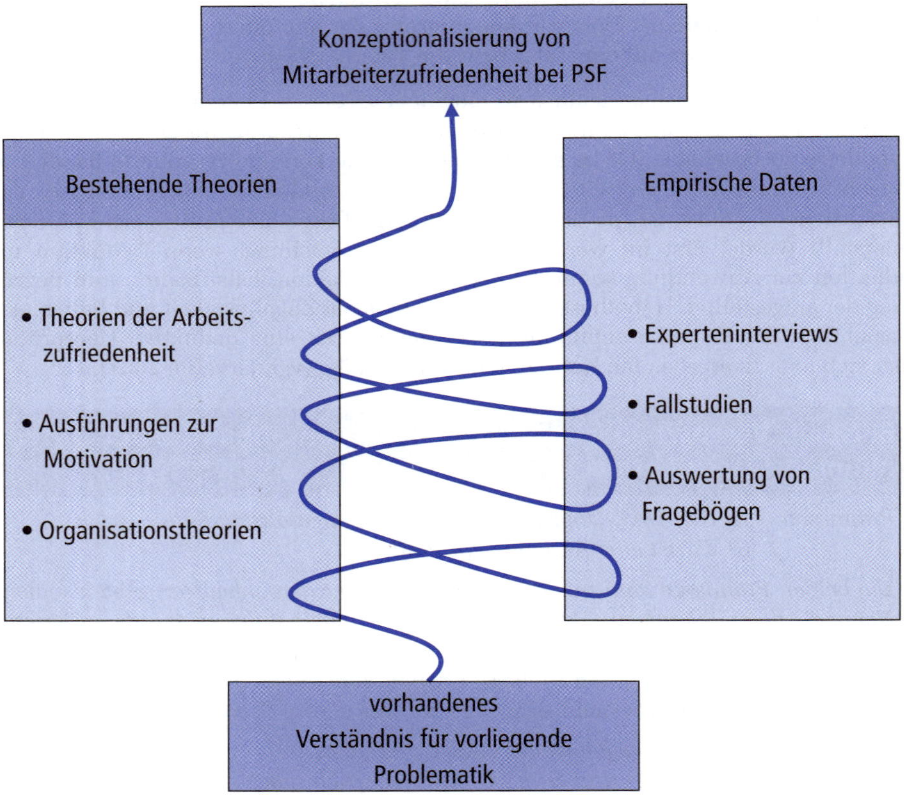

Abbildung 3.9: Konzeption von Mitarbeiterzufriedenheit im Fall von PSF
Quelle: in Anlehnung an Ojasalo, S. 35

Exkurs: Grounded Theory

Wie bereits erwähnt, ist die Abduktion im Rahmen von sozialwissenschaftlichen Untersuchungen im Bereich der **Grounded Theory** von Relevanz.

Der Ansatz wurde von Barney Glaser und Anselm Strauss in den 1960er-Jahren im Rahmen partizipativer Beobachtungen in der palliativen Abteilung eines Krankenhauses entwickelt. Mittlerweile findet das Konzept jedoch multifakultative Anwendung, u.a. in der Betriebswirtschaftslehre (vgl. Isabella, 1990). Es handelt sich nicht um eine Theorie im eigentlichen Sinne, sondern vielmehr um eine Praktik des Erstellens empirisch fundierter Theorien.

Zu Beginn war der Ansatz der Grounded Theory als radikale Form der Induktion konzipiert. Daraus ergibt sich auch die deutsche Übersetzung mit dem Terminus gegenstandsverankerte Theorie. Zum damaligen Zeitpunkt stellte dies einen neuen Ansatz in der qualitativen Sozialforschung dar; trotz der Nähe zur Induktion bzw. Abduktion. Ziel ist es, nicht nur eine vergleichsweise deskriptive Abbildung der Wirklichkeit (wie z.B. oftmals im Rahmen von Fallstudien angestrebt) zu erhalten. Inzwischen hat sich weitgehend die Ansicht verbreitet, dass Forschung nicht komplett ohne theoretische Vorüberlegungen auskommen sollte. Folglich werden heutzutage auch Forscher, die sich der Grounded Theory verpflichtet fühlen, explizite Vorüberlegungen zum Forschungsgegenstand anstellen und die vorhandenen Forschungsergebnisse sichten, bevor sie die eigene Empirie erheben und auswerten. In diesem Zusammenhang hat sich eine Unterscheidung zwischen der Grounded Theory im ursprünglichen Sinne von Glaser und Strauss und der sogenannten Grounded-Theory-Methodologie etabliert. Letztere beschränkt sich auf die empirischen Methoden dieses Ansatzes und weniger auf dessen epistemologische Fundierung (vgl. Glaser and Strauss, 1980).

Grundsätzlich sollen im Rahmen der Grounded Theory Datensammlung und -analyse sowie theoretische Erkenntnisse in einem wechselseitigen Verhältnis stehen. Die Autoren sprechen diesbezüglich von der Fluidität der Theorie. Zielsetzung ist es, Theorien zu generieren, die aus den Daten heraus erschlossen werden (Rechtfertigung gegenüber quantitativen Ansätzen (vgl. Glaser and Strauss, 1980). Das allgemeine Vorgehen lässt sich anhand von Abbildung 3.10 nachvollziehen.

Für die Nutzung der Grounded Theory spricht deren Realitätsnähe. Allerdings ist die Umsetzung oftmals sehr schwierig bzw. zeit- und kostenaufwendig. Das Vorgehen kann flexibel dem jeweiligen Einzelfall angepasst werden. Anstatt eine Methodik starr auszuführen, können somit Besonderheiten Berücksichtigung finden. Durch dieses Vorgehen lassen sich vorab nicht bedachte Zusammenhänge erkennen. Dies macht allerdings die Anwendung komplexer als bei anderen, vor allem standardisierten Forschungsmethoden. Um zu wissenschaftlich gehaltvollen Ergebnissen zu gelangen, ist darüber hinaus ein gewisses Maß an Erfahrung notwendig, das aufgrund des Aufwands nicht leicht bzw. nicht ohne vorherige Erfahrungen erreicht werden kann. Weitere Vor- und Nachteile sind in Abbildung 3.11 aufgeführt.

Exkurs: Grounded Theory (Forts.)

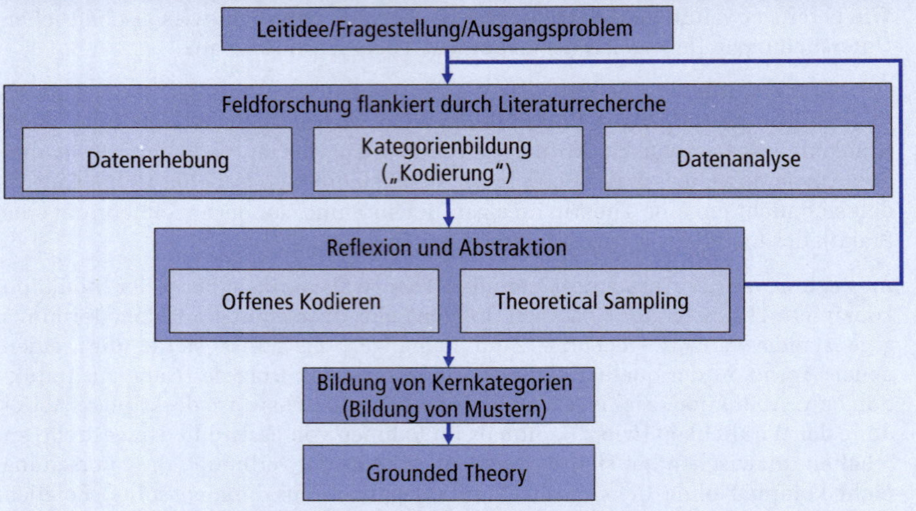

Abbildung 3.10: Das Ablaufmodell der Grounded Theory
Quelle: in Anlehnung an Mayring (1999), S. 84

Vorteile	Nachteile
• keine Überprüfung von Theorien über die Realität, sondern vielmehr Entwicklung und Prüfung von Theorien *aus* der Relatität • analytisches Vorgehen • Reflexion über Forschungsprozess ermöglicht höheres Customizing • hoher Freiheitsgrad für Forscher • Methoden sind leicht anwendbar • Flexibilität	• Gefahr der Produktion von „Datenfriedhöfen" • potenzielle Unendlichkeit der Kodierungs- und Vergleichsmöglichkeiten (Abbruchkriterium „theoretische Sättigung") • Erlernen schwierig • Zeitaufwand • Gefahr des „Inseldaseins" aufgrund mangelnder Replizierbarkeit

Abbildung 3.11: Vor- und Nachteile der Grounded Theory
Quelle: in Anlehnung an Legewie (2004)

3.3.4 Vergleich der drei Syllogismusformen

Im Vergleich zeigen sich noch einmal die Unterschiede zwischen den drei Ansätzen. Abbildung 3.12 stellt diese schematisch dar.

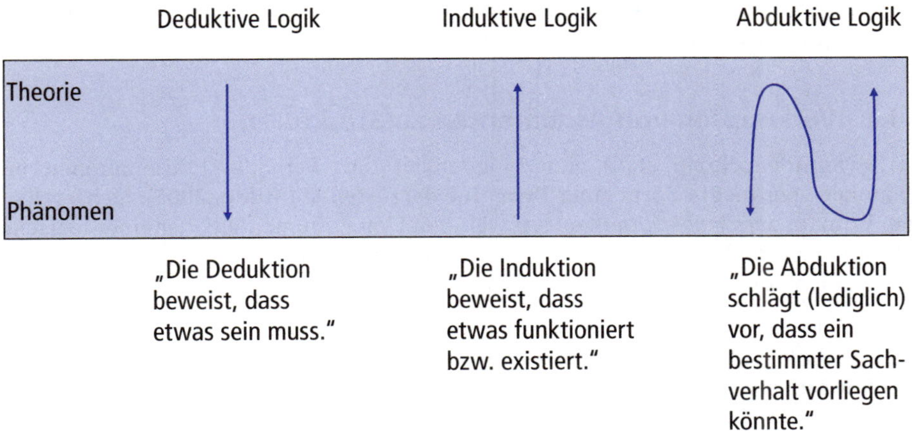

Abbildung 3.12: Gegenüberstellung: abduktive Logik im Vergleich zur Induktion und Deduktion
Quelle: Übersetzt von Järvelin (2001), S. 24

Die Abbildung zeigt im oberen, als Theorie gekennzeichneten Bereich, das Allgemeine, im unteren den als Phänomen betitelten Bereich, das Besondere. Es wird deutlich, dass bei der Deduktion vom Allgemeinen zum Besonderen geschlossen wird. Im Gegensatz dazu erfolgt bei der Induktion die Konzentration auf nur einen konkreten Fall, um von diesem aus auf andere Kontexte zu schließen. Schließlich zeigt das Schaubild, dass es sich bei der Abduktion um eine Mischform der beiden anderen Ansätze handelt. Wie aus der Abbildung ersichtlich, erfolgt der Prozess nicht linear, sondern wechselseitig zwischen beiden Bereichen.

Aufgaben

Welchen Syllogismus werden Sie in Ihrer Abschlussarbeit verwenden? Begründen Sie dies.

3.4 Das Pyramidenprinzip nach Minto

Nachdem im vorangegangenen Kapitel vorgestellt wurde, wie überzeugende Argumente formuliert werden können, geht es nun darum, einzelne Argumente zusammenzuführen und in eine Struktur zu bringen. Eine sehr einprägsame und effektive Anleitung für diesen Schritt bietet das sogenannte **Pyramidenprinzip** von Barbara Minto. Dieses soll nicht nur dabei helfen, Argumente im Allgemeinen zu strukturieren, sondern ist insbesondere auch für das Abfassen von Abschlussarbeiten hilfreich, etwa bei der Formulierung des Einleitungsteils oder einzelner Gedankenabschnitte. Im Folgenden wird zunächst die Grundidee des Pyramidenprinzips vorgestellt, mit der isolierte Argumente zielführend zu einer übergreifenden Gesamtargumentation aufgebaut werden können (Unterkapitel 3.4.1). Anschließend werden die zwei am weitesten verbreiteten Erscheinungsformen, die sogenannten Gruppen- und Kettenstrukturen, vorgestellt (Unterkapitel 3.4.2). Das Kapitel schließt mit einer konkreten Hilfestellung, die unmittelbar bei der Erstellung von Abschlussarbeiten Anwendung finden kann (Unterkapitel 3.4.5).

3.4.1 Verknüpfen von Argumenten zu Strukturen

Das Pyramidenprinzip stellt eine Möglichkeit dar, Berichte, Präsentationen und Gedanken geordnet in Form einer Pyramide darzustellen (Minto, 2005). Es basiert auf dem Prinzip, dass jedes Argument auf weiteren Unterargumenten oder einer logischen Schlussfolgerung basiert und diese in einer pyramidalen Form („top-down") strukturiert werden können; daher der Terminus Pyramidenprinzip.

Das Prinzip ist sowohl für den Unternehmensalltag (beispielsweise beim Formulieren von Angeboten oder eines Business-Plans) von Belang als auch für das Abfassen von Abschlussarbeiten geeignet. Grund hierfür ist, dass es sich um eine kontextunabhängige und gleichsam eingängige Art handelt, Argumente zu strukturieren. Im wissenschaftlichen Kontext eignet sich dieser Ansatz insbesondere für das Verfassen von Exposés oder Einleitungstexten. Die Kurzzusammenfassungen bzw. Abstracts von wissenschaftlichen Fachzeitschriften sind ebenfalls sehr häufig an dieser Systematik ausgerichtet.

Wie aus Abbildung 3.13 ersichtlich, folgt die Pyramidenstruktur einem grundlegenden Schema: Zunächst wird die Kernaussage an zentraler Stelle platziert, und orientiert sich mithin am Ergebnis. Die Kernaussage wird stets vorangestellt, um dann das übergreifende Argument sukzessive logisch zu entwickeln und dazugehörige Details zu erläutern. Dadurch entsteht bildlich gesprochen der Pyramidencharakter, mit dem Kernargument an der dünnen Spitze und dem dann breiter werdenden Erläuterungsteil.

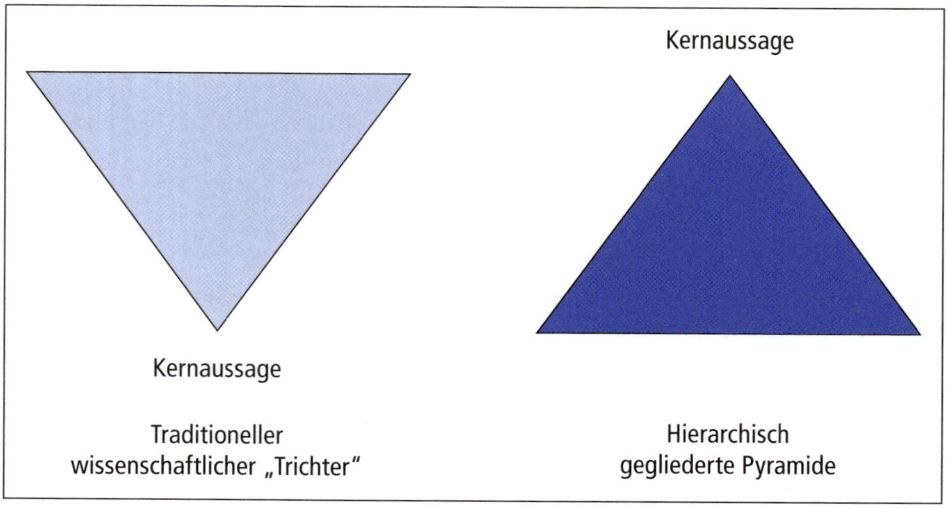

Abbildung 3.13: Klassischer und pyramidaler Ansatz
Quelle: in Anlehnung an Minto (2002)

Demgegenüber steht der traditionelle **wissenschaftliche Trichter**, der die klassische und häufig noch vorzufindende Strukturierungsweise repräsentiert. Bei dieser Vorgehensweise wird eben nicht mit der eigentlichen Kernaussage, sondern vielfach bereits mit Details begonnen und der größere Zusammenhang erst am Schluss ersichtlich. Nach dieser Logik sind oftmals – zu Lasten einer intuitiven Aufnahme des Lehrstoffs – Skripte und Lehrbücher gegliedert. Dies zeigt sich häufig schon an dem Text selbst, bei dem z.B. erst nach drei bis vier Überschriften die ersten Textpassagen auftauchen. Dies ist insofern problematisch, als hierbei das Risiko besteht, die Aufmerksamkeit des Zuhörers, Lesers oder Korrektors leicht zu verlieren bzw. ihm die Orientierung zu nehmen. Denn entsprechend des Trichtermodells startet der Leser nicht mit einem einführenden Überblick, sondern wird – losgelöst von den Überschriften – unmittelbar mit Details aus dem betreffenden Unterkapitel oder Abschnitt konfrontiert.

Durch die Pyramidenstruktur kann das betreffende Publikum die Kernaussage besser erfassen und der Autor seine Kernaussage und die einzelnen, darunter zu subsumierenden Teilaussagen eingängiger vermitteln. Abbildung 3.14 fasst diesen Leitgedanken grafisch zusammen.

	− Traditioneller wissenschaftlicher „Trichter"	+ Hierarchisch gegliederte Pyramide
Warte des „Publikums"	• Kernaussage wird erst am Ende vermittelt • führt häufig zu Verwirrungen aufgrund von „Detailverliebtheit" • Filterung der zentralen Aussagen nötig	• deutlich erkennbare Kernaussage • erleichterte Aufnahme von Inhalt und Sinnzusammenhang
Warte des „Autors"	• birgt das Risiko, sich von der Kernaussage zu entfernen • schwierigere Überprüfbarkeit der Stichhaltigkeit und Erfassbarkeit der gesamten Argumentation	• Lenkung der Aufmerksamkeit auf Kernaussage • ermöglicht leichteres Eingehen auf „Publikum" • erleichtert stichhaltige Argumentation

Abbildung 3.14: Vergleich von pyramidaler und traditioneller Struktur aus unterschiedlichen Perspektiven
Quelle: in Anlehnung an Minto (2002)

3.4.2 Erscheinungsformen des Pyramidenprinzips

Abbildung 3.15 illustriert die zwei generischen Optionen der Erstellung einer Pyramide, welche jeweils eine andere Zielsetzung verfolgen, die Gruppen- und die Kettenstruktur. Diese sind als gleichwertige Ansätze zu verstehen, sollten jedoch abhängig vom Wesen und der Vielschichtigkeit der zugrunde liegenden **Kernaussage** eingesetzt werden.

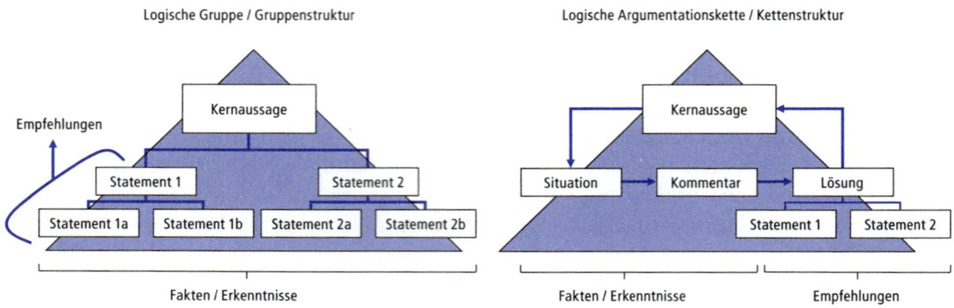

Abbildung 3.15: Gruppen- und Kettenstruktur
Quelle: in Anlehnung an Minto (2002), S. 63 ff.

Gruppenstruktur

Die erste Form ist die logische Gruppe bzw. Gruppenstruktur. Hierbei handelt es sich um die Vermittlung unstrittiger Aussagen. Die Aussagen sollen dabei in ein logisches Verhältnis gebracht und hierarchisch untergliedert werden. Logische Gruppenstrukturen dienen somit der Stützung einer Kernaussage und stellen eine klare, in sich schlüssige Kommunikation des Kernanliegens sicher.

Der strukturelle Aufbau innerhalb der Pyramide erinnert bei der Gruppenstruktur an ein Organigramm, wie es aus dem Unternehmenskontext zur Darstellung der Organisationsstruktur bekannt ist. Dahinter liegt eine bestimmte Gliederungslogik, die in Abbildung 3.16 dargestellt und im Folgenden näher erörtert werden soll.

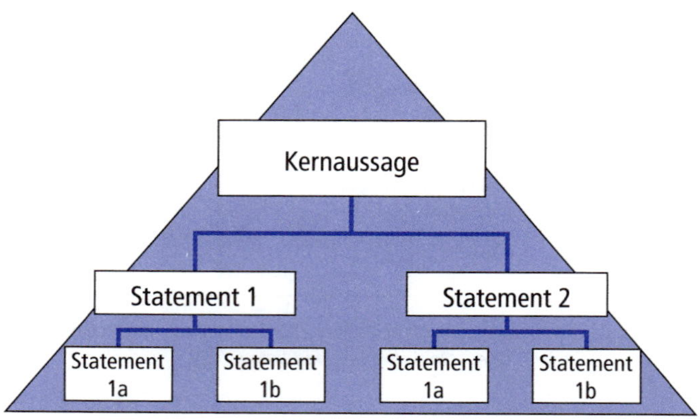

Abbildung 3.16: Grafische Veranschaulichung der Gliederungslogik
Quelle: in Anlehnung an Minto (2002)

Hinweise zur logischen Gruppenstruktur

- *Zielsetzung*: Stützung einer Kernaussage.
- *Anwendungsgebiet*: insbesondere bei unstrittigen Sachverhalten.
- *Vorgehensweise*: Ähnliche Statements (Aussagen) stützen das übergeordnete Statement.

Abbildung 3.17 zeigt anhand der Darstellung eines Business-Plans, wie die Gruppenstruktur als Gliederungslogik praktisch angewandt werden könnte.

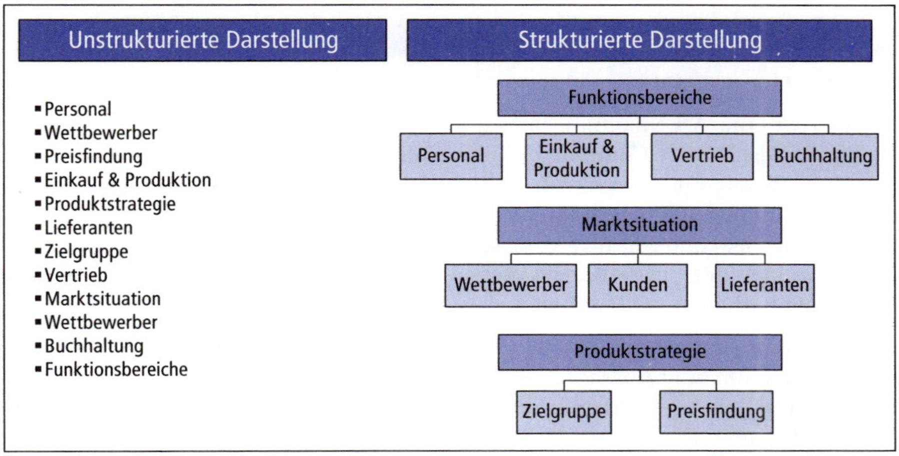

Abbildung 3.17: Gegenüberstellung unterschiedlicher Darstellungsweisen eines Business-Plans

Kettenstruktur

Die zweite Form ist die der sogenannten logischen Argumentationskette bzw. Kettenstruktur (siehe Abbildung 3.18 für einen Überblick). Sie kommt zum Einsatz, wenn etwas Strittiges vermittelt werden soll. Strittig kann z.B. der Inhalt eines Einleitungsteils einer Abschlussarbeit, einer Projektskizze oder eines Abstracts sein. Strittig ist hierbei so auszulegen, dass es darum geht, jemanden (konkret: den Korrektor) von der eigenen Argumentationslinie zu überzeugen.

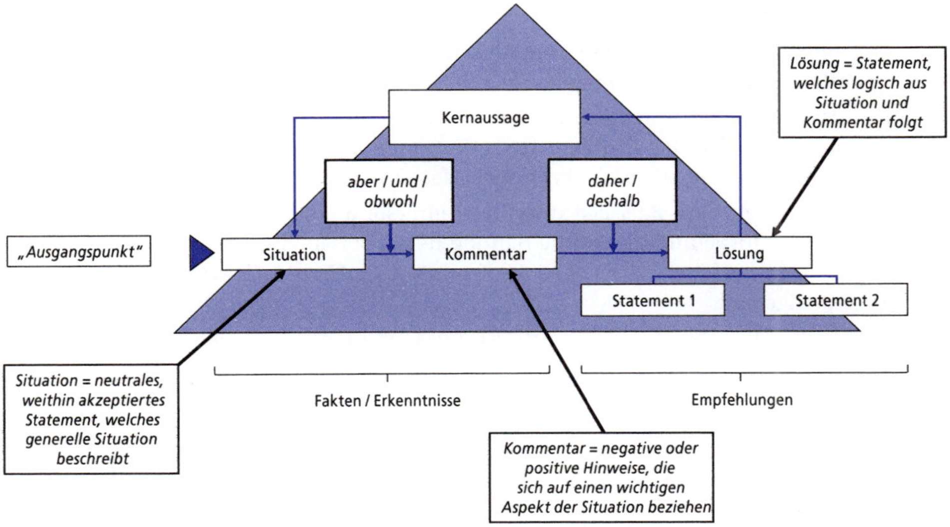

Abbildung 3.18: Grafische Darstellung und Erläuterung der logischen Kettenstruktur
Quelle: in Anlehnung an Minto (2002)

Zunächst wird auch hier wieder die Kernaussage in Anschlag gebracht. Dann gilt es jedoch, weithin akzeptierte Aussagen (Statements) zu konstruieren, welche die generelle Ausgangslage (Situation) beschreiben. Es handelt sich also auch in diesem Fall wieder um grundsätzlich unstrittige Sachverhalte. Dabei wird typischerweise versucht, dem Leser bzw. Korrektor argumentativ entgegenzukommen und ihn „mit ins Boot zu holen", um eine gemeinsame Ausgangsbasis zu schaffen.

Danach wird eine Art Spannungsbogen aufgebaut. Dazu werden im als Kommentar (bzw. im Englischen als Complication) bezeichneten Teil negative oder positive Hinweise, die sich auf einen wichtigen Aspekt der Situation beziehen, gegeben. Hier wird also ein bestimmter Bereich der unstrittigen Ausgangssituation problematisiert. Auch wenn es zunächst kontraintuitiv klingen mag, die anfangs vorgetragene Ausgangssituation nun wieder zu torpedieren, ist dies hilfreich, um die Relevanz der später folgenden Argumentation zu verdeutlichen.

Aus dem Kommentar wird nun wiederum eine Lösung (Solution) abgeleitet. Dabei handelt es sich um eine Aussage, welche logisch aus der Situation und dem Kommentar folgt. Dies liefert gleichzeitig die Begründung für das eigene Vorgehen in dem jeweiligen Kontext. Die Argumentationskette von der Situation über den Kommentar bis hin zur Lösung wird im Englischen mit der Abkürzung S-C-S für Situation – Complication – Solution beschrieben, welches als einprägsames Akronym genutzt einfach zu erinnern ist. Logische Kettenstrukturen stellen also eine Reihe von Aussagen dar, die in der Kernaussage münden.

Hinweise zu logischen Kettenstrukturen

- *Zielsetzung*: Argumentationsvorgang.
- *Anwendungsgebiet*: vor allem zur Argumentationsführung bei strittigen Sachverhalten, bei denen jemand überzeugt werden muss bzw. bei der Kurzfassung, einem Exposé und/oder dem Einleitungsteil von Abschlussarbeiten.
- *Vorgehensweise*:
  - Die logische Kettenstruktur soll den Weg zur Problemlösung nachvollziehbar gestalten, um so zu überzeugen.
  - Die erste Aussage unter der Kernaussage (Situation) muss auf eine gemeinhin akzeptierte Weise das Problem bzw. die Frage aufgreifen. Dies entspricht einer Zusammenfassung generell akzeptierter Ist- und ggf. Soll-Situationen.
  - Die zweite, mittlere Aussage muss an die erste anknüpfen (sie „kommentieren" oder besser: torpedieren) und die Bandbreite logisch möglicher Schlussfolgerungen einengen (= positiver oder negativer Kommentar). Hierdurch wird ein Spannungsbogen aufgebaut.
  - Die dritte Aussage (Lösung/Solution) muss sich logisch zwingend aus Situation und Kommentar ergeben.

Als Ausgangssituation für eine Abschlussarbeit könnte beispielsweise die Feststellung dienen, dass das Thema der Führung von und in Unternehmensnetzwerken weit verbreitet und relevant ist. Dies sollte in aller Regel allgemein akzeptiert sein und entsprechend mit Quellen aus der Literatur untermauert werden. Hierzu könnten einige Beispiele genannt werden. Im Rahmen des Kommentars ließe sich dann anführen, dass erstaunlicherweise noch nie die Wechselwirkungen zwischen Netzwerken selbst sowie einer im Netzwerk teilnehmenden, die Führerschaft ausübenden Organisation näher betrachtet wurden – obwohl die Thematik derartig weit verbreitet ist. Dies wiederum kann mit entsprechenden Quellen belegt werden, die eben eine solche Lücke aufzeigen. Eine mögliche Lösung wäre sodann, dass im Rahmen der Abschlussarbeit jene Wechselwirkungen betrachtet werden sollen.

Aufgaben

Identifizieren Sie im folgenden Text die S-C-S-Argumentationskette.

"Previous research has predominantly conceptualized absorptive capacity as an intra-organizational phenomenon, primarily by means of quantitative methods. In contrast, this research develops a practice-based understanding of how an interorganizational network can engage in network absorptive and desorptive capacity-related (NAC and NDC respectively) activities. SEMiconductor MAnufacturing TECHnologies (SEMATECH) is an interorganizational network to develop innovative semiconductor manufacturing solutions globally. Based upon an in-depth case study of SEMATECH we add to the literature as follows: first, we introduce NAC and NDC, venturing beyond the organization or dyad as the unit of analysis. Second, we adopt a practice perspective in order to illustrate how SEMATECH is able to engage in NAC- and NDC-related activities, primarily by means of three practices, that is, congregating, roadmapping and offering access. These practices re-inform each other, allowing SEMATECH, in effect, to coordinate the network's knowledge-related activities with regard to knowledge outside of the network. (Müller-Seitz 2012, 90)."

3.4.3 Anwendung in der eigenen Abschlussarbeit

Die bisher beschriebene Form der Argumentationskette nach dem S-C-S-Schema gilt sowohl für Problemstellungen in der Unternehmenspraxis (z.B. das Abfassen von Exposés bei Beratungsangeboten) als auch beim Anfertigen von Abschlussarbeiten. Für die Spezifika wissenschaftlicher Arbeiten existiert darüber hinaus jedoch eine Erweiterung des Modells. Hierbei wird zwischen dem Kommentar und der Lösung oftmals noch eine Forschungsleitfrage (engl. Research Question, kurz RQ) positioniert, die Auskunft darüber gibt, was genau im Rahmen der Arbeit adressiert wird. Die Abkürzung dieser Variante lautet daher S-C-RQ-S.

Zudem gibt es auch im Bereich der Lösung (Solution), die in diesem Kontext das Vorgehen im Rahmen der Arbeit umschreibt, eine kleine Variation. So wird zunächst verdeutlicht, wie genau der selbst gewählte Ansatz (S1 = erster Teil der Solution) aussieht. Hier könnte also beschrieben werden, dass eine schriftliche Befragung durchgeführt oder eine Fallstudie bearbeitet wurde. Darüber hinaus wird der Beitrag zur wissenschaftlichen Literatur (S2 = zweiter Teil der Solution) aufgezeigt, d.h. inwiefern die jeweilige Arbeit zur Schließung der existierenden Forschungslücke beiträgt. Unter

Rekurs auf das oben skizzierte Beispiel könnte hier also angeführt werden, dass die vorliegende Fallstudie wechselseitige Wirkeffekte zwischen Netzwerk und Führungsorganisation erschließt. Abschließend erfolgt eine kurze Darstellung zur Vorgehensweise im Rahmen der Arbeit, also eine Darstellung, in welcher Reihenfolge welche Schritte auf den Leser zukommen. Hier werden sodann kurz die Inhalte der nachfolgenden Teile erörtert.

Abbildung 3.19 zeigt nunmehr im Überblick, wie das Pyramidenprinzip in wissenschaftlichen Arbeiten genutzt werden kann.

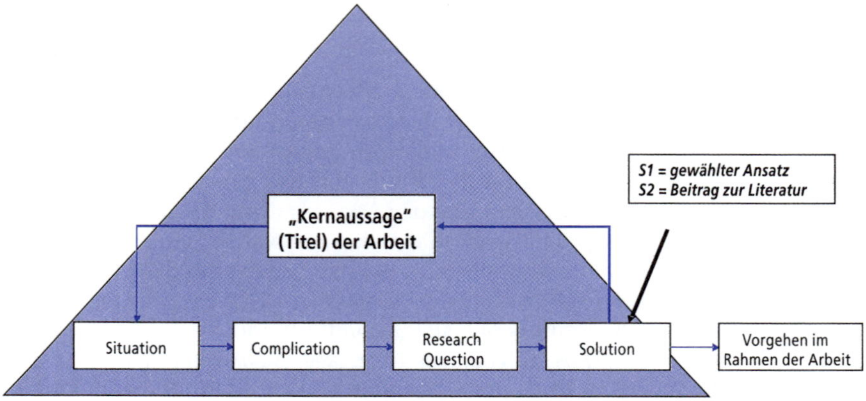

Abbildung 3.19: Kettenstruktur bei wissenschaftlichen Arbeiten
Quelle: in Anlehnung an Minto (2005), S. 231 ff.

Aufgaben

Zur Rekapitulation und eigenen Anwendung nutzen Sie nunmehr ein fiktives Thema oder ein von Ihnen tatsächlich zu bearbeitendes Thema Ihrer Seminar- oder Abschlussarbeit und füllen Sie die S-C-RQ-S1/S2-Argumentationskette nachstehend aus. Sollte Ihnen ad hoc kein Thema einfallen, bedienen Sie sich einer aktuellen politischen oder wirtschaftlichen Kontroverse, die Sie der Tagespresse entnehmen.

Erstellen Sie eine S-C-RQ-S-Argumentationskette für Ihr Exposé!

S=

C=

RQ=

S1=

S2=

3.4.4 Vergleich beider Gruppierungsformen

Der Vergleich der Gruppierungsalternativen zeigt, dass es möglich ist, trotz verschiedener Schwerpunkte auf unterschiedlichen Wegen zum gleichen Ergebnis zu kommen. Weitere vergleichende Aussagen finden sich in Abbildung 3.20.

Logische Gruppen-strukturen	**Logische Kettenstrukturen**
• Aussagen (und untergeordnete Aussagen) müssen die zentrale Aussage in gleicher Weise untermauern (z.B. als Gründe, Beweise oder einzelne Schritte) • alle Aussagen müssen die von der zentralen Aussage ausgelöste Frage (z.B. warum, was, wie?) schlüssig beantworten • Merksatz: Empfehlungen/Schlussfolgerungen im Vordergrund, um durch „logische" Informationsvermittlung zum Handeln anzuregen	• die erste Aussage unter der zentralen Aussage muss unkontrovers das/die anstehende Problem/Frage aufgreifen • die zweite (mittlere) Aussage muss an die erste anknüpfen (sie „kommentieren") und die Bandbreite logisch möglicher Schlussfolgerungen einengen • die dritte Aussage/Empfehlung/Schlussfolgerung muss sich logisch zwingend aus der zweiten (und ersten) ergeben • Eselsbrücke: SCS-Schemata (Weg zur Problemlösung nachvollziebar, um zu überzeugen)

Abbildung 3.20: Vergleich beider Strukturalternativen
Quelle: in Anlehnung an Hungenberg (2010), S. 87-95

Logische Gruppenstrukturen sind übersichtlich und schnell zu verstehen. Da es sich in den meisten Auseinandersetzungen in Wissenschaft und Praxis jedoch um strittige Aussagen handelt, ist die logische Kettenstruktur meist relevanter. Weitere Vor- und Nachteile zu beiden Konzepten finden sich zur Reflexion in Abbildung 3.21.

	Logische Gruppen-strukturen	**Logische Ketten-strukturen**
Vorteile	• die wichtigsten Punkte sind leicht zu überblicken und zu behalten • wirkungsvoll, um (Teil)Aufgaben zu verteilen • Kernaussage bleibt auch bei „Verlust" eines Statements erhalten	• Problemlösungsweg ist ... - ... leichter zu erklären - ... ist leichter nachzuvollziehen • sämtliche Empfehlungen können gleichzeitig dargestellt werden
Nachteile	• evtl. zu hohe Informationsdichte der Charts • allzu direkt für Adressaten, die noch zu überzeugen sind	• Argumentationskette bricht zusammen, wenn ein einzelnes Element widerlegt wird • Speicherung vieler Informationen nötig, bevor Konfrontation mit Lösung

Abbildung 3.21: Gegenüberstellung der Vor- und Nachteile der Gruppierungsalternativen
Quelle: in Anlehnung an Minto (2002)

3.4.5 Hinweise zur Erstellung einer Pyramide

Abbildung 3.22 zeigt eine Reihe von Regeln für das Erstellen eines Argumentationsvorgangs in Form einer Pyramide. Zwei bedeutende Konzepte hinsichtlich des Erstellens sollen nun genauer vorgestellt werden, das **MECE-Prinzip** und die **GÜTE-Kriterien**.

Folgende Regeln sind generell zu beachten
- Ideen einer Hierarchiestufe bilden Zusammenfassungen aus den darunterliegenden Argumenten
- Ideen einer Gruppe sind immer von derselben Art
- Ideen einer Gruppe müssen in einer nachvollziehbaren Reihenfolge angeordnet sein

Weitere Regeln für die Erstellung „top-down"
- Identifikation des Themas
- Festlegung der Fragestellung
- Vorstellung der Antwort
- Prüfung, ob Situation und Kommentar auch wirklich zur Frage hinführen
- Antwort verifizieren

Gesonderte Regeln für die Erstellung „bottom-up"
- zunächst Auflistung aller Punkte
- Beziehungen zwischen den Aspekten herstellen
- Schlüsse ziehen

Abbildung 3.22: Hinweise zur Erstellung einer Pyramide
Quelle: in Anlehnung an Minto (2002), S. 25 ff.

MECE-Prinzip

Aussagen auf jeder Ebene der Pyramide sowie im Zuge einer Argumentation sollten stets **MECE** sein. Dieses Prinzip basiert auf der Annahme, dass Aussagen sowohl allumfassend als auch sich wechselseitig ausschließend sein müssen. ME steht dabei für **Mutually exclusive** und deutet darauf hin, dass sich die Aussagen möglichst eindeutig gegenseitig ausschließen sollten (vgl. Hungenberg, 2010). Es dürfen im Idealfall keine Überschneidungen zwischen Inhalten bestehen. Ferner untermauern Teilaussagen somit jeweils für sich genommen Aussagen auf der nächsthöheren Ebene. Im Bereich einer Abschlussarbeit lässt sich dies etwa an Kapitelüberschriften verdeutlichen. Dabei sollten sich Abschnitte auf einer Gliederungsebene möglichst wechselseitig ausschließen (z.B. die Kapitel *3.1*, *3.2*, *3.3* und *3.4*). So erfolgt eine horizontale Abgrenzung.

CE steht demgegenüber für **Collectively exhaustive** und bedeutet, dass Aussagen zusammengenommen eine ausreichende Untermauerung darstellen sollen, um Aussagen auf der darüberliegenden Ebene unangreifbar zu machen (vgl. Hungenberg, 2010).

In einem Unternehmenskontext lassen sich natürlich weitaus komplexere Beispiele identifizieren, wobei schnell die Grenzen des Konzepts deutlich werden. Zu beachten ist: Sobald es an die Erstellung der eigenen Gliederung geht und diese im Detail ausgearbeitet werden soll, gestaltet sich dies zumeist nicht so einfach und systematisch, wie es das zuvor erläuterte Zahlenbeispiel suggeriert. Folgendes fiktives Themenfeld soll für die dabei auftauchenden Schwierigkeiten sensibilisieren.

Beispiel: Kapitelüberschriften in der Abschlussarbeit

Im Bereich einer Abschlussarbeit lässt sich dies etwa an Kapitelüberschriften verdeutlichen. Eine Überschrift sollte alle darunterliegenden Gliederungsebenen vollständig umfassen. So sollten etwa die Unterkapitel 3.1.1, 3.1.2 und 3.1.3 unter dem Kapitel 3.1 inhaltlich subsumierbar sein, d.h. dass jeweils nur solche Inhalte enthalten, die Aspekte des übergeordneten Kapitelthemas behandeln und nicht darüber hinausgehen. So entsteht eine vertikale Ordnung. Dadurch, dass die einzelnen Unterkapitel jeweils für sich ein abgeschlossenes Thema beschreiben, entsteht eine horizontale Ordnung. Als konkretes Beispiel sei die Untergliederung des fiktiven Themas „Natürliche Zahlen" angeführt. Unter der Teilüberschrift 3 Zahlen würden zwei Kapitel, 3.1 Gerade Zahlen und 3.2 Ungerade Zahlen, folgen. In den jeweiligen Unterkapiteln 3.1.1 bis 3.1.4 könnten dann die Zahlen 1, 3, 5 und 7 bzw. im Fall der Unterkapitel 3.2.1 bis 3.2.4 die Zahlen 2, 4, 6 und 8 thematisiert werden. Dies wäre insofern Collectively exhaustive, als die Teilüberschrift 3 Zahlen sowohl für ungerade als auch für gerade Zahlen sowie auch für alle weiteren darunter folgenden Ebenen – hier Unterkapitel – gilt. Die beispielhafte Gliederung wäre darüber hinaus Mutually exclusive, weil die einzelnen Kapitel auf einer Ebene, Gerade Zahlen und Ungerade Zahlen, sich wechselseitig ausschließen.

Beispiel: Schwierigkeiten der trennscharfen Gliederung

Nehmen wir an, Ihr Thema würde „Deutsche Automobilhersteller" lauten. Hierbei wird die Trennung der einzelnen Gruppen voneinander deutlich schwieriger. So stellt sich etwa die Frage, ob Skoda und Seat – weil dem VW-Konzern zugehörig – mit in diese Aufzählung hineinfließen sollten oder nicht, da es sich prinzipiell um ausländische Marken handelt. Eine ähnliche und umgekehrte Fragestellung ergäbe sich für einem US-amerikanischen Konzern zugehörige, aber auf deutschem Boden operierende Marken. Denken Sie z.B. an Opel.

Natürlich gibt es für derartige Aufgaben meist keine Ideallösung. Stattdessen sollte die Gliederungslogik begründet werden und in sich schlüssig im Sinne des MECE-Konzepts sein. Dies würde konkret implizieren, dass im Einleitungsteil zwischen zwei Überschriftenebenen (beispielsweise 2.1 und 2.1.1), dem sogenannten **Lead-in**, kurz dargelegt werden sollte, welche Vorgehensoption gewählt wurde. Wichtig ist dabei, dass konsequent eine der Optionen gewählt und die Entscheidung begründet wird. Dies ist auch eine Möglichkeit, die eigene Reflexionsfähigkeit unter Beweis zu stellen. Daneben kann hiermit der so häufig gewünschte – und dennoch schwierig zu vermittelnde – roten Faden besser herausgearbeitet werden.

Aufgaben

Bringen Sie die folgenden, unstrukturiert aufgeführten Lebensmittel mit Hilfe des MECE-Konzepts in eine strukturierte, pyramidale Darstellung!

Unstrukturierte Darstellung	Strukturierte Darstellung
Gurke	
Rinderfilet	
Joghurt	
Brot	
Äpfel	
Milch	
Süßkartoffel	
Toast	
Spaghetti	
Haferflocken	
Quark	
Müsli	
Fenchel	
Schokoriegel	
Bananen	
Knäckebrot	
Paprika	
Lachs	
Gouda	

Lösungsoptionen

Es existieren diverse Möglichkeiten, die angeführten Lebensmittel zu untergliedern. Um nur zwei Formen aufzuzeigen: Erstens wäre es denkbar, die einzelnen Nahrungsmittel entsprechend der sogenannten Lebensmittelpyramide [sic!] darzustellen. So würden Schokoriegel als Süßigkeiten die Spitze der Pyramide bilden, da sie am ungesündesten sind, gefolgt von Rinderfilet usw. Schließlich würden kohlenhydrathaltige Lebensmittel sowie Obst und Gemüse das Fundament der Pyramide bilden. Zweitens könnte die Struktur von Supermärkten bzw. ein Einkaufszettel als Ausgangspunkt dienen. Dementsprechend würden die einzelnen Regale bzw. Abteilungen den Einkaufszettel strukturieren und etwa Milch, Joghurt und Quark im Kühlregal bei den Milchprodukten vorzufinden bzw. einzugruppieren sein.

GÜTE-Kriterien

Die Aussagen auf jeder Ebene einer logischen Gruppe sollten zudem den sogenannten **GÜTE-Kriterien** genügen. Diese Kriterien können als Qualitätstest für korrekte Argumentationsstrukturen herangezogen werden. Die Abkürzung GÜTE steht dabei für gleichartig, überschneidungsfrei, treffend und erschöpfend (vgl. Hichert, 2004).

Gleichartig meint, dass Aussagen auf einer Ebene sowohl inhaltlich als auch formal gleichartig sein sollten. Formale Gleichartigkeit bedeutet, dass die gleichen Argumentationsmuster verwendet werden sollen, um eine Vergleichbarkeit und einfache Verständlichkeit der Aussagen zu gewährleisten. Die inhaltliche Gleichartigkeit zielt auf die Qualität und den Gehalt einer Aussage ab, weniger auf deren Form. Die Aussagen auf der gleichen Stufe sollten auch gleichgewichtig sein.

Überschneidungsfrei heißt, dass es keine Überschneidungen einzelner Aussagen auf einer Hierarchieebene geben sollte. Jede Aussage steht für sich und ist von den anderen auf einer Ebene klar abgegrenzt.

Treffend heißt, dass die Aussagen präzise formuliert werden sollten. Vage Formulierungen sowie eigene Wertungen sind zu vermeiden. Stattdessen sollten die genauen Fakten dargestellt werden. Hierbei ist jedoch darauf zu achten, dass diese empfängergerecht formuliert sind, also an die jeweilige Leserschaft angepasst und für diese ohne weitere Informationen verständlich gestaltet sind.

Erschöpfend bedeutet, dass alle Aspekte eines Themas auf einer Hierarchieebene behandelt werden sollten. Übergeordnete Aussagen sollten die untergeordneten erschöpfend umfassen (vgl. Hichert, 2004).

Aufgaben

Finden Sie in den folgenden nach den einzelnen GÜTE-Kriterien gegliederten Aufzählungen den Fehler!

Gleichartig	Überschneidungsfrei	Treffend	Erschöpfend
Handlungsoptionen zur Steigerung der Kundenzufriedenheit: – Preise senken – Qualität erhöhen – Image verbessern – Stornoquote ist zu hoch	Gegenwärtig vom Unternehmen bediente Märkte: – Europa – Asien – Deutschland – USA	In der Strategiesitzung verabschiedete Ziele: – Umsatz um 5% steigern – Kosten um 10% senken – 1000 neue Kunden gewinnen – Fehlerquote deutlich senken	Folgende Bereiche wurden in der Analyse betrachtet: – Hohes Marktwachstum/geringer Marktanteil – Geringes Marktwachstum/hoher Marktanteil – Hohes Marktwachstum/Hoher Marktanteil

Zusammenfassung

In den vorangegangenen Unterkapiteln wurden verschiedene Konzepte der Argumentationslogik eingeführt und anhand von Beispielen erläutert. Nachfolgend sind die wichtigsten Merkmale zusammengefasst:

Logisches Denken

- Logik ist in Wissenschaft und Praxis immer dann relevant, wenn ein systematisches Vorgehen notwendig ist.
- Logik hilft, Argumentationen zu strukturieren und transparent bzw. nachvollziehbar zu gestalten.

Argumentationslogik nach Toulmin

- Um ein Anliegen (These) fundiert vortragen zu können, muss dies durch Argumente (Daten/Fakten) gestützt sein.
- Die sogenannte Schlussregel verbindet diese beiden Elemente und macht sie erst zu einer Argumentation i.e.S.
- Die Schlussregel selbst wird durch diverse Fakten wie Gesetzestexte, Statistiken oder wissenschaftliche Forschungsberichte gestützt.
- Die Argumentationslogik nach Toulmin kann vorzugsweise als Hilfe für das Abfassen von einzelnen Absätzen betrachtet werden, bei denen der jeweilige Absatz mit der Kernaussage in einem Satz beginnt (These) und dann Argumente (Schlussregel/Stützung vis-à-vis Ausnahmebedingungen) gegeneinander abgewogen werden.

Syllogismen als klassische Argumentationsform

- Unter Deduktion wird das Schließen vom Allgemeinen zum Besonderen verstanden, was im Fall korrekter Prämissen zu stets notwendig wahren Schlussfolgerungen führt.
- Induktion bezeichnet das Schließen vom Besonderen zum Allgemeinen, wobei die Ergebnisse stets falsifiziert werden können.
- Bei der Abduktion wird durch das Spekulieren auf Basis von Indizien die Suche nach Mustern in den vorliegenden Phänomenen zur Generierung von Hypothesen verfolgt.
- Die Grounded Theory lehnt sich an die Abduktion an und ist im wissenschaftlichen Kontext verbreitet.

Mintos Pyramidenprinzip

- Die pyramidale Vermittlung stellt eine logische und eingängige Form der Informationsvermittlung dar.
- Bei logischen Gruppenstrukturen werden Aussagen stets durch weitere, auf einer darunter angelegten Gliederungsebene befindliche Unteraussagen gestützt, ähnlich einem Organigramm, das auf dem Hierarchieprinzip basiert.

- Bei logischen Kettenstrukturen wird nach dem „Situations-Kommentar-Lösungs"-Schema verfahren, wobei dort der sequenziellen Abfolge der Argumente besondere Bedeutung beigemessen wird. Für Ihre Arbeit ergibt sich eine S-C-RQ-S1-S2-Argumentationskette mit Blick auf das Abfassen von Zusammenfassungen, Exposés oder dem Einleitungsteil Ihrer Abschlussarbeit.

3.5 Literatur

Dunand, M./Choun, K./Caamaño, R. (2001): *Der Storyboard-Ansatz: Fortgeschrittene Techniken zur Erstellung wirkungsvoller Präsentationen*, Pully: BCD-Business Communication Design.

French, W. L./Bell, C. H. (1994): *Organisationsentwicklung: Sozialwissenschaftliche Strategien zur Organisationsveränderung*, 4. Aufl., Bern: Haupt.

Geiger, D. (2006): *Wissen und Narration: Der Kern des Wissensmanagements*, Berlin: Schmidt.

Glaser, B. G./Strauss, A. L. (1980): *The discovery of grounded theory. Strategies for qualitative research*, 11. Aufl., New York: Aldine.

Heinen, E. (1992): *Betriebswirtschaftliche Führungslehre; Grundlagen – Strategien – Modelle: Ein entscheidungsorientierter Ansatz*, Wiesbaden: Gabler.

Hichert, R. (2004): Erfolgreich präsentieren: Hinweise zur Vorbereitung und Durchführung von Geschäftspräsentationen, in: *Controller-Leitfaden* 6(5), S. 48.

Homburg, C./Krohmer, H. (2006): *Marketingmanagement: Strategie – Instrumente – Umsetzung – Unternehmensführung*, 2. Aufl., Wiesbaden: Gabler.

Hungenberg, H. (2010): *Problemlösung und Kommunikation im Management: Vorgehensweisen und Techniken*, 3. Aufl., München: Oldenbourg.

Isabella, L. (1990): Evolving interpretations as a change unfolds: How managers construe key organizational events, in: *Academy of Management Journal*, 33(1), S. 7-41.

Järvelin, A.-M. (2001): *Evaluation of relationship quality in business relationships*, Tampere: Tampere University Press.

Kühn, R./Grünig, R. (1986): *Die Aktionsforschung und ihre Anwendung in der praktisch-normativen Betriebswirtschaftslehre*, Band 106, Freiburg: Institut für Automation und Operations Research.

Michel, A. A. (2007): A distributed cognition perspective on newcomers' change processes: The management of cognitive uncertainty in two investment banks, in: *Administrative Science Quarterly*, 52(4), S. 507-557.

Minto, B. (2005): *Das Prinzip der Pyramide: Ideen klar, verständlich und erfolgreich kommunizieren*, München: Pearson Studium.

Müller-Seitz, G./Wilhelm, M. (2010): *Dissertationen erfolgreich verfassen: Ein praktischer Leitfaden*, Berlin: Logos-Verlag.

Popper, K. R. (1994): *Logik der Forschung*, 10. Aufl., Tübingen: Mohr.

Raffée, H. (1993): *Gegenstand, Methoden und Konzepte der Betriebswirtschaftslehre*, München: Vahlen.

Rossig, W. E./Prätsch, J. (2002): *Wissenschaftliche Arbeiten: Ein Leitfaden für Haus-, Seminar-, Examens- und Diplomarbeiten sowie Präsentationen mit PC- und Internet-Nutzung*, Bremen: Wolfdruck-Verlag.

Schanz, G. (1990): *Die Betriebswirtschaftslehre als Gegenstand kritisch-konstruktiver Betrachtungen: Kommentare und Anregungen*, Stuttgart: Poeschel.

Schweitzer, M. (1997): *Gegenstand und Methoden der Betriebswirtschaftslehre*, 7. Aufl., Stuttgart: UTB.

Thomae, M. (1999): *Die Managementlehre auf dem Irrweg der Aktionsforschung: Ein wissenschaftstheoretischer Zwischenruf*: Universität Konstanz, Schrift 29.

Toulmin, S./Berk, U. (1996): *Der Gebrauch von Argumenten*, 2. Aufl., Weinheim: Beltz.

Wöhe, G./Döring, U. (2000): *Einführung in die Allgemeine Betriebswirtschaftslehre*, 20. Aufl., München: Vahlen.

Inhaltliche Anforderungen umsetzen

4

ÜBERBLICK

Die inhaltlichen Anforderungen einer Abschlussarbeit sind für Studierende zu Beginn der Abschlussarbeit kaum absehbar. Allerdings ist es ebenfalls fast unumgänglich, die Abschlussarbeit als ein anspruchsvolles Projekt bereits vor der offiziellen Anmeldung grob zu überblicken, um in der gegebenen Zeit eine hochwertige Arbeit fertigstellen zu können. Umso wichtiger ist ein systematisches Vorgehen schon zu Beginn der Bearbeitungszeit. Die ersten Konsultationen mit dem Betreuer und die anfänglichen Setzungen (insbesondere des Themas und der Gliederung) sind zentrale Weichenstellungen, die den Weg der Abschlussarbeit zu einem erheblichen Maß festlegen. Während es in einem frühen Bearbeitungsstadium noch möglich ist, grundsätzliche Änderungen (z.B. Wahl der theoretischen Grundlage, Untersuchungsdesign) vorzunehmen, beschränkt sich die Möglichkeit einer Nachjustierung eher auf Feinheiten, die möglicherweise aber keine substanzielle Verbesserung der Arbeit insgesamt bewirken können. Angesichts der zentralen Bedeutung der richtigen Weichenstellungen zu bzw. von Beginn an, wird in diesem Kapitel das Augenmerk zunächst auf die Themenfindung (Kapitel 4.1) sowie das Verfassen eines Exposés (Kapitel 4.2) gelegt. Die inhaltliche Ausgestaltung der eigentlichen Abschlussarbeit ist Gegenstand von Kapitel 4.3.

4.1 Themenfindung

Die Formulierung eines Themas stellt Studierende wie auch Forschende meist vor große Herausforderungen. Das Nachdenken über potenzielle Inhalte der Arbeit und das übergeordnete Thema mündet häufig in der Ernüchterung, dass die vermeintlich eigene Idee bereits erschöpfend in einem Artikel oder Buch behandelt wird. Ziel einer wissenschaftlichen Arbeit kann es jedoch nicht sein, einen bestehenden Text in eigener Sprache zu wiederholen, oder – alltagssprachlich formuliert – das Rad neu zu erfinden. Es geht vielmehr darum, eine **Forschungslücke** herauszuarbeiten, zu entwickeln oder einzugrenzen, die bislang noch nicht hinreichend wissenschaftlich untersucht wurde. Die Arbeit soll schließlich nicht nutzlos sein, sondern einen eigenen, wenn gegebenenfalls auch nur kleinen, **Erkenntnisgewinn** erbringen. Mithilfe wissenschaftlicher Beiträge soll demnach ein Mehrwert, in Form von neuen Erkenntnissen, Zusammenhängen oder Ideen, geschaffen werden. Die Anforderungen an den eigenen wissenschaftlichen Beitrag steigen im Fortgang einer akademischen Laufbahn (Bachelor-Master-Promotion-Habilitation) kontinuierlich an. Um dem jeweiligen Anspruch gerecht zu werden, ist es unerlässlich, sich mit der einschlägigen Literatur des ins Auge gefassten Themengebiets auseinanderzusetzen und die wichtigsten Forschungslinien zu erkennen. Andernfalls besteht die Gefahr, ein Thema ohne Relevanz und ohne Anknüpfungspunkte an vorherige Forschung zu erzeugen und der bereits skizzierten Gefahr einer wiederholten Erforschung von Bekanntem zu erliegen. Im Folgenden werden einige Strategien und Prozesse aufgezeigt, mit denen ein Thema systematisch entwickelt werden kann. Diese können eine Lektüre der einschlägigen Fachliteratur keinesfalls ersetzen, aber einen Kompass bieten, um Themen mehr oder weniger systematisch zu entwickeln.

4.1.1 Fokussierung

Die **Fokussierungsstrategie** setzt an den bisherigen Forschungsergebnissen in einem bestimmten Themengebiet an. Hierbei ist es erforderlich, sich nicht nur einen allgemeinen Überblick (z.B. durch ein Lehrbuchkapitel) zu verschaffen, sondern bereits viel tiefgründiger anzusetzen und bestenfalls eine Reihe von Forschungsbeiträgen, Rezensionen oder Meta-Analysen in Fachzeitschriften zu sichten. In der Regel enthalten derartige wissenschaftliche Veröffentlichungen einen Abschnitt, der sich mit weiterführenden Forschungsfragen, die sich aufgrund der Untersuchung in dem jeweiligen Beitrag stellen oder nicht umfassend beantwortet werden konnten, befasst. In diesen Abschnitten, die oft als „Limitationen" bezeichnet sind, können hilfreiche Anregungen eingeholt werden. Das Ziel der Fokussierung besteht darin, in der bisherigen Forschung eine Lücke zu identifizieren, die bisher noch nicht bearbeitet wurde, da sie sehr speziell ist, einen bestimmten Teilaspekt betrifft oder erst bei einer aktuellen Studie entdeckt wurde. Das Bild eines Trichters, bei dem sich der (in diesem Fall thematische) Umfang immer weiter verengt, bis schließlich eine kleine Öffnung (in diesem Fall die Forschungslücke) bleibt, mag als Metapher für das Vorgehen dienen. Abbildung 4.1 zeigt anhand eines Beispiels aus der Gruppenforschung, wie ein Thema von einer allgemeinen Überlegung ausgehend schrittweise auf eine enger gefasste Fragestellung fokussiert werden kann.

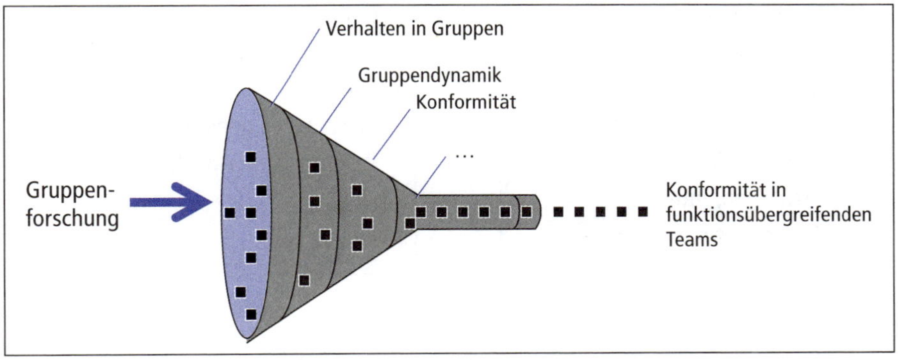

Abbildung 4.1: Beispiel für Fokussierungsstrategie

4.1.2 Bildung von Analogien

Analogien werden in der Wissenschaft sehr häufig genutzt, um Themen zu generieren. Dies trifft nicht nur auf Abschlussarbeiten zu, sondern auch auf die Forschung im Allgemeinen. Die Ursache liegt vor allem darin begründet, dass in den Wirtschaftswissenschaften stets und tendenziell weiter zunehmend interdisziplinäre Forschung anzutreffen ist. So bedient sich die Betriebswirtschaftslehre beispielsweise Konzepten aus der Soziologie, der Psychologie, den Rechtswissenschaften, der Mathematik etc. Gleiches gilt für die Volkswirtschaftslehre, die zwar – verglichen mit der Betriebswirtschaftslehre – einen stark ausgeprägten *Mainstream* forciert, doch lassen sich hier auch Öffnungstendenzen erkennen, beispielsweise gegenüber psychologischen, neurobiologischen oder politischen Ansätzen. Die Idee der Nutzung von Analogien beruht darauf, Konzepte, die anderen wissenschaftlichen Disziplinen entsprungen sind, auf eine bestimmte wirtschaftswissenschaftliche Fragestellung anzuwenden und durch diese neue Sichtweise bzw. Auslegung aufschlussreiche Erkenntnisse zu liefern. Hierzu können verschiedene Bezugsrahmen herangezogen werden. Der funktionale Bezugsrahmen umfasst z.B. die verschiedenen betriebswirtschaftlichen Aufgabenbereiche wie Marketing, Produktion und Finanzen. Hier können Analogien gebildet werden, indem beispielsweise Modelle aus dem Marketingbereich (z.B. Etablierung eines Produktimages) auf Fragestellungen des Personalbereichs (z.B. Etablierung eines Arbeitgeberimages) angewandt werden. Abbildung 4.2 veranschaulicht eine solche Überlegung am Beispiel des AIDA-Modells (Moser 2007, S. 12ff.). Beim disziplinären Bezugsrahmen wird auf Konzepte anderer Wissenschaften zurückgegriffen. Haben Studierende beispielsweise Nebenfächer in anderen Disziplinen belegt, bietet es sich an, solche Überlegungen anzustellen. Beispiele hierfür sind etwa Erkenntnisse der Psychologie zu verschiedenen Rollen in Gruppen, die auf organisationale Strukturen angewandt werden oder politische Konsensstrategien, die bei Unternehmensübernahmen eingesetzt werden könnten.

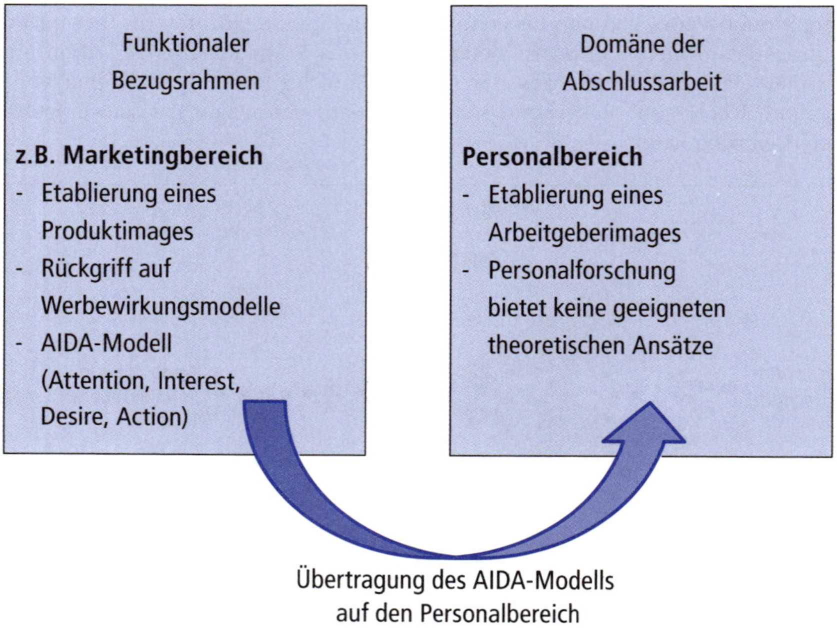

Abbildung 4.2: Beispiel für Analogien

4.1.3 Kontextualisierung

Ähnlich wie bei den zuvor dargestellten Analogien findet bei der **Kontextualisierungsstrategie** eine Übertragung statt. Diese unterscheidet sich von der zuvor dargestellten jedoch darin, dass der Ansatzpunkt hier nicht in der Interdisziplinarität besteht, sondern die Übertragung eines theoretischen Ansatzes der Wirtschaftswissenschaften auf einen bisher noch nicht betrachteten Untersuchungskontext oder ein noch nicht analysiertes Phänomen erfolgt. Voraussetzung hierfür ist jedoch, dass der neue Kontext oder das Phänomen aus der Sicht der Forschung insofern relevant ist, als hierdurch neue Erkenntnisse für eine bestimmte Theorie (z.B. ein Widerspruch zum oder eine Erweiterung des existierenden Wissens) gewonnen werden können. Eine reine Variation (etwa die Betrachtung der Firma Mayer AG anstatt Schulze AG) wird diesem Anspruch zunächst noch nicht gerecht und ist somit keine überzeugende Begründung für eine bestimmte Themenwahl. Anders gelagert wäre der Fall beispielsweise bei der Kontextualisierung von privatwirtschaftlichen Unternehmen hin zu öffentlichen Institutionen (z.B. Anwendungsmöglichkeiten der Kennzahl des Return on Investments [ROI] auf eine gemeinnützige GmbH im sozialen Bereich unter Berücksichtigung der branchenspezifischen Merkmale). Als weiteres Beispiel könnten neue, durch die Praxis aufgeworfene Phänomene angeführt werden.

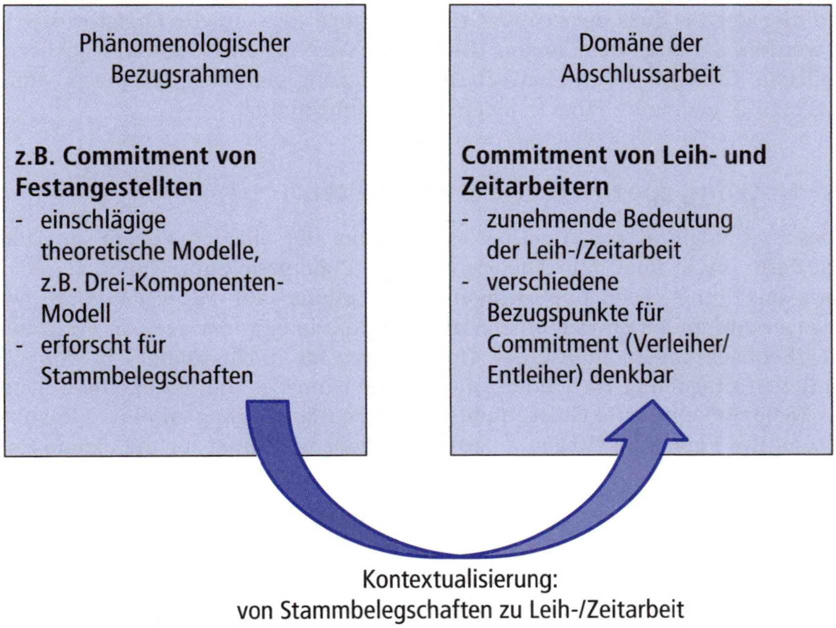

Abbildung 4.3: Beispiel für (Re-)Kontextualisierung

Abbildung 4.3 illustriert, wie das Konzept des organisationalen Commitments, das vielfach bei Festangestellten untersucht wurde, auf Randbelegschaften oder Freelancer übertragen werden könnte (in Anlehnung an Kaiser, Josephs und Süß 2011; Felfe, Schmook, Six und Wieland 2005).

4.1.4 Berufung auf Aktualität

Auch die **Aktualität** bestimmter Ereignisse kann Ausgangspunkt für die Themenfindung von Abschlussarbeiten sein. Hierbei ist unbedingt zu beachten, dass eine rein deskriptive Auseinandersetzung mit Ereignissen (z.B. die Insolvenz der Investmentbank Lehman Brothers im Jahr 2008) als wissenschaftliche Arbeit nicht ausreicht. Den Ansprüchen des Erklärens bzw. Verstehens, den Wissenschaft erhebt, würde dadurch nicht genügend Rechnung getragen werden. Es ist also notwendig, auf theoretische Ansätze Bezug zu nehmen, die einen Erklärungsbeitrag zur Entstehung, zu den Merkmalen oder den Folgen des aktuellen Ereignisses leisten können. Im Falle von Lehman Brothers könnte beispielsweise die Pfadabhängigkeitstheorie bemüht werden, um zu erklären, wie das Unternehmen im Laufe seiner Historie zunehmend auf spekulative Anlageformen gesetzt hat und eher konservative Anlageformen möglicherweise erst ablehnte und später aufgrund zu hoher Renditeerwartungen der Aktionäre gar nicht mehr in Erwägung ziehen konnte (Lock-In). Hierdurch könnte eventuell ein Erkenntnisgewinn zur Rolle von Aktionärserwartungen für die Entstehung von organisationalen Pfadabhängigkeiten erzielt werden (vgl. Sydow, Schreyögg und Koch 2009). Ein Beispiel aus der Führungsforschung wäre die Frage, inwiefern charismatische Führung langfristig eine Organisationskultur beeinflussen kann. Als Fallbeispiel könnte hier der Einfluss des Apple-Gründers Steve Jobs auf die Organisation untersucht werden, der auch über seinen Tod hinaus Wirkung entfaltet. Ein Rückbezug auf theoretische Konzepte (hier: charismatische Führung, vgl. beispielsweise Neuberger 2002, S. 215ff.) erscheint dabei in jedem Fall unumgänglich.

4.1.5 Nutzung spezifischer Gelegenheiten

Bei dieser Strategie setzen die Überlegungen bei der eigenen Person an. Die Idee besteht darin, nicht über eine Theorie oder ein Phänomen zum Thema zu gelangen, sondern im Sinne einer **opportunistischen Fallauswahl** zu reflektieren, welche Zugänge zu vorhandenem Datenmaterial (Sekundärdaten) oder auch in Form teilnehmender Beobachtungen, Interviews, Dokumenten etc. (Primärdaten) in der eigenen persönlichen Umgebung vorhanden sind. Häufig kann ein Praktikum oder ein studentischer Nebenjob eine gute Gelegenheit darstellen, den Zugang zu einer Organisation zu nutzen, um Forschungsfragen aufzuwerfen oder um Daten für die eigene Empirie zu gewinnen.

Diese Variante der Themenfindung ist unter Studierenden sehr beliebt, kann jedoch nicht ohne Vorbehalte empfohlen werden. Zunächst stellt sich – ähnlich wie bei der Aktualitäts- und Kontextualisierungsstrategie – die Frage, auf welches theoretische Konzept Bezug genommen werden soll und inwiefern durch diesen speziellen Zugang neue Erkenntnisse mit Blick auf das theoretische Konzept zu erwarten sind. Weiterhin stellt sich hier das Problem des doppelten Bezugsrahmens: Häufig unterstützen Unternehmen Studierende finanziell (z.B. Honorarvertrag, Reisemittel), materiell (z.B. vorhandene Daten, Nutzung von Räumen) oder personell (Betreuer im Unternehmen) und erwarten im Gegenzug praxisnahe Erkenntnisse bzw. konkrete Handlungsempfehlungen. Demgegenüber legt der universitäre Betreuer größeren Wert auf die Wissenschaftlichkeit der Abschlussarbeit, insbesondere den reflektierten Umgang mit Theorien und empirischen Methoden. Hier können **unterschiedliche Erwartungshaltungen** aufeinanderprallen, die mitunter zu einer erheblichen Belastung der Studierenden führen. Im Extremfall kann dies in einen Interessenskonflikt münden und die Notwendigkeit entstehen, zwei verschiedene Ausarbeitungen, für die Universität einerseits und für das Unternehmen andererseits, anzufertigen. Hiervor sei ausdrücklich gewarnt. In diesem Zusammenhang ist auch anzumerken, dass nach einem längeren Praktikum bei Studierenden häufig bereits Identifikationserscheinungen gegenüber der Organisation auftreten; dies gilt insbesondere dann, wenn es sich um einen (potenziellen) späteren Arbeitgeber handelt. Um eine wissenschaftliche Arbeit zu verfassen ist aber darauf Wert zu legen, eine möglichst neutrale Position zu wahren. Dies fällt manchen Studierenden jedoch nicht leicht, zumal die Einbettung in das Unternehmen und die Beziehungen zu dortigen Bezugspersonen oft stärker ausgeprägt sind als die Betreuungsintensität an der Hochschule.

4.1.6 Gespräch mit potenziellen Betreuern

Grundsätzlich lassen die meisten Universitäten und Hochschulen den Studierenden die Wahl, welcher Professor oder wissenschaftlicher Mitarbeiter die Abschlussarbeit betreut. Aus Studierendensicht empfiehlt es sich, zunächst die Internetauftritte der Professuren oder des Fachbereichs zu sichten, die **Profile von potenziellen Betreuern** aufzurufen und zu recherchieren, wer in Bereichen forscht, die Ähnlichkeiten oder jegliche Art von Überschneidungen zum eigenen Interessensgebiet aufweisen. Zudem sind Hinweise von Kommilitonen hilfreich, die bereits bei der betreffenden Person ihre Arbeit abgefasst haben. Im universitären Bereich hat beinahe jeder Mitarbeiter eine frei zugängliche Profilseite im Internet, auf der in aller Regel neben einer Publikationsliste auch Forschungsinteressen oder zumindest Arbeitsbereiche aufgeführt sind. Nachdem geeignete Betreuer identifiziert wurden, empfiehlt es sich, zunächst informell Kontakt aufzunehmen und ein persönliches Gespräch zu suchen. So können frühzeitig die wechselseitigen Erwartungen abgesteckt werden. Einen guten Eindruck hinterlassen Studierende, die vor einem solchen Treffen bereits Überlegungen zu möglichen Themen angestellt haben und gut vorbereitet in das Gespräch hineingehen. Allerdings, dies ist einschränkend festzuhalten, sehen manche Fachbereiche auch einen starren, genau definierten Prozess vor, in dem Themen nicht vereinbart, sondern einseitig vom Lehrstuhl aus festgelegt und teils sogar zu einem fixen Termin ausgehändigt werden.

4.2 Verfassen eines Exposés

Ein **Exposé** ist die schriftliche überblicksartige Darstellung bzw. Grobskizze einer Abschlussarbeit. Diese unterstützt den Planungsprozess und sollte idealerweise Grundlage für das weitere Vorgehen sein. Oft wird das Exposé von Studierenden als Zusatzaufgabe wahrgenommen, die zu Mehrarbeit, aber keinem Nutzen führt, da das Exposé normalerweise nicht bewertet wird. Dies hat zur Folge, dass die geforderte Seitenzahl überhastet und mit kaum durchdachten Erörterungen ausgefüllt wird; wohlwissend, dass in der eigentlichen Abschlussarbeit in jedem Fall fundamentale Änderungen vorgenommen werden müssen. Mit dieser Überlegung ist das Exposé in der Tat nutzlos. Mit der Investition von Zeit in Verbindung mit – zugegebenermaßen – erheblichen geistigen Anstrengungen bei der Erstellung des Exposés wird demgegenüber unnötiger Mehraufwand von vornherein vermieden und ein arbeitseffizienter Prozess eingeleitet. Die Idee ist einfach und doch wirkungsvoll: Das Exposé sollte bestenfalls das gesamte Schreibvorhaben in sehr komprimierter Form darstellen. Gelingt das, so kann das Exposé beim eigentlichen Schreibprojekt zur Orientierung verwendet werden, das nicht nur den *roten Faden* aufzeigt, sondern auch im Sinne eines Gerüsts sukzessive mit Inhalten aufgefüllt werden kann. So ist die Gefahr, das Thema zu verfehlen oder vom *roten Faden* abzuweichen, begrenzt. Gewiss setzt dieses Vorgehen von Beginn an ein sehr großes Engagement und eine eingehende Auseinandersetzung mit dem Thema voraus. So müssen wesentliche Fragen geklärt sein, etwa die Formulierung von Forschungsfragen und/oder Hypothesen, die Wahl einer theoretisch-konzeptionellen Grundlage und – im Fall einer empirischen Arbeit – die verwendete Methodik vor dem Hintergrund eines bestimmten Untersuchungskontexts. Mit diesen Fragen sollten sich Studierende aber ohnehin von Beginn an beschäftigen. Deshalb bietet sich das Exposé hierfür geradezu an.

Exposés können unterschiedlich strukturiert sein. Abbildung 4.4 zeigt, wie ein idealtypischer Aufbau aussehen könnte. Die einzelnen Bestandteile werden in den nachfolgenden Unterkapiteln detailliert erläutert.

Hintergrund, Problemstellung und Zielsetzung
Theoretische Grundlagen
Empirische Untersuchung
Aufbau der Arbeit/Grobgliederung
Grundlagenliteratur

Abbildung 4.4: Aufbau eines Exposés

4.2.1 Hintergrund, Problemstellung und Zielsetzung

Im ersten Abschnitt sollte das Thema der Abschlussarbeit theoretisch und/oder phänomengetrieben verortet werden. Dies ist erforderlich, damit der Leser (bzw. Betreuer) die Arbeit einem theoretischen Diskurs zuordnen kann und gleich zu Beginn erkennt, welcher Erkenntnisbeitrag geleistet werden soll. Die **theoretische Verortung** könnte beispielsweise durch die Aussage erfolgen, dass die Arbeit Bezug auf die Principal-Agent-Theorie (Ebers und Gotsch 2006, S. 258ff.) nimmt und dass z.B. untersucht wird, welche Implikationen die Theorie für europäische Aktiengesellschaften hat. Die theoretische Verortung sollte durch das Zitieren der einschlägigen Literatur in jedem Fall untermauert werden. Der informierte Leser kann allein anhand der angegebenen Autoren erkennen, in welchem Forschungsbereich die Arbeit anzusiedeln ist und welchem wissenschaftstheoretischen Standpunkt sie sich anschließt.

Die **phänomengetriebene Verortung** kann durch eine kurze Beschreibung des in der Arbeit betrachteten Ereignisses, der Organisation, des Netzwerks, der Lieferantenbeziehung etc. erfolgen. Falls sich die Arbeit beispielsweise mit Kostenführerschaftsstrategien beschäftigt und anhand der globalen Supply Chain eines multi-nationalen Elektronikherstellers gezeigt werden soll, wie Kostenpotenziale realisiert werden, empfiehlt es sich, relativ zu Beginn des Exposés eine kompakte Einführung zur betrachteten Wertschöpfungskette und zu den beteiligten Akteuren zu liefern.

Diese theoretische bzw. phänomengetriebene Verortung sollte in eine Problematisierung übergehen, bei der Unzulänglichkeiten und Lücken der bisherigen Forschung im gewählten Themenbereich herausgearbeitet werden. Dies beinhaltet insbesondere die Frage, welcher Teilaspekt konkret untersucht bzw. welcher Forschungsfrage nachgegangen wird und worin genau das inhaltliche Ziel des Schreibprojekts besteht. Als praktische Orientierung beim Abfassen dieses Textabschnitts kann das in Unterkapitel 3.4.2 und 3.4.3 vorgestellte S-C-RQ-S-Prinzip herangezogen werden.

4.2.2 Theoretische Grundlagen

In diesem Teil des Exposés gilt es **Begriffe, Konzepte und Theorien** anzuführen, auf die im Verlauf der Arbeit Bezug genommen werden soll. Dies beinhaltet einerseits, die Kernaussagen der gewählten theoretischen Grundlagen zu skizzieren, andererseits – und für das Exposé noch wichtiger – erfolgt in diesem Zusammenhang eine Begründung, warum sich die gewählten Konzepte und Theorien für die Arbeit eignen. Es sollten also Argumente angeführt werden, inwiefern bestimmte theoretische Ansätze einen Erklärungsbeitrag im Hinblick auf die zu bearbeitende Problemstellung bzw. Forschungsfrage leisten können. Angenommen, eine Abschlussarbeit befasst sich mit der Wirkung von Komik und Konflikt in Organisationen (vgl. Zeichhardt 2009). Dann stellt sich möglicherweise die Frage, über welche Mechanismen der Kommunikation die beiden Konzepte – Komik und Konflikt – zusammenhängen. Aus theoretischer Sicht könnte dann z.B. ein Kommunikationsmodell angeführt werden, das darüber Aufschluss gibt, unter welchen Bedingungen Kommunikation funktioniert.

4.2.3 Empirische Untersuchung

Eine eigene **empirische Erhebung** ist dann sinnvoll, wenn die zu Beginn formulierte Problemstellung bzw. die Forschungsfrage allein auf der Basis einer theoretischen Annäherung, wie sie im vorherigen Abschnitt beschrieben wurde, noch nicht hinreichend beantwortet werden kann. Genau dort setzt die eigene empirische Erhebung an.

Im entsprechenden Abschnitt des Exposés gilt es, die **Methoden** zu erörtern, die im empirischen Teil der Arbeit Verwendung finden, und es muss begründet werden, warum genau die gewählten Methoden für das Vorhaben geeignet sind. Zu unterscheiden ist hierbei die Erhebungsmethode, welche die Generierung von empirischen Primärdaten betrifft und die Auswertungsmethode, die beschreibt, wie mit den gewonnenen Daten verfahren wird, um sie zu analysieren und Ergebnisse zu gewinnen.

Was die **Erhebungsmethode** betrifft sei darauf hingewiesen, dass neben der Erhebung eigener Primärdaten (z.B. durch leitfadengestützte Interviews, teilnehmende Beobachtungen, schriftliche Befragungen, Online-Recherchen) grundsätzlich auch Sekundärdaten (z.B. Daten des statistischen Bundesamtes, der Agentur für Arbeit oder von anderen Institutionen, die Daten öffentlich oder gegen Gebühr bereitstellen) verwendet werden können. Im Fall einer eigenen Erhebung sollte beschrieben werden, wie die Daten konkret erhoben werden, wie viele Personen an einer Befragung voraussichtlich teilnehmen werden, was der Gegenstand der Befragung ist, wie die Befragung aufgebaut sein soll, wann sie voraussichtlich stattfindet und welche Ergebnisse zu erwarten sind. Grundsätzlich ist darauf zu achten, dass das Untersuchungsdesign für das jeweilige Vorhaben geeignet ist. Handelt es sich beispielsweise um ein Themengebiet, zu dem schon viele Studien verfasst wurden und bei dem bereits Vermutungen über bestimmte Zusammenhänge ersichtlich sind, empfiehlt sich tendenziell eher ein deduktives Vorgehen, z.B. eine quantitative Studie zum Test von Hypothesen. Wenn es sich dagegen um ein neues Themenfeld mit wenigen Vorkenntnissen handelt, eignet sich tendenziell eher ein explorativer Ansatz, z.B. qualitative Experteninterviews oder teilnehmende Beobachtungen. Sofern qualitative und quantitative Daten kombiniert werden, handelt es sich um ein sogenanntes Mixed-Method-Design (Creswell 2003). Bei der Untersuchung eines Ereignisses oder einer Organisation eignet sich ansonsten auch die Fallstudienmethode nach Yin (2009), die ebenfalls die Berücksichtigung verschiedener qualitativer und/oder quantitativer Daten zulässt. Die Kombination mehrerer Datenquellen oder Methoden, die Aufschluss über das gleiche zugrunde liegende Untersuchungsobjekt geben, wird mithin als Triangulation bezeichnet (Flick 1991). Mit Blick auf komplexere Untersuchungsdesigns sei davor gewarnt, dass solche

Vorhaben leicht den Umfang einer Abschlussarbeit sprengen können. Dies gilt es im Rahmen des Austauschs mit dem Betreuer zu erörtern. Daneben spielen bei der Wahl des Untersuchungsdesigns regelmäßig auch Überlegungen zur Verfügbarkeit von Daten eine Rolle.

Bei der **Auswertungsmethode** geht es darum, wie die erhobenen Daten weiter bearbeitet werden sollen. So gibt es in der qualitativen wie in der quantitativen Sozialforschung verschiedene Analysemethoden. In der quantitativen Forschung lassen sich uni-, bi- und multivariate Analyseverfahren unterscheiden. Zudem gibt es eine Unterscheidung zwischen deskriptiven und induktiven Methoden. Auch die qualitative Forschung hat mit der Zeit ein großes Repertoire an Analysemethoden entwickelt. So können Dokumente oder Transkriptionen beispielsweise mithilfe der Grounded-Theory-Methodologie oder der Objektiven Hermeneutik ausgewertet werden (vgl. Kapitel 5.3).

4.2.4 Aufbau der Arbeit/Grobgliederung

In diesem Abschnitt des Exposés sollte der **Aufbau der Arbeit** beschrieben werden – oder anders ausgedrückt: Der Autor formuliert explizit, wie der **rote Faden** durch das eigene Schreibprojekt verlaufen wird. Dies ermöglicht es, das eigene Projekt auf einer abstrakten Ebene zu reflektieren, und kann dabei helfen, Gedankensprünge, Widersprüche und Argumentationslücken im Rahmen der bisherigen Überlegungen aufzudecken. Neben einer schriftlich ausformulierten Erörterung sollte dieser Abschnitt auch eine Grobgliederung der Abschlussarbeit selbst beinhalten. Welche Aspekte bei der Anfertigung einer **Gliederung** im Detail zu beachten sind, wird in Unterkapitel 4.3.3 thematisiert. Die Gliederung ist für die spätere Qualität der Arbeit extrem wichtig. Sie stellt insgesamt die Weichen der Abschlussarbeit und hat eine richtungsweisende Funktion in Bezug darauf, welche Themen später ausgearbeitet werden und worauf gegebenenfalls weniger eingegangen wird. Bei der Bewertung von Abschlussarbeiten liefert die Gliederung für sich genommen bereits Erkenntnisse über den Umfang, die inhaltliche Tiefe und die Argumentationslogik einer Arbeit. Deshalb sollte der Gliederung eine sehr hohe Priorität beigemessen werden. Einmal angefertigt, ist die Gliederung in aller Regel noch nicht finalisiert, sondern sie wird im Laufe des Schreibprojekts fortwährend weiterentwickelt. Dies ist darauf zurückzuführen, dass während des Abfassens der Arbeit immer wieder neue Gedanken entwickelt werden, die zunächst nicht in dieser Form vorgesehen waren.

4.2.5 Literaturverzeichnis

Wie schon in der eigentlichen Abschlussarbeit sollte bereits im Exposé mit Quellenangaben – genauer formuliert: **direkten und indirekten Zitaten** – gearbeitet werden. Hierdurch soll jedoch nicht nur fremdes Gedankengut gekennzeichnet werden, sondern auch die eigene Arbeit im bestehenden Forschungsdiskurs verortet werden. Deshalb sollte am Ende des Exposés ein Literaturverzeichnis stehen, das alle im Text verwendeten Quellen in alphabetischer Reihenfolge der Autorennachnamen beinhaltet – die Autorenreihe eines Beitrags selbst wird jedoch nicht dem Alphabet entsprechend umsortiert.

4.3 Erstellung der Abschlussarbeit

Der Aufbau wissenschaftlicher Texte, insbesondere Beiträge in einschlägigen Fachzeitschriften, folgt in der Regel einem relativ statischen Schema. Es existieren zwar durchaus Variationen (z.B. bei einem rein konzeptionellen im Vergleich zu einem empirischen Vorgehen) und die einzelnen Abschnitte fallen je nach Fachgebiet, Zeitschrift und Präferenzen von Autoren mehr oder weniger ausführlich aus. Insgesamt dürfte das in Abbildung 4.5 dargestellte Schema aber als eine durchaus realistische Darstellung der meisten wissenschaftlichen Arbeiten gelten. Dies betrifft nicht nur einschlägige Publikationen, sondern kann (selbstverständlich auf einem anderen Anspruchsniveau, strukturell aber dennoch vergleichbar), auch für Abschlussarbeiten zutreffen. Die einzelnen Abschnitte dieses Schemas werden im Folgenden erörtert.

Abschnitte einer wissenschaftlichen Arbeit	Ziel
Deckblatt/Titel, Name, Affiliation	Wer hat über was geschrieben?
Abstract/Zusammenfassung	Kurzabriss über das, was unternommen wurde
Verzeichnisse: Inhaltsverzeichnis, ggf. Abbildungs-, Tabellen-, Abkürzungsverzeichnis	Was beinhaltet die Arbeit?
Einführung	Was ist das Problem? Warum ist dies relevant?
Stand der Forschung	Was sind die theoretisch-konzeptionellen Grundlagen der Arbeit?
Untersuchungskontext und -methode	Wie (mit welchen Methoden) wurde das Problem gelöst?
Ergebnisse	Was wurde herausgefunden?
Diskussion	Was sagen die Ergebnisse aus?
Fazit	Welcher Beitrag konnte letztendlich durch die Arbeit geleistet werden? Welche Einschränkungen gibt es? Was ist offen geblieben?
Literatur	Auf wen habe ich mich bezogen?
Anhang (optional)	Zusatzinformationen

Abbildung 4.5: Aufbau einer wissenschaftlichen Arbeit
Quelle: Huff (2008)

4.3.1 Deckblatt

Wissenschaftliche Arbeiten beginnen auf der ersten Seite mit einem **Deckblatt**. Dieses beinhaltet (zumindest) folgende Angaben:

- die Affiliation (also z.B. die Universität oder Fachhochschule, bei der die Immatrikulation besteht sowie eine formal korrekte Benennung des Fachbereichs und ggf. des Instituts und Lehrstuhls),
- den Namen des Betreuers (i. d. R. Prof. Dr. …),
- die Art der wissenschaftlichen Arbeit (Bachelor-, Master-, Diplomarbeit),
- das Thema der Arbeit (einsprachig oder zweisprachig),
- den Vor- und Nachnamen,
- die Matrikelnummer,
- Kontaktdaten (Anschrift, Telefon, E-Mail Adresse) sowie
- Ort und Abgabetermin.

Zu beachten ist, dass das Deckblatt ein ansprechendes Layout aufweist. Dies beinhaltet:

- eine angemessene Verteilung der oben aufgelisteten Angaben über die Seite,
- konsistente Zeilenabstände,
- ansprechende Platzierung der Angaben (links-/rechtsbündig/zentriert).

Ein ansprechendes Layout bedeutet also nicht, dass ausgefallene Schriftarten oder Farben verwendet werden. Als Schriftart sollte diejenige gewählt werden, in der auch der Text verfasst ist. Ferner sollten nicht zu viele unterschiedliche Schriftgrößen auf dem Deckblatt verwendet werden (Faustregel: maximal drei). Hervorhebungen können durch Kapitälchen, also Worte in Großbuchstaben, erfolgen. Auf ein Logo der Universität oder Hochschule sollte verzichtet werden, sofern keine anderslautende Information vorliegt. Zu beachten ist ferner, dass auf dem Deckblatt keine Seitenzahl angegeben wird. Die Seitenzahlen werden ab der zweiten Seite angegeben, wobei das Deckblatt i. d. R. mitgezählt wird. Abbildung 4.6 zeigt beispielhaft ein Deckblatt, das die oben beschriebenen Anforderungen erfüllt.

Universität Musterstadt

Fachbereich Wirtschaftswissenschaften

Institut für marktorientierte Unternehmensführung

Prof. Dr. Max Mustermann

Commitment von Studierenden gegenüber der eigenen Abschlussarbeit – eine empirische Studie

MASTERARBEIT

vorgelegt von:

Maxi Musterfrau
Musterstraße. 1 · 12345 Musterstadt
E-Mail: maxi.musterfrau@mustermail.net
Tel: 030-123 45678

Betreuer: Max Musterbetreuer
Abgabetermin: 21.12.2013

Abbildung 4.6: Beispiel eines Deckblatts

4.3.2 Abstract/Zusammenfassung

Ein **Abstract** (an Business Schools gelegentlich auch Executive Summary genannt) ist eine sehr kompakte **Zusammenfassung** der gesamten Arbeit. Er kondensiert die wesentlichen Aussagen der Abschlussarbeit auf ca. 100 bis 300 Wörter und ist zumeist im **S-C-RQ-S-Stil** abgefasst (vgl. Unterkapitel 3.4.2 und 3.4.3). Abstracts werden auch von nahezu allen Fachzeitschriften verwendet, so dass sich der Leser in kurzer Zeit ein Bild über einen Aufsatz verschaffen und entscheiden kann, ob er den ganzen Beitrag lesen möchte oder nicht. Bei Abschlussarbeiten wird nicht immer ein Abstract verlangt. Wenn dieser gefordert wird, dann sollte beachtet werden, in welcher Form und an welcher Stelle in der Arbeit (z.B. nach dem Deckblatt, nach dem Inhaltsverzeichnis oder als separates Blatt). Der Abstract sollte ganz am Ende verfasst werden, wenn die Arbeit komplett abgeschlossen ist. So wird sichergestellt, dass der einmal verfasste Abstract nicht ständig an sich verändernde Inhalte angepasst werden muss. Zudem fällt das Schreiben am Ende leichter, da dann alle Inhalte komplett durchdacht wurden. In Fachzeitschriften sind unter dem Abstract häufig noch fünf bis zehn Schlagwörter angegeben. Anhand dieser können Fachartikel gezielt über Datenbanken gesucht werden. Abbildung 4.7 zeigt einen Abstract aus einer Forschungsarbeit zu kooperativen Verhaltensweisen in Projekten.

> Unternehmenskooperationen und -netzwerke leben vom Engagement der beteiligten Partner und deren Bereitschaft, sich für die gemeinsamen Ziele einzusetzen. Das beinhaltet auch, dass sich Individuen und auch Organisationen als Ganze über die vertraglich vereinbarte Minimalanforderung hinaus – auch wenn sie nicht direkt dafür honoriert werden – kooperativ engagieren, um den Erfolg der Zusammenarbeit sicherzustellen. Innerhalb einzelner Organisationen werden solche Verhaltensweisen vor allem in der Arbeits-/Organisationspsychologie als „Organizational Citizenship Behavior" (OCB) bezeichnet und seit den 1980er Jahren intensiv erforscht. Diese Forschung beschränkt sich jedoch auf die organisationalen Grenzen und wird der zunehmenden Bedeutung von interorganisationaler Zusammenarbeit nicht gerecht. Ziel der Dissertation ist es, die Übertragbarkeit von OCB auf den (Projekt-)Netzwerkkontext unter Berücksichtigung spezifischer Strukturmerkmale von temporären Organisationen und Netzwerken zu überprüfen. Damit wird sowohl ein Beitrag zur OCB-Forschung geleistet, als auch eine neue, stärker verhaltensbezogene Perspektive der (Projekt-)Netzwerkforschung angeregt.
>
> **Schlüsselwörter**: Kooperation, Projektmanagement, Netzwerke, Motivation, Führung, Verhalten

Abbildung 4.7: Beispiel eines Abstract und von Schlagwörtern
Quelle: Braun (2013)

4.3.3 Inhalts-, Abbildungs- und Abkürzungsverzeichnis

Abschlussarbeiten beinhalten in der Regel mindestens drei Verzeichnisse. Erstens sind im **Inhaltsverzeichnis** alle Überschriften aufgeführt, die innerhalb der Arbeit verwendet werden, und mit den dazugehörigen Seitenzahlen aufgelistet. Zweitens beinhaltet das **Abbildungsverzeichnis** eine Liste aller Abbildungstitel, die im Text eingearbeitet sind, ebenfalls mit den zugehörigen Seitenzahlen. In der Regel wird zwischen einem Abbildungs- und einem **Tabellenverzeichnis** unterschieden. Manchmal werden die Verzeichnisse aber auch zusammengefasst zu einem Abbildungs- und Tabellenverzeichnis, das gelegentlich auch als **Darstellungsverzeichnis** benannt wird. Eine Unterteilung ist vor allem dann sinnvoll, wenn sehr viele Abbildungen und Tabellen im Text verwendet werden; eine Zusammenlegung empfiehlt sich, wenn das Verzeichnis nur sehr wenige Tabellen (z.B. bis zu fünf Einträge) umfassen würde. Darüber hinaus ist ein **Abkürzungsverzeichnis** anzulegen. Dieses beinhaltet, je nach Konvention, entweder ausnahmslos alle Abkürzungen, die im Text gebraucht werden (beispielsweise also auch „usw." für „und so weiter") oder nur diejenigen Abkürzungen, die nicht im Duden aufgeführt sind. Generell sollte ein dosierter Umgang mit Abkürzungen erfolgen. Im Text sollten abgekürzte Begriffe beim erstmaligen Gebrauch ausgeschrieben werden; z.B. „Die Pfadabhängigkeitstheorie (PT) findet eine weite Verbreitung". Im Anschluss ist darauf zu achten, dass ausnahmslos die eingeführte Abkürzung verwendet wird und nicht ständig zwischen Abkürzung und ursprünglichem Terminus gewechselt wird.

Bei Abschlussarbeiten, die eine rechtswissenschaftliche Ausrichtung haben, empfiehlt es sich, darüber hinaus ein **Rechtsprechungsverzeichnis** anzulegen, das alle im Text zitierten Urteile beinhaltet. Zusätzlich können weitere Verzeichnisse notwendig sein, z.B. ein Verzeichnis der im Anhang befindlichen Dokumente.

Dem Inhaltsverzeichnis sollte besondere Aufmerksamkeit zuteil werden, da dieses die Gliederung der Arbeit wiedergibt und daher sehr gut durchdacht sein sollte. Bei der Anfertigung des Inhaltsverzeichnisses stellen sich Fragen, welche das Format und die **Gliederungslogik** betreffen. Beim Format stehen grundsätzlich verschiedene Klassifikationen zur Auswahl. Abbildung 4.8 stellt die sehr häufig verwendete dekadische Gliederung und die alpha-numerische Gliederung einander gegenüber. Am einfachsten zu verwenden dürfte die dekadische Gliederung sein, da diese sehr intuitiv und kaum fehleranfällig angewandt werden kann. Besonders zu beachten ist jedoch, dass üblicherweise hinter der letzten Ziffer kein Punkt gesetzt wird.

(I) Dekadische Gliederung	(II) Alphanumerische Gliederung
1	I.
1.1	A.
1.1.1	1.
1.1.1.1	a)
1.1.1.2	(1)
1.1.2	b)
1.2	2.
2	B.
...	II.

Abbildung 4.8: Dekadische und alphanumerische Gliederung

Bei der Gliederungslogik sollte beachtet werden, dass diese der in der Wissenschaft üblichen Logik von Einführung – Theorie (Stand der Forschung) – Empirie – Diskussion – Fazit folgt. Die Begriffe sollten jedoch – teilweise variieren hier jedoch die Präferenzen von Betreuern – nicht wörtlich verwendet werden. Sie stellen letztlich Worthülsen dar, die mit den inhaltlich passenden Fachbegriffen aus dem gewählten Themengebiet ersetzt werden sollten. Das Erstellen einer Gliederung beginnt auf der ersten Gliederungsebene. Diese determiniert die Grobstruktur. Von dort ausgehend kann die Gliederung durch Unterkapitel weiter verzweigt werden. Bei der Einführung solcher Unterkapitel ist darauf zu achten, dass auf jeder Gliederungsebene mindestens zwei Einträge vorhanden sein müssen. Beinhaltet eine Ebene nur eine Überschrift, so lässt sich diese unter die übergeordnete Ebene subsumieren.

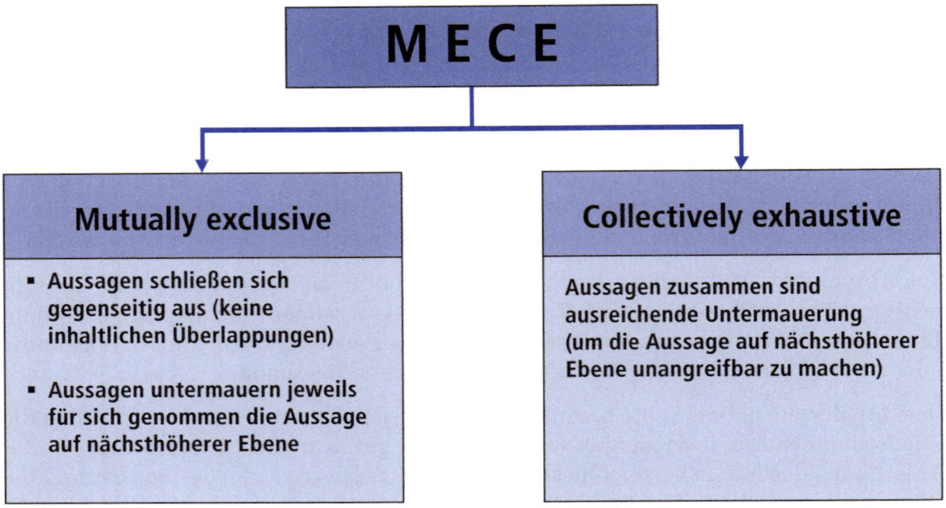

Abbildung 4.9: MECE als Ordnungsprinzip für Gliederungen
Quelle: in Anlehnung an Hungenberg (2010), S. 13-18

Als Ordnungsprinzip bei der Erstellung von Gliederungen hat sich die **MECE-Regel** als hilfreich erwiesen (vgl. Abbildung 4.9). Entsprechend der MECE-Regel ist innerhalb einer Gliederungsebene darauf zu achten, dass die einzelnen Gliederungspunkte **einander wechselseitig ausschließen** (Mutually Exclusive [ME]). Dies führt dazu, dass keine inhaltlichen Überschneidungen im Text entstehen. Was die Unterkapitel eines Gliederungspunkts betrifft, gilt das **Prinzip der Vollständigkeit** (Collectively Exhaustive [CE]). Es muss also sichergestellt werden, dass die übergeordnete Ebene erschöpfend gestützt wird. Das folgende Beispiel soll diese Überlegung verdeutlichen.

Beispiel

3.4 Analyse der DAX-30-Unternehmen
3.4.1 Adidas
3.4.2 Allianz
3.4.2 BASF
>>???<<

Entsprechend der Vollständigkeitslogik müsste die Gliederung zu Kapitel 3.4 alle DAX-30-Unternehmen beinhalten. Sofern es sich um eine nichterschöpfende Liste handelt oder nur Beispiele aus einer Gesamtheit betrachtet werden, sollte der letzte Untergliederungspunkt den vermeintlichen Rest unter einem Gliederungspunkt wie Weitere... oder Sonstige... zusammenfassen. Alternativ müsste 3.4 entsprechend der jeweiligen Zielsetzung umformuliert werden, beispielsweise „3.4 Analyse ausgewählter DAX-30-Unternehmen“.

Weitere Ausführungen und Beispiele zum MECE-Prinzip finden sich in Unterkapitel 3.4.5. Um weit verbreitete Fehler bei der Erstellung einer Gliederung zu vermeiden, zeigen wir anhand von Abbildung 4.10 die Fallstricke, die sich hierbei ergeben können, auf und schlagen jeweils eine geeignete Lösungsvariante vor.

Beispiel

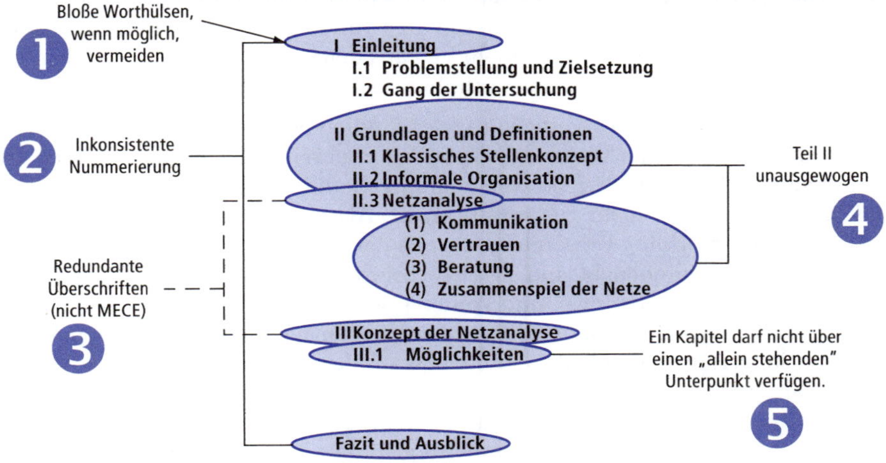

Abbildung 4.10: Exemplarische Fallstricke beim Erstellen einer Gliederung

Unter Bezugnahme auf Abbildung 4.10 lassen sich folgende Fehlerquellen identifizieren:

1. Bloße Worthülsen. Stattdessen wird empfohlen, aussagekräftige inhaltliche Begriffe zu verwenden.
2. Inkonsistente Nummerierung. Die römischen und arabischen Nummerierungen sind konsequent einzuhalten.
3. Redundante Überschriften. Elemente auf der gleichen Gliederungsebene schließen einander nicht aus. Hier kommt es zwangsläufig zu Doppelungen, die es zu vermeiden gilt.
4. Unausgewogene Kapitel. Manche Unterkapitel werden hier viel intensiver behandelt als andere. Dies gilt es zu vermeiden oder geschickter zu lösen, z.B. durch ein eigenes Oberkapitel.
5. Unzureichende Ausdifferenzierung von Unterkapiteln. Pro Unterkapitel müssen mindestens zwei Unterpunkte vorhanden sein, ansonsten macht die Ausdifferenzierung logisch keinen Sinn.

4.3.4 Der wissenschaftlich formulierte Text

Der **Einstieg in ein Schreibprojekt** gestaltet sich erfahrungsgemäß sehr schwierig. Zum einen kann das Phänomen des „weißen Blattes" zu einer **Schreibblockade** gleich zu Beginn führen. Häufig besteht die Furcht, dass die ersten Formulierungen nicht abgabereif abgefasst sind und man zugleich die Ambition hat, perfekte Ausdrücke zu finden und druckreife Sätze zu formulieren. In dieser Situation hilft es, wenn zuvor ein Exposé angefertigt wurde. So startet das Schreibprojekt nicht mit einem leeren Blatt, sondern es kann auf existierendes Material als Grundlage für Vertiefungen aufgebaut werden. Auch wenn am Ende nicht mehr viel aus dem ursprünglichen Text des Exposés erhalten bleibt, so hat dieses doch geholfen, sich in das Schreiben hineinzufinden.

Ähnlich gelagert ist auch der Vorbehalt vieler Studierender, dass ein Thema zunächst durchdacht werden sollte, bevor die eigentliche Schreibarbeit beginnt. Dieser Trugschluss kann kurz vor der Abgabe zu einem unkalkulierbaren, exzessiven Schreibaufwand führen, der kaum mehr zu bewältigen ist. Als wesentlich effektiver hat es sich erwiesen, bereits frühzeitig Überlegungen zu Papier zu bringen, auch wenn diese nicht bis ins letzte Detail durchdacht sind. Das Geschriebene dient sogleich als Grundlage für Überarbeitungen, Verbesserungen und Weiterentwicklungen. Dabei wird ein sichtbarer Fortschritt erzielt, der sich z.B. in geschriebenen Seiten ausdrückt und so wiederum die Motivation steigert, weiterzudenken und weiterzuschreiben. Das Schreiben sollte dabei eher als Handwerk verstanden werden und weniger als Kunst. Oft bedürfen ein guter Schreibstil und ausgearbeitete Argumente schlicht einer kontinuierlichen Übung sowie dem Lernen aus Fehlern. Dieser Prozess wird gefördert, indem man sich selbst zwingt, pro Tag zumindest etwas zu Papier zu bringen – selbst wenn die Arbeit am Text nur 15 Minuten pro Tag einnimmt. Sodann kann ein Prozess in Gang gesetzt werden, der das Schreiben und Denken bestmöglich aufeinander bezieht (vgl. Abbildung 4.11).

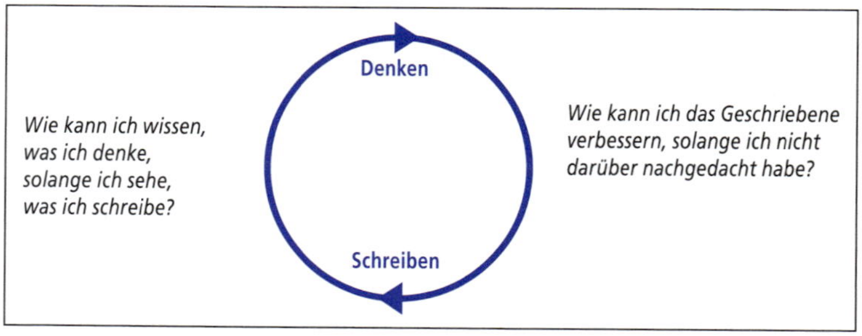

Abbildung 4.11: Schreiben und Denken als sich wechselseitig bedingender Prozess
Quelle: Huff (2008), S. 7 ff.

Der wissenschaftlich verfasste Text unterliegt einer Reihe an **Grundanforderungen**, die es zu beachten gilt. Diese lassen sich aus dem vorliegenden Lehrbuch kapitelübergreifend erkennen:

- Logischer Aufbau von Argumentationsketten (vgl. Kapitel 3). Dies trifft auf die Arbeit insgesamt und deren strukturellen Aufbau zu, sollte aber auch bis auf die Ebene einzelner Sätze heruntergebrochen werden.
- Einhaltung der üblichen strukturellen Systematik von Abschlussarbeiten (Einleitung – theoretische Grundlagen – Methoden – Ergebnisse – Diskussion – Fazit, vgl. Kapitel 4.2).

- Verwendung des einschlägigen fachlichen Vokabulars, insbesondere im Methodenteil (vgl. Kapitel 5).
- Eindeutige Abgrenzung von eigenem gegenüber fremdem Gedankengut auf der Basis einer gewissenhaften Zitierweise (vgl. Kapitel 6.2).
- Berücksichtigung eines verständlichen Sprachstils (kurze Sätze, präzise Formulierungen, einheitliche Verwendung von Begriffen, Vermeidung unreflektierter Werturteile etc.; vgl. Kapitel 6.3).

Abschlussarbeiten haben mithin – wie auch wissenschaftliche Forschungsbeiträge im Allgemeinen – den Anspruch, bestimmte Phänomene (z.B. das Verhalten in Organisationen) nicht nur äußerlich zu beschreiben, sondern dessen Ursachen, Wirkungen und Folgen auf einer abstrakteren Ebene zu verstehen und wenn möglich schlussendlich zu generalisieren. Ziel ist es dabei, vorhandene Erkenntnisse in Form von Theorien oder Konzepten zu bestätigen, widerlegen, verfeinern oder ergänzen. Um diesem Anspruch gerecht zu werden, empfiehlt sich die Orientierung am, wie wir es in Anlehnung an das Stoffband nennen wollen, **„Fliegen"-Modell** (vgl. Abbildung 4.12). Danach starten Abschlussarbeiten bei der Vorstellung der theoretisch-konzeptionellen Grundlagen zunächst mit einem hohen Generalisierungsgrad, da es zunächst die eigene Arbeit im wissenschaftlichen Diskurs generell zu verorten gilt. Im Rahmen der eigenen empirischen Untersuchung sinkt der Grad der Generalisierung (ist dort mithin auf das betrachtete Phänomen begrenzt) und steigt zum Ende der Arbeit wieder an. Denn zum Ende hin sollen die eigenen Befunde abstrahiert und möglichst verallgemeinert werden. Letzteres geschieht von der Diskussion an – wo die eigene empirische Erhebung dem existierenden Wissensstand gegenübergestellt wird – und mündet in einem Fazit.

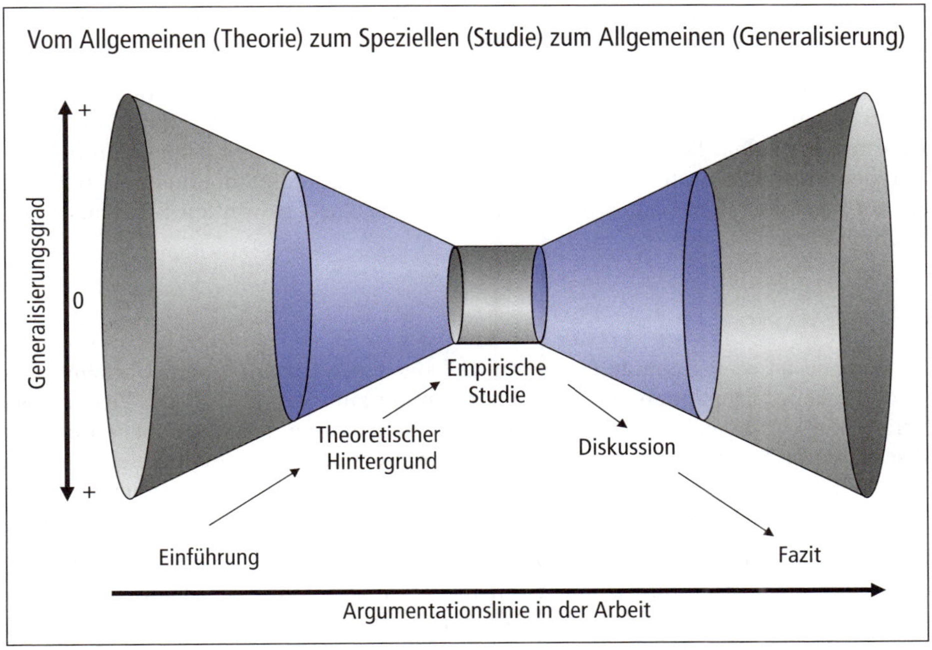

Abbildung 4.12: Das „Bow-Tie"-Modell

4.3.5 Literaturverzeichnis

Das Literaturverzeichnis ist eine **systematische und lückenlose Aufstellung aller Quellen**, die im Text verwendet wurden. Umgekehrt dürfen dort keine Quellen erscheinen, die womöglich gelesen, aber nicht im Text zitiert wurden. Die Quellen sind alphabetisch aufsteigend in Bezug auf den Nachnamen des Erstautoren anzuordnen. Unterscheiden sich die Autorenteams trotz einheitlichem Erstautor, gelten die Nachnamen des zweiten, dritten etc. Ko-Autors als Ordnungskriterium. Falls mehrere Beiträge des gleichen Autors (bzw. von identischen Autorenteams) unter den zitierten Quellen sind, ist die Jahreszahl der Veröffentlichung (in aufsteigender Folge) das zweite Ordnungskriterium. Wenn mehrere Beiträge eines Autoren (oder identischen Autorenteams) innerhalb eines Jahres zitiert wurden, ist es üblich, die Unterscheidbarkeit der Quellen – übrigens auch innerhalb des Fließtextes – durch Hinzufügen von a, b, c, ... hinter der Jahreszahl in der alphabetischen Reihenfolge des Titels des betreffenden Werks sicherzustellen.

Neben der Anforderung, die Quellen in der korrekten Reihenfolge darzustellen, ist vor allem die **Konsistenz des Literaturverzeichnisses** hinsichtlich Interpunktion und Informationstiefe (z.B. Angabe von Veröffentlichungsort und Verlag versus nur Angabe des Orts bei Monografien) essenziell und wird bei der Korrektur mithin als ein formales Beurteilungskriterium herangezogen. Diese auf den ersten Blick einfach zu erfüllende Anforderung erweist sich in der Umsetzung jedoch als aufwendig und lästig, müssen doch jeder (Doppel-)Punkt, jedes Komma, jede Formatierung (z.B. fett/kursiv), die Reihenfolge der Angaben und die Informationstiefe bei allen Einträgen einheitlich sein. Um die hierbei auftretenden vielfältigen Fehlerquellen zu vermeiden, eignet sich die Verwendung von Literaturverwaltungsprogrammen, wie Endnote oder Citavi, die Literaturverzeichnisse auf der Basis von hinterlegten Vorlagen automatisch und konsistent generieren (vgl. Kapitel 2.2.7).

Manche Institute/Lehrstühle verlangen ein bestimmtes Layout der Einträge im Literaturverzeichnis. Normalerweise finden sich Angaben hierzu in den zum Teil bereitgestellten Leitfäden. Sollte es hierzu keine dezidierten Angaben geben, empfiehlt es sich, den Stil von einschlägigen Zeitschriften oder Büchern zu übernehmen (z.B. den des vorliegenden Buchs) und in jedem Fall den (selbst) gewählten Stil konsequent durchzuhalten.

4.3.6 Anhang

Der Anhang ist streng genommen nicht Teil der eigentlichen Arbeit. Üblicherweise werden dort Informationen bereitgestellt, die nicht zum Verständnis des Textes erforderlich sind, die aber dennoch von großer Bedeutung bei der Entstehung der Abschlussarbeit waren. Gleiches gilt für Informationen, die zu umfangreich sind, um sie in den Fließtext mit einzubinden. Hierzu zählen beispielsweise Interviewleitfäden, Fragebögen, Transkripte von Interviews, unveröffentlichte Dokumente oder Literatur.

Auch beim Anhang gibt es gegensätzliche Ansichten zu dessen Verwendung. Kritiker argumentieren, dass Informationen, die nicht wichtig genug sind, um im Text zu erscheinen, aufgrund der fehlenden Relevanz auch gleich ganz weggelassen werden können. Befürworter stellen dem gegenüber, dass Anhänge essenziell sind, um die

Entstehung der Untersuchungsergebnisse transparent zu gestalten und so zu einer besseren Objektivität beizutragen. Konsens besteht darin, dass der Anhang nicht generell als „Mülleimer" für alle nicht im Text verwendeten Daten missbraucht werden sollte. Im Einzelfall sei auch hier die Rückfrage an den Betreuer angeraten.

4.4 Literatur

Braun, T. (2013): Kooperatives Verhalten in interorganisationalen Projekten – Eine konzeptionelle und empirische Weiterentwicklung des OCB-Ansatzes, Köln: Kölner Wissenschaftsverlag.

Creswell, J. W. (2003): Research design: qualitative, quantitative, and mixed methods approaches, Thousand Oaks: Sage.

Ebers, M./Gotsch, W. (2006): Institutionenökonomische Theorien der Organisation, in: Kieser, A. und Ebers, M. (Hrsg.): Organisationstheorien, 6. Aufl., Stuttgart: Kohlhammer, S. 247–306.

Felfe, J./Schmook, R./Six, B./Wieland, R. (2005): Commitment gegenüber Verleiher und Entleiher bei Zeitarbeitern, in: Zeitschrift für Personalpsychologie, 4(3), S. 101–115.

Flick, U. (1991). Triangulation, in: Flick, U., Kardorff, E. v., Keupp, H. und Rosenstiel, L. v. (Hrsg.): Handbuch qualitative Sozialforschung, München: Beltz Pschologie-Verlags-Union, S. 432–434.

Huff, A. (1999): Writing for Scholarly Publication, Thousand Oaks: Sage.

Huff, A. (2008): Writing for Scholarly Publication, Thousand Oaks: Sage.

Kaiser, S./Josephs, I./Süß, S. (2011, Hrsg.): Freelancer als Forschungsgegenstand und Praxisphänomen: Betriebswirtschaftliche und psychologische Perspektiven, Frankfurt am Main: Peter Lang Verlag.

Moser, K. (2007): Werbewirkungsmodelle, in: Moser, K. (Hrsg.): Wirtschaftspsychologie, Berlin: Springer, S. 11–29.

Neuberger, O. (2002): Führen und führen lassen: Ansätze, Ergebnisse und Kritik der Führungsforschung, Stuttgart: Lucius & Lucius.

Sydow, J./Schreyögg, G./Koch, J. (2009): Organizational path dependence: Opening the black box, in: Academy of Management Review, 34(4), S. 689–709.

Yin, R. K. (2009): Case Study Research: Design and Methods, 4. Aufl., Thousand Oaks: Sage.

Zeichhardt, R. (2009): Komik und Konflikt in Organisationen: Eine kommunikationstheoretische Perspektive, Wiesbaden: Gabler.

Empirische Erhebungen durchführen

5

ÜBERBLICK

Empirische Forschung ist ein zentraler Bestandteil wissenschaftlicher Arbeiten. Kenntnisse zu empirischen Forschungsmethoden sind aus zweierlei Gesichtspunkten unerlässlich: Zum einen gebietet das wissenschaftliche Arbeiten, Forschungsergebnisse anderer Autoren nachzuvollziehen und kritisch zu würdigen. Zum anderen machen interessante, ungeklärte Fragestellungen eigene empirische Forschung erforderlich. Mithilfe eigener Untersuchungen sollen Erkenntnisse gewonnen bzw. überprüft werden. In beiden Fällen ist Wissen über Grundsätze, Vorgehensweisen und Methoden empirischer Forschung erforderlich. Wenn im Studium, z.B. im Rahmen einer Seminararbeit, zum ersten Mal eigene empirische Erhebungen notwendig sind, besteht bei Studierenden oftmals eine gewisse Unbeholfenheit im Hinblick auf die Forschungsmethoden. Wer sich jedoch mit den Grundlagen empirischen Arbeitens beschäftigt, schafft sich eine solide Basis und kann ohne Mühe tiefer in den Themenkomplex Methodik einsteigen. In Kapitel 5.1 werden daher zunächst die Grundlagen, in Kapitel 5.2 die Methoden der Datengewinnung und in Kapitel 5.3 die wichtigsten Analysemethoden der empirischen Sozialforschung vorgestellt.

5.1 Einführung

Neben den begrifflichen Grundlagen werden im Folgenden ein idealtypisches Ablaufmodell eines Forschungsprozesses beschrieben sowie die zentralen Unterschiede zwischen dem quantitativen und dem qualitativen Forschungsparadigma aufgezeigt.

5.1.1 Grundpositionen der empirischen Sozialforschung

Empirische Forschung beschäftigt sich mit der systematischen Erfassung und Deutung realer Phänomene. Ziel ist es, einen **Erkenntnisgewinn** zu erhalten. Über die Frage, wie dieser Erkenntnisgewinn erreicht werden kann, bestehen verschiedene, teils widersprüchliche Grundpositionen. Im Fall **induktiver Vorgehensweisen** (und dort insbesondere die Grounded Theory) wird verlangt, unbefangen an Forschungsobjekte heranzutreten und vor allem die Aussagekraft der erhobenen Daten für sich sprechen zu lassen. Demgegenüber werden im Rahmen **deduktiver Verfahren** die theoretisch formulierten Annahmen in systematischer, d.h. auf Regeln basierter Art und Weise, in der Realität überprüft, mithin verifiziert oder falsifiziert (vgl. Atteslander und Cromm 2003, S. 5).

Einer empirischen Untersuchung gehen normalerweise Überlegungen voraus, welche Theorien oder allgemeiner, Erkenntnisse, bereits zu einem bestimmten Phänomen vorliegen. In diesem Stadium ergeben sich mitunter offene Forschungsfragen bzw. Forschungslücken, die eine empirische Untersuchung notwendig bzw. erstrebenswert erscheinen lassen. Die bei den theoretischen Vorüberlegungen entstehenden Vermutungen oder Hypothesen grenzen die Auswahl ein, welches Phänomen genauer beobachtet werden soll (vgl. Ebster und Stalzer 2008, S. 138). In welcher Form die Erhebung von Daten durchgeführt werden soll, hängt maßgeblich vom **Untersuchungsgegenstand** sowie von den jeweiligen **theoretischen Annahmen** ab. Ferner sind die Untersuchungsebene und der Zeitbezug des Phänomens zumeist zu berücksichtigen, da diese beiden Aspekte maßgeblichen Einfluss auf die (nicht nur) methodische Ausgestaltung der Arbeit haben, sondern vielmehr ebenfalls den Gang der Argumentation insgesamt beeinflussen.

5.1.2 Systematik der empirischen Sozialforschung

Ziel **empirischer Sozialforschung** ist es im Allgemeinen, die Realität zu beschreiben, Zusammenhänge zu erkennen und zu erklären. Dadurch soll es letztendlich ermöglicht werden, Lösungen für bestehende Probleme zu entwickeln bzw. Implikationen (beispielsweise für das Führungsverhalten von Managern) zu entwickeln. Im Rahmen von wissenschaftlichen Arbeiten geht es also anders formuliert zumeist darum, ein **theoretisches Modell der Realität** zu konstruieren und nachzuprüfen (vgl. Schnell, Hill und Esser 2005, S. 6f.). Dies gelingt aber nur dann, wenn das Forschungsvorhaben sorgfältig geplant wird.

In diesem Zusammenhang kann der Forschungsprozess in verschiedene Phasen unterteilt werden und folgt idealtypisch einem stark strukturierten linearen Ablauf, bei dem die einzelnen Phasen sukzessive abgearbeitet werden. Dies trifft vor allem auf **quantitativ-deduktive Forschung** zu. Des Weiteren ist es möglich, dass statt eines einmaligen Durchlaufs durch die einzelnen Phasen eher ein Kreislauf entsteht, da in späteren Phasen gewonnene Kenntnisse wieder in vorgelagerte Stufen eingebracht werden. Dies ist häufig bei **qualitativ-induktiver Forschung** vorzufinden. Abbildung 5.1 zeigt beide Varianten des idealtypischen Ablaufs, dessen Abschnitte im Folgenden kurz erläutert werden (siehe hierzu auch Kapitel 2.3).

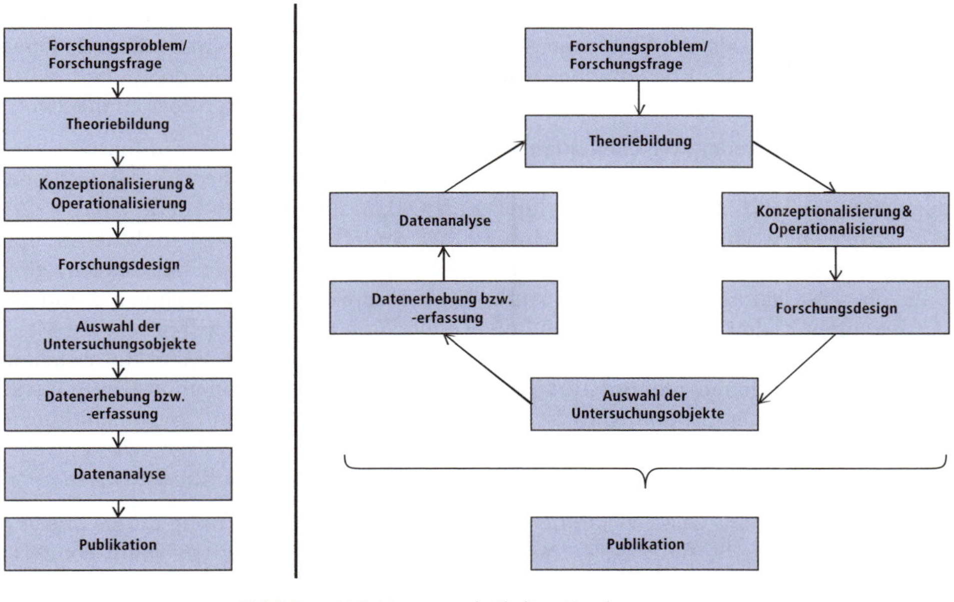

Abbildung 5.1: Linearer und zirkulärer Forschungsprozess
Quelle: in Anlehnung an Schnell/Hill/Esser (2008), S. 7-14 sowie eigene Überlegungen

Am Beginn steht die Wahl des **Forschungsproblems**. Bei Abschlussarbeiten kommt es gelegentlich vor, dass konkrete Fragestellungen, die zum Forschungsbereich des jeweiligen Lehrstuhls oder Instituts passen, vorgegeben werden. Möglich ist jedoch ebenfalls, dass durch ein Literaturstudium, einen eigenen empirischen Zugang (z.B. aufbauend auf einem Praktikumsaufenthalt oder persönlichen Kontakten zur Organisationspraxis) oder in der Realität beobachtete, aktuelle Themen interessant erscheinen und Fragen aufgeworfen werden, durch die das Forschungsproblem identifiziert wird. Solche eigenständigen, d.h. selbst gewählten Fragestellungen haben meist den Vorzug, dass der Autor alleine durch das Themengebiet intrinsisch motiviert ist und somit unter Umständen weniger Probleme hat, die Arbeit mit Engagement anzugehen und voranzutreiben. Überdies wird ein solches Vorgehen teilweise auch durch den Betreuer goutiert, signalisiert es doch ein hohes Maß an Eigenleistung und Engagement.

In der Phase der **Theoriebildung** geht es darum, einen abstrakten Wirkungszusammenhang innerhalb des Forschungsproblems zu beschreiben. Meist ist hierfür eine intensive Literaturanalyse erforderlich, um herauszufinden, ob es für den jeweiligen Bereich bereits theoretische Ansätze gibt und wenn ja, wie der Stand der Forschung genutzt werden kann. Häufig existieren bereits globale Bezugsrahmen oder Theorien, die es ermöglichen, sie auf konkrete Fragestellungen anzuwenden. Sofern keine Theorien zu dem jeweiligen Forschungsproblem existieren, kann geprüft werden, ob sich Ähnlichkeiten zu anderen Fachthemen finden, für die es bereits Grundlagen gibt. Ist dies der Fall, könnte geprüft werden, ob die dortigen Zusammenhänge auch bei der gewählten Fragestellung relevant sind. Am Ende dieser Phase stehen theoretisch geleitete Vermutungen über den betrachteten Zusammenhang oder sogar ausformulierte Hypothesen.

Damit die theoretischen Vorüberlegungen im Rahmen der empirischen Untersuchung genauer untersucht bzw. deren Gültigkeit geprüft werden kann, müssen im nächsten Schritt die häufig abstrakten Begriffe und Aussagen konkretisiert und begriffliche Mehrdeutigkeiten bzw. Unsicherheiten ausgeräumt werden. Durch eine entsprechende **Operationalisierung** bzw. Konzeptionalisierung der zentralen Begriffe der Arbeit wird versucht, die Forschungsfrage bzw. die Hypothesen empirisch überprüfbar zu machen.

Auch hier kann wieder zwischen quantitativ-deduktiver und qualitativ-induktiver Vorgehensweise unterschieden werden. Bei Ersterer werden aus Theorien **Hypothesen** abgeleitet, welche dann in sogenannte Konstrukte übersetzt werden. Hierbei ist wiederum die bereits geleistete Forschungsarbeit anderer Autoren zu analysieren, um herauszufinden, ob es bereits etablierte Konstrukte (z.B. bewährte Messskalen) gibt oder ob diese selbst zu definieren sind. Wenn beispielsweise das Thema Kundenzufriedenheit in den Hypothesen eine Rolle spielt, kann auf etablierte Formen der Messung von Kundenzufriedenheit zurückgegriffen werden. Solche Konstrukte bestehen mitunter wiederum aus mehreren **Indikatoren** (Items), die eine höhere Reliabilität der Messung ermöglichen sollen. Dies ist insbesondere bei subjektiven bzw. einstellungsbezogenen Konstrukten der Fall, die verschiedene Facetten aufweisen, wie z.B. die Mitarbeitermotivation. Abbildung 5.2 stellt diesen Zusammenhang illustrativ dar.

Es sei daran erinnert, dass im Rahmen qualitativ-induktiver Forschung dieser Zusammenhang meist nicht sukzessive erarbeitet und abgearbeitet werden kann, sondern durch neue Erkenntnisse immer wieder **Rückkopplungen** erfolgen, die z.B. zur Anpassung der Theorie führen. Es wird zwar von einer Fragestellung und bestimmten Theorien ausgegangen. Diese haben jedoch eher den Charakter von vorläufigen Annahmen, die durch die Forschungsergebnisse immer wieder abgeändert und aktualisiert werden. Insbesondere die untersuchten Kategorien zur Beurteilung der Theorien selbst werden nicht zu Beginn final festgelegt, sondern in Abhängigkeit der gewonnenen Erkenntnisse kontinuierlich angepasst. Im Rahmen von Inhaltsanalysen werden die zur Untersuchung herangezogenen Kategorien beispielsweise nach 10% bis 50% des Materials noch einmal überprüft, bevor ein endgültiger Materialdurchgang erfolgt. Die interpretierten Ergebnisse beeinflussen sodann wiederum die Theorien (vgl. Mayring 1999, S. 93). Abbildung 5.3 illustriert diese qualitativ-induktive Vorgehensweise.

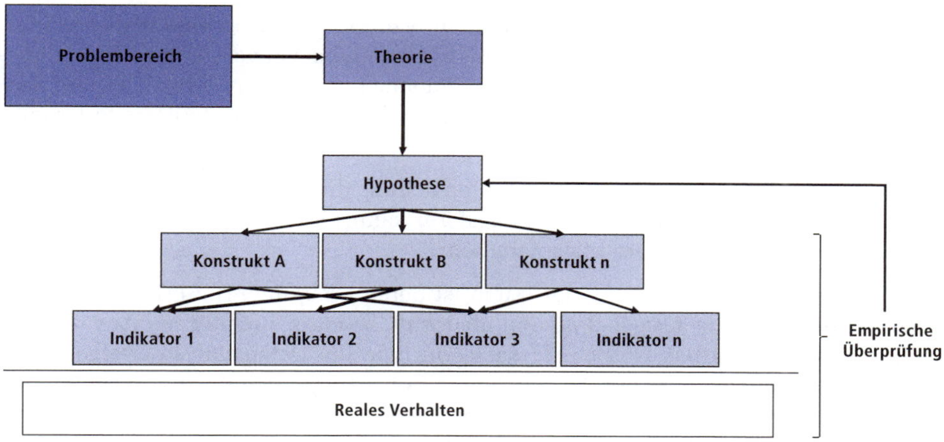

Abbildung 5.2: Zusammenhang von Theorie, Hypothese und empirischer Überprüfung im Rahmen einer quantitativ-deduktiven Vorgehensweise.
Quelle: in Anlehnung an Hussy/Schreier/Echterhoff (2010), S. 35 sowie eigene Überlegungen

Unmittelbar mit der **Operationalisierung** verbunden ist die Frage, welche Untersuchungsform gewählt wird. Dabei handelt es sich um das sogenannte **Design der Untersuchung**. Hier würde etwa entschieden, ob man ein Laborexperiment oder eine Untersuchung im Feld durchführt. Die Indikatoren, die gemessen werden sollen, geben in der Regel vor, wie, wo und wie oft eine Erhebung vorgenommen werden soll. Abschnitt 4.2 geht auf die Besonderheiten einzelner Erhebungsmethoden genauer ein.

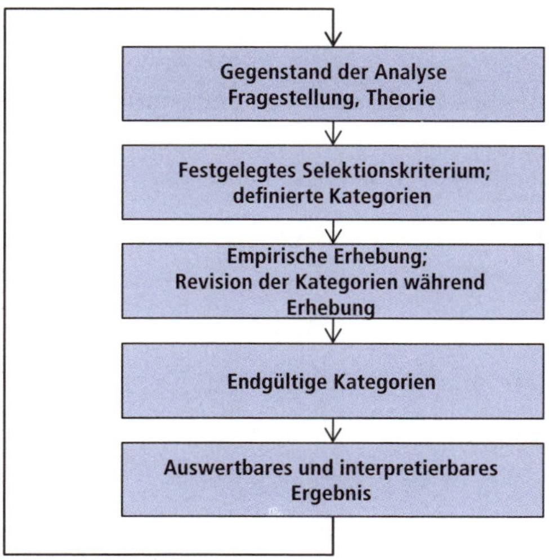

Abbildung 5.3: Zusammenhang von Theorien, Kategorien und empirischen Erhebungen im Rahmen einer qualitativ-induktiven Vorgehensweise
Quelle: verändert übernommen von Mayring (1999), S. 93

Nachdem festgelegt ist, in welcher Form die Untersuchung stattfinden soll, erfolgt im nächsten Schritt die Entscheidung, wie die **Untersuchungsobjekte** auszuwählen sind. In aller Regel ist es nicht möglich, die vollständige Zahl an Untersuchungseinheiten (z.B. alle Einwohner einer Stadt) in die Erhebung einzubeziehen. Es ist daher erforderlich, die Anzahl so zu reduzieren, dass der Aufwand vertretbar ist und realistisch im Rahmen der vorgegeben Zeit bewältigt werden kann und dabei verwertbare Ergebnisse erzielt werden können. Bei quantitativen Untersuchungen wird üblicherweise der Versuch unternommen, eine **Stichprobe** zu ziehen, die für eine bestimmte Grundgesamtheit repräsentativ ist.

In der nächsten Phase wird die geplante Untersuchung durchgeführt. Je nach gewählter Art und gewähltem Umfang der Erhebungsform kann dieser Prozess unterschiedlich lang dauern, umfangreich oder kostspielig sein.

Eng verknüpft mit der Erhebung der Daten ist deren Erfassung. Die Erhebungsergebnisse müssen nicht nur festgehalten und überprüft, sondern auch für die Auswertung entsprechend strukturiert werden. Je nachdem, wie die Datenanalyse erfolgen soll, sind z.B. Kodierungen oder Formatierungen in Computerprogrammen notwendig. Bei quantitativen Untersuchungen sind Softwarelösungen wie SPSS oder STATA, bei qualitativen Untersuchungen Atlas.ti oder MaxQDA weit verbreitet.

Bei der Auswertung wird geprüft, ob die theoretisch angenommenen Wirkzusammenhänge tatsächlich vorgefunden werden konnten. Je nachdem, wie komplex die Hypothesen und deren Operationalisierung ausfällt, kann diese Prüfung sehr umfangreich und technisch, inhaltlich sowie zeitlich anspruchsvoll sein.

Im letzten Schritt werden die Ergebnisse in wissenschaftlichen Arbeiten präsentiert. Hierbei kommt es darauf an, all jene bis dahin erfolgten Schritte (Theoriebildung, Methodik etc.) dem Leser sorgfältig zu beschreiben, so dass er sowohl den Gang der Untersuchung als auch die Resultate nachvollziehen kann (vgl. Schnell et al. 2005, S. 7ff.).

Aufgaben

Erstellen Sie anhand des beschriebenen Forschungsprozesses einen Ablaufplan für Ihr Forschungsprojekt!

Forschungsproblem =

Theorien/Hypothesen =

Operationalisierung =

Forschungsdesign =

Untersuchungsobjekte =

Datenerhebung/-erfassung =

Datenauswertung =

5.1.3 Quantitatives und qualitatives Forschungsparadigma

Seit langer Zeit gibt es eine wissenschaftliche Kontroverse darüber, ob bzw. unter welchen Bedingungen quantitative oder qualitative Methoden besser geeignet sind, um verlässliche Forschungsergebnisse zu erzielen. Oftmals ist vom Streit oder sogar dem **„Krieg der Paradigmen“** (Kelle 2008, S. 26) die Rede. Immer mehr Forscher gelangen in letzter Zeit jedoch zu der Erkenntnis, dass quantitative und qualitative Forschung keine sich ausschließenden Gegensätze sind. Wir teilen diese Auffassung und sind der Meinung, dass keine der beiden Strömungen grundsätzlich besser oder schlechter ist. Vielmehr gilt es je nach Forschungsfrage und theoretisch-konzeptioneller Orientierung eine entsprechende Passung herzustellen. Des Weiteren ergänzen sich möglicherweise beide Perspektiven, sie können mithin miteinander kombiniert werden und so umfassendere Einblicke ermöglichen. Eine solche Kombination von Methoden wird unter dem Begriff der **Mixed Methods** diskutiert (vgl. Creswell 2003). Im Folgenden sollen beide Forschungsschwerpunkte in ihren Grundzügen dargestellt werden.

Wissenschaftstheoretisch wird das quantitative Vorgehen tendenziell eher als **erklärende**, das qualitative eher als **verstehende Wissenschaftsform** angesehen. Die Unterschiede dieser beiden Paradigmen zeigt Abbildung 5.4.

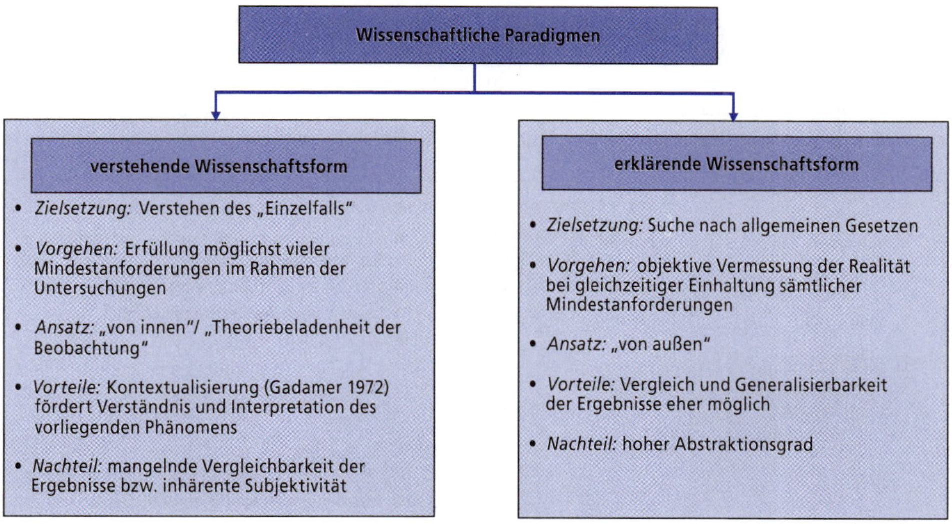

Abbildung 5.4: Wissenschaftliche Paradigmen
Quelle: in Anlehnung an Gadamer (1972), Kirsch (1977), S. 124 f., Wolf (2003), S. 14 ff.

Eine klare Zuordnung zum jeweiligen Paradigma ist jedoch ebenso wenig möglich wie eine eindeutige Unterscheidung in quantitative und qualitative Ansätze. In den meisten Fällen lässt sich eine Untersuchung zwar einem Paradigma zuordnen, jedoch werden oftmals Elemente des anderen Paradigmas zumindest partiell mit berücksichtigt, so dass die Darstellung eher als ein Kontinuum auszulegen ist. So werden beispielsweise im Rahmen einer quantitativen Untersuchung den zu quantifizierenden Sachverhalten vorab oder im Nachhinein ebenso wie im Rahmen der qualitativen Sozialforschung gewisse Qualitäten und Interpretationsspielräume zugeordnet. Abbildung 5.5 zeigt den fließenden Übergang zwischen den Paradigmen.

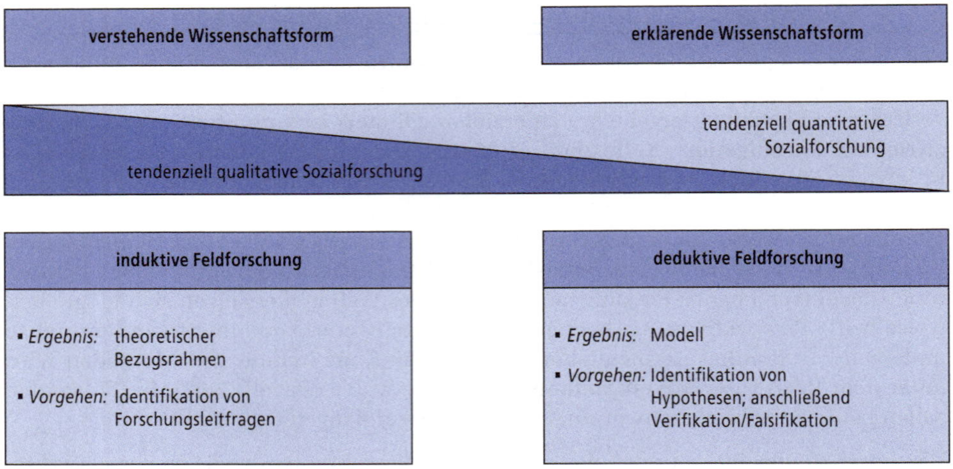

Abbildung 5.5: Verstehende und erklärende Wissenschaft

Des Weiteren wird grundsätzlich zwischen den beiden bereits eingeführten Formen der Induktion und Deduktion unterschieden. Eine **induktive Vorgehensweise** wird eher qualitativer Forschung zugeordnet. Ein **deduktives Vorgehen** ist demgegenüber eher im Bereich der quantitativen Forschung angesiedelt (siehe erneut Kapitel 3.3 für weitere Details zu Induktion, Deduktion und weiteren Argumentationsformen). Abbildung 5.6 illustriert die wichtigsten Unterschiede beider Ansätze.

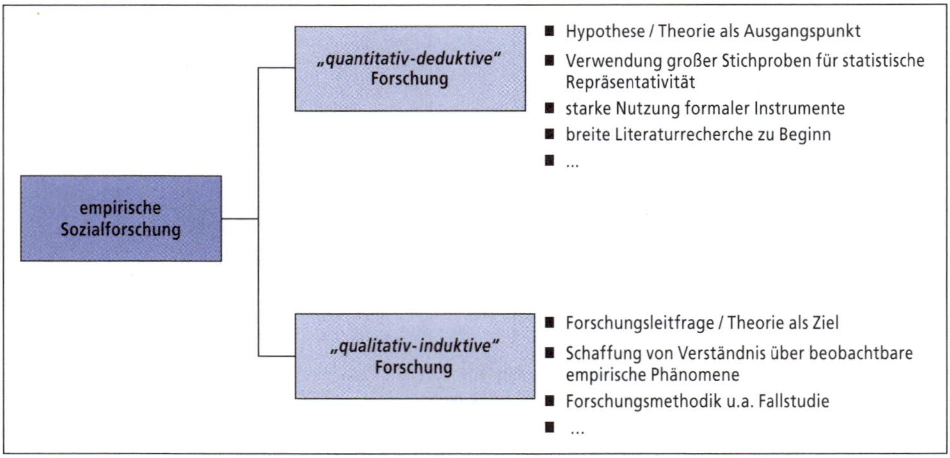

Abbildung 5.6: Deduktive und induktive Forschungsansätze
Quelle: in Anlehnung an Eisenhardt (1989), Eisenhardt, Graebner (2007), Siggelkow (2007) sowie eigene Überlegungen

Qualitative und quantitative Sozialforschung stellen, wie beschrieben, keine Widersprüche dar. Dennoch handelt es sich um eigenständige Forschungsbereiche, die nach ihren Annahmen und ihrem Vorgehen unterschieden werden können.

Der eher qualitativ orientierte Ansatz geht von folgenden Annahmen aus:

- Es gibt keine objektive Realität, die neutral abgeprüft werden kann.
- Jedes Individuum interpretiert die Welt in Abhängigkeit der jeweils gemachten Erfahrungen anders.
- Von den Menschen unabhängige Gesetze und Regeln, die der Gesellschaft zu Grunde liegen, existieren nicht.
- Ziel: Gewinnung von Erfahrungen im Untersuchungsbereich sowie Verstehen von Verhaltensweisen und Rahmenbedingungen (vgl. Häder 2010, S. 68).

Im Rahmen qualitativer Forschung werden **Einzelfälle** beobachtet und interpretiert, um daraus Hypothesen und Theorien abzuleiten. Zusammenhänge sollen also entdeckt, nicht nur geprüft werden. Aufgrund eines solchen Vorgehens ist die Stichprobengröße im Rahmen qualitativer Ansätze meist deutlich geringer. Es geht in der qualitativen Forschung daher üblicherweise nicht darum, repräsentative Aussagen zu treffen. Vielmehr wird die **Einzigartigkeit betrachteter Forschungsgegenstände** betont; es werden mithin Prozesse in ihrem historischen Zusammenhang beschrieben oder es wird nachgewiesen, dass eine bestimmte Methode bzw. ein Ansatz funktioniert (nicht aber, dass dies immer so sein muss).

Der eher quantitativ orientierte Ansatz geht demgegenüber von folgenden Annahmen aus:

- Die Gesellschaft weist objektive Strukturen und Gesetze auf, die unabhängig von den Menschen existieren.
- Erklärung der Gesellschaft durch Ursache-Wirkungs-Zusammenhänge.
- Naturwissenschaften dienen als Vorbild.
- Ziel: Aufdeckung der Regeln und Prinzipien, um die Welt letztendlich nachvollziehbar und kontrollierbar zu machen (vgl. Häder 2010, S. 67f.).

Quantitative Forschung unterstellt im Allgemeinen, dass die **Realität objektiv gegeben** ist und mittels standardisierter Verfahren erfasst werden kann. Ziel und Gang der Untersuchung sind dabei von vornherein festgelegt. Beobachtungen werden numerisch, in Form von quantitativen Daten beschrieben.

Beispiel: Metapher von Häder

Eine Metapher von Häder (2010) mag abschließend den Unterschied zwischen quantitativem und qualitativem Vorgehen veranschaulichen. Danach ist Letzteres mit der Arbeit eines Detektivs zu vergleichen, der ohne vorher zu wissen, welche Erkenntnisse er genau entdecken wird, anfängt zu ermitteln. Dabei stößt er auf neue Indizien und Hinweise, denen er nachgeht. Nach einiger Zeit entwickelt er einen Tatverdacht, den er anhand der gesammelten Belege zu begründen versucht. Quantitatives Forschen ist dagegen eher mit der Arbeit eines Richters vergleichbar, der von Anfang an weiß, welche möglichen Ergebnisse am Ende des Verfahrens stehen werden, z.B. Freispruch oder Verurteilung. Der Weg dahin ist anhand von Paragraphen, Ordnungen und Richtlinien klar vorgegeben. Er wendet die Gesetze an und gelangt so zu einem Urteil (vgl. Häder 2010, S. 67).

5.2 Gewinnung von Daten

Im Folgenden soll ein Überblick über die in der empirischen Sozialforschung zur Anwendung kommenden **Methoden** verschafft werden. Mit Methoden sind hierbei (in Abgrenzung zu Auswahlverfahren und Analysemethoden) **Datenerhebungstechniken** gemeint. Zu jedem der erwähnten Verfahren ließe sich ein Vielfaches an Details ausführen. Tatsächlich gibt es zu fast jeder der beschriebenen Methoden Werke, die sich ausschließlich mit den Eigenheiten eines jeden Verfahrens befassen. Ziel der nachfolgenden Unterkapitel und Abschnitte ist es jedoch, die wichtigsten Grundlagen der einzelnen Methoden darzustellen, um so für die unterschiedlichen Facetten der Vorgehensweisen zu sensibilisieren und die Auswahl zu erleichtern. Vor der tatsächlichen Anwendung empfiehlt es sich daher, vertiefende Literatur zu studieren. Hierbei mögen die im Folgenden zitierten Werke hilfreich sein.

Die vorgestellten Methoden werden, den Aussagen von Unterkapitel 5.1.3 folgend, in qualitative und quantitative Methoden unterteilt. Abbildung 5.7 vergleicht quantitative und qualitative Ansätze im Hinblick auf den Forschungsprozess.

Qualitative Forschung	Quantitative Forschung
Theoriegenerierung	Theorietestung
Universalität	Lokal relevantes Wissen
Textfokussierung	Zahlenfokussierung
Verstehen, beschreiben	Erklären, prognostizieren
Wenige Fälle	Viele Fälle
Interpretativ	Positivistisch

Abbildung 5.7: Vergleich qualitativer und quantitativer Forschung
Quelle: Easterby-Smith et al. (2008), S. 82f.

Beispiel: Unterschiede qualitativer und quantitativer Datenerhebung

Ein Beispiel zeigt sowohl die Unterschiede als auch die Nähe beider Datenformen zueinander. So kann die Lebenszufriedenheit im Rahmen einer standardisierten Befragung anhand einer Skala von 1 für sehr zufrieden bis 5 für sehr unzufrieden abgefragt werden. Es wäre jedoch ebenfalls möglich, in einem ausführlichen Interview eine Person zu bitten, einfach darüber zu sprechen, wie es ihr geht (vgl. Häder 2010, S. 23).

Abbildung 5.8 zeigt einen schematischen Überblick verschiedener Methoden in Abhängigkeit der ermittelten Daten. Der Schwerpunkt liegt auf **Primärdaten**. Dabei handelt es sich um solche Daten, die im Rahmen eigener Forschung erhoben werden. **Sekundärdaten** hingegen wurden in der Vergangenheit erhoben und liegen somit bereits vor.

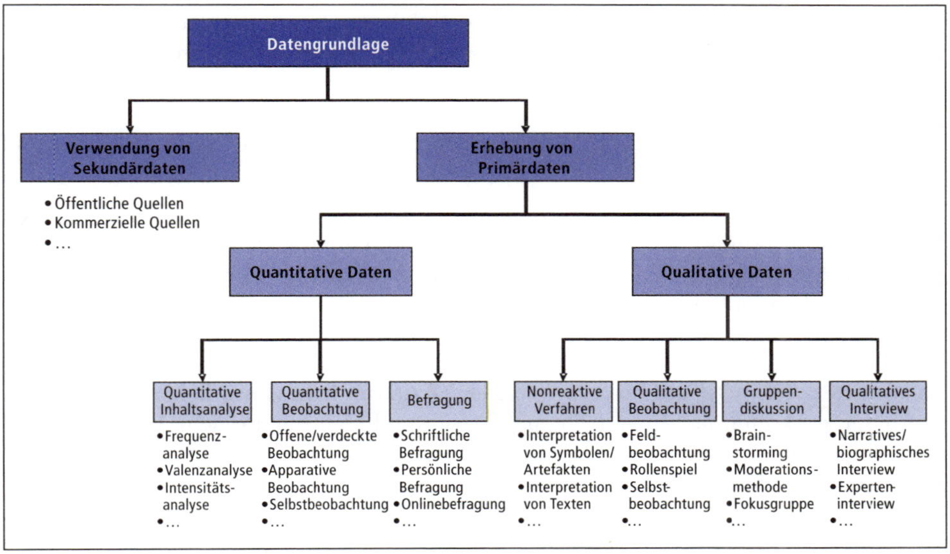

Abbildung 5.8: Ausgewählte Datenerhebungsmethoden im Überblick
Quelle: in Anlehnung an Homburg/Krohmer (2006), S. 263

5.2.1 Qualitative Methoden der Datenerhebung

Qualitative Methoden befassen sich mit der sehr detaillierten und tiefgründigen Erfassung und Beschreibung vergleichsweise weniger Untersuchungsobjekte (vgl. Ebster und Stalzer 2008, S. 139). Im Folgenden werden einige ausgewählte Methoden grundsätzlich beschrieben.

Qualitatives Interview

In einem **qualitativen Interview** geht es darum, die subjektive Sichtweise des Interviewten zu einer bestimmten Thematik zu erheben. Im Unterschied zu anderen Formen der Befragung wird hierbei meist nicht nur ein vorgefertigter Fragenkatalog zugrunde gelegt, sondern ein **ergebnisoffenes Gespräch** geführt. Der Interviewte wird dadurch ermutigt, den Ablauf des Interviews durch seine Äußerungen und eigenen Impulse maßgeblich mitzubestimmen. Ziel ist es, einen möglichst unverfälschten sowie detaillierten Eindruck von seinen Einstellungen, Meinungen oder Gefühlen zu erhalten. Qualitative Interviews werden daher meist mündlich, d.h. in einem **persönlichen Gespräch** vor Ort, geführt. Im Gegensatz zur schriftlichen und zeitlich asynchronen Beantwortung von Fragen können somit auch Betonung, Mimik und Gestik neben den sachlichen Inhalten erfasst oder sogar mittels Ton- oder Filmaufzeichnung festgehalten und anschließend systematisch ausgewertet werden.

Es wird dabei zudem berücksichtigt, dass auch der Interviewer nicht als neutrale Person auftritt, sondern als Gesprächspartner, der ebenfalls den Ablauf des Gesprächs nachhaltig beeinflussen kann. So wird erwartet, dass der Interviewende auf Äußerungen des Interviewten eingeht, Nachfragen stellt, seine Eindrücke reflektiert und mit in die Diskussion einbringt. Seine ganz persönlichen Gedanken und Gefühle werden ebenfalls festgehalten und sind somit Teil der Erhebungsergebnisse (vgl. Bortz und Döring 2006, S. 308). Dennoch unterscheidet sich das Interview vom normalen Alltagsgespräch. So dient es einem klaren Zweck: der **Informationsermittlung** vor dem Hintergrund eines theoretisch-konzeptionell orientierten Bezugsrahmens oder einer Theorie. Auch stellt der Interviewte dem Forscher von sich aus üblicherweise keine Fragen, sofern es sich nicht um Verständnisfragen handelt (vgl. Hussy, Schreier und Echterhoff 2010, S. 215).

Es existieren eine Reihe von Varianten von qualitativen Interviews, die sich z.B. nach ihrem Strukturierungsgrad unterscheiden. In einem **Leitfadeninterview** etwa kommen zwar Fragenkataloge zur Anwendung, die jedoch in der Regel ein gewisses Maß an Flexibilität beinhalten. Bei **narrativen Interviews** dagegen liefert der Interviewer lediglich einen Erzählanstoß und überlässt dem Interviewten fortan die Kontrolle über den Gesprächsverlauf. Daneben können qualitative Interviews auch anhand der behandelten Thematik differenziert werden. **Experteninterviews** befassen sich etwa mit einer konkreten fachlichen Thematik, während sich **biografische Interviews** mit der persönlichen Lebensgeschichte des Interviewten auseinandersetzen, mithin offener angelegt sind (vgl. Bortz und Döring 2006, S. 315).

Gruppendiskussion

Im Gegensatz zum qualitativen Interview treten bei der **Gruppendiskussion** mehrere Personen gleichzeitig als Gesprächspartner auf. Ziel ist es dabei, neben der Sichtweise der am Gespräch beteiligten Personen auch die Meinungen der Gruppe als Ganzes und auch die gruppendynamischen Prozesse bei der Meinungsbildung einzufangen. Des Weiteren ist es auch denkbar, dass der Interviewende als Moderator auftritt und den Austausch dazu nutzt, die Aussagen der Probanden zu vergleichen und Argumentationslinien zu strukturieren. Der Interviewer will also nicht nur herausfinden, wie die Gruppe bestimmte Sachverhalte einschätzt, sondern auch wie die Gruppe, z.B. in ihrer Kommunikation, funktioniert. Er führt daher kein Zwiegespräch mit den Gruppenmitgliedern, sondern lässt diese auch untereinander kommunizieren und fördert dies, ohne sich inhaltlich einzubringen.

Bei den Gruppen kann es sich um natürliche Gruppen, wie z.B. eine Abteilung, oder auch künstliche Gruppen, z.B. nach vorher festgelegten Kriterien (beispielsweise hierarchische Stellung oder Geschlecht und Alter) ausgewählte Probanden aus unterschiedlichen Abteilungen, handeln. Die Festlegung der Gruppenform sollte dabei an der Fragestellung orientiert sein.

Ferner lassen sich auch bei diesem Ansatz verschiedene Varianten unterscheiden. Bei der **klassischen Gruppendiskussion** wird ein Themenbereich vorgegeben, den die Gruppe diskutieren soll. Beim **Brainstorming** geht es darum, neuartige Ideen zu entwickeln (vgl. Bortz und Döring 2006, S. 319). Von einer Alltagsdiskussion unterscheidet sich die Gruppendiskussion durch die Vorgabe eines Themenschwerpunkts (vgl. Hussy et al. 2010, S. 222).

Qualitative Beobachtung

Bei der **qualitativen Beobachtung** sollen Verhaltensweisen in ihrem natürlichen Umfeld umfassend dokumentiert werden. Hierbei muss das Forschungsergebnis (z.B. das Verhalten) nicht verbalisiert werden und in direkter Konfrontation mit dem Untersuchungsobjekt soll ein möglichst unverfälschter Eindruck erzeugt werden. Dabei ist die Rolle des Forschers nicht notwendigerweise nur auf die passive Beobachtung beschränkt. Er kann vielmehr an den beobachteten Situationen aktiv teilnehmen, um z.B. bestimmte interessierende Umstände herbeizuführen (sogenannte teilnehmende Beobachtung) oder sogar den Ablauf des Praxisgeschehens mit beeinflussen, mithin bei der Suche nach Problemlösungen aktiv werden (sogenannte **Aktionsforschung**). Die Untersuchung beschränkt sich daher nicht auf vorgegebene Kategorien, sondern ist von Offenheit gegenüber unvorhergesehenen Ereignissen geprägt.

Eine besondere Form der qualitativen Beobachtung ist die **Ethnographie**, bei der soziale Strukturen in ihrem tatsächlichen Umfeld durch permanente Begleitung untersucht werden. Hierbei hält sich der Forscher über vergleichsweise lange Zeit im jeweiligen Feld (z.B. innerhalb einer Organisation) auf und versucht, die dortigen Vorgehensweisen und Geschehnisse zu verstehen. Dabei setzt er nicht nur die teilnehmende Beobachtung ein, sondern führt auch Interviews, berücksichtigt räumliche und geografische Gegebenheiten und nutzt weitere Medien wie Fotos oder Videoaufzeichnungen. Der Forscher taucht also in die Welt der jeweiligen Untersuchungsobjekte ein. Durch diese intensive Betrachtung soll ein möglichst ganzheitliches und authentisches Bild entstehen (vgl. Kromrey 2009, S. 389ff.).

Qualitative Beobachtungen können sich dabei u.a. anhand der „Echtheit" der beobachteten Situation unterscheiden. In **Feldbeobachtungen** wird das Verhalten von Personen in realen Umständen untersucht. In **Rollenspielen** hingegen werden Situationen künstlich geschaffen und Verhaltensweisen simuliert. Durch das im Rahmen des Spiels gezeigte Verhalten soll ein Rückschluss auf das Verhalten in tatsächlichen Rahmenbedingungen erfolgen. Daneben kann auch danach unterschieden werden, wer die Beobachtung vornimmt. Bei einer **Einzelfallbeobachtung** wird beispielsweise eine Gruppe oder Organisation vom Forscher beobachtet. Bei der Selbstbeobachtung hingegen fällt die Rolle von Beobachter und Beobachtetem zusammen, da nicht der Forscher, sondern eine Untersuchungseinheit sich selbst beobachtet (vgl. Bortz und Döring 2006, S. 321ff.).

Nonreaktive Verfahren

Nonreaktive Verfahren zeichnen sich dadurch aus, dass es zu keinem direkten Kontakt zwischen Forscher und Untersuchungseinheit kommt. Der Einfluss des Forschers auf das Untersuchungsobjekt wird dabei vermieden, um so wahrheitsgemäße Eindrücke zu erhalten. Kern der nonreaktiven qualitativen Verfahren ist es, Materialien verschiedener Art im Hinblick auf eine konkrete inhaltliche Fragestellung zu analysieren und zu interpretieren. Ein einfaches Zählen oder Anwenden statistischer Methoden würde eher ein quantitatives Vorgehen kennzeichnen. Bei der Untersuchung von Unternehmenskulturen werden beispielsweise oftmals **Symbole** (z.B. Unternehmenslogos) oder **Artefakte** (z.B. das Mobiliar in einem Büroraum) erfasst und interpretiert.

Der Bereich derartiger Verfahren umfasst eine ganze Reihe an Methoden. Diese unterscheiden sich maßgeblich durch das analysierte Material. So können beispielsweise **Archive und Verzeichnisse** auf bestimmte Themen hin untersucht werden. Auch

Medienprodukte wie Bücher, Zeitschriften oder Filme, aber auch Symbole wie Aufkleber oder Abzeichen, können analysiert werden. Dabei geht es oftmals auch darum, über Hintergründe und Absichten von Verfassern zu spekulieren (vgl. Bortz und Döring 2006, S. 325).

5.2.2 Quantitative Methoden der Datenerhebung

Bei quantitativen Forschungsmethoden wird in standardisierter Weise auf eine vergleichsweise große Zahl an Untersuchungseinheiten zurückgegriffen, welche anhand ausgewählter Merkmale Kategorien zugeordnet werden, um im Nachhinein quantitative Auswertungen der Beobachtungen zu ermöglichen (vgl. Ebster und Stalzer 2008, S. 139). Im Folgenden werden einige konkrete Methoden in ihren Grundzügen dargestellt.

Befragung

Befragungen haben eine enorme Bedeutung in der empirischen Sozialforschung. Der weitaus größte Teil der Untersuchungen nutzt diese Form der Datenerhebung. Die Befragten werden im Rahmen der Untersuchung gebeten, ihre Einschätzung zu konkreten Themen abzugeben. Dazu werden ihnen häufig Antwortkategorien vorgegeben. Ist die Untersuchung abgeschlossen, können **statistisch-repräsentative Aussagen**, z.B. über die Häufigkeit bestimmter Antwortkategorien, getroffen werden. Derart quantitative Befragungen werden meist mit einer großen Anzahl an Teilnehmern, teilweise sogar mehrfach mit zeitlichem Abstand, durchgeführt.

Es kann grob in zwei Arten der Befragung unterschieden werden: die mündliche und die schriftliche Befragung. Bei der **mündlichen Befragung** wird mit dem Teilnehmer ein standardisiertes Interview bei gleichzeitiger Präsenz eines Fragenstellers geführt. Dies kann entweder im persönlichen Gespräch oder auch telefonisch erfolgen. Der Grad der Standardisierung kann variieren, ist aber in der Regel höher als bei qualitativen Befragungsformen. Dennoch ermöglicht die Anwesenheit eines Interviewers, dass ein Kontakt zum Interviewten zustande kommt und etwa unverständliche Fragen geklärt werden können. Beispiele für derartige Untersuchungen sind z.B. telefonische Umfragen.

Bei der **schriftlichen Befragung** erhalten die Teilnehmer standardisierte Fragebögen, welche sie selbstständig beantworten. Dies vermittelt meist ein höheres Maß an Anonymität und führt daher in der Regel zu ehrlicheren Antworten als die persönliche Befragung. Die Tatsache, dass der Befragte keine Hilfestellung bei der Beantwortung erhält, verlangt jedoch, dass der Fragebogen möglichst unmissverständlich und eindeutig ist. Beispiele für schriftliche Befragungen sind z.B. fragebogengestützte Lehrevaluationen (vgl. Bortz und Döring 2006, S. 236ff.).

Quantitative Beobachtung

Auch für die Erhebung quantitativer Daten kann sich die **Beobachtung** eignen. Sie liefert wichtige und vermeintlich unverfälschtere Erkenntnisse, die nicht erst durch den Beobachteten verbalisiert werden müssen. Um Beobachtungen quantitativ zu bewerten, wird z.B. die Häufigkeit beobachteter Ereignisse durch Abzählung bestimmt (vgl. Hussy et al. 2010, S. 63). Quantitative Beobachtungen unterscheiden sich von der alltäglichen, aber auch von der qualitativen Beobachtung insbesondere durch ihr systematisches bzw. **stärker standardisiertes Vorgehen**. Es liegt ein Beobachtungsplan vor, in dem genau festgehalten ist, was beobachtet wird, nach welchen Regeln und wie die Beobachtung protokolliert wird. Ein flexibles Eingehen auf unvorhergesehene Situationen ist in der Regel nicht vorgesehen. Beispiele für quantitative Beobachtungen sind etwa Bewegungsprofile in Supermärkten oder apparative Beobachtungsmethoden, bei denen z.B. die Blickrichtung auf Werbeanzeigen aufgezeichnet wird.

Es können auch bei quantitativen Beobachtungen verschiedene Varianten gewählt werden. Dabei wird z.B. in teilnehmende oder nichtteilnehmende sowie in offene oder verdeckte Beobachtungen unterteilt. Bei der **teilnehmenden Beobachtung** tritt der Forscher, im Gegensatz zur **nichtteilnehmenden Beobachtung**, nicht nur als passiver Beobachter auf, sondern er begibt sich in Interaktionen mit den Beobachteten. Sind sich diese, im Gegensatz zur **verdeckten Beobachtung**, über den Beobachtungsvorgang bewusst, so wird dies als **offene Beobachtung** bezeichnet (vgl. Bortz und Döring 2006, S. 262ff.; Kromrey 2009, S. 327f.).

Quantitative Inhaltsanalyse

Bei der **quantitativen Inhaltsanalyse** wird versucht, Kommunikationsinhalte auf für die Arbeit relevante Aspekte hin zu analysieren und zu quantifizieren. Es werden dazu vorab Kategorien definiert, welchen z.B. Teile eines vorliegenden Textes zugeordnet werden. Die Häufigkeiten der einzelnen Kategorien zeigen die Merkmalsausprägungen des jeweiligen Textes an. Hierbei geht es also nicht um die Interpretation von Inhalten, sondern um deren quantitative Auswertung. Daher wird ausschließlich das berücksichtigt, was objektiv vorhanden und somit zählbar ist. So kann etwa überprüft werden, wie oft der Name einer Partei in einem bestimmten Zeitraum in einer betreffenden Zeitung aufgeführt wird, um die Parteinähe einer Zeitung zu ermitteln (vgl. Bortz und Döring 2006, S. 149f.).

Die quantitative Inhaltsanalyse befasst sich neben Texten jedoch auch mit anderen festgehaltenen Inhalten, wie Bildern, Videos oder Werbeanzeigen. Da weder der Rezipient noch der Verfasser der Inhalte direkt von der Methode betroffen sind, kann die quantitative Inhaltsanalyse wiederum als nonreaktives Verfahren eingestuft werden.

Es lassen sich auch hier verschiedene Varianten unterscheiden. Bei der Frequenzanalyse etwa wird lediglich die Häufigkeit von Merkmalsausprägungen festgestellt. Bei **Kontingenzanalysen** hingegen wird das gleichzeitige Auftreten verschiedener Elemente, z.B. Parteinamen mit bestimmten Fachthemen, in Texten untersucht, wodurch Zusammenhänge inspiziert werden können (vgl. Schnell et al. 2005, S. 407f.).

Aufgaben: Wahl des Datenerhebungsverfahrens

Welche Methode(n) der Datenerhebung eignen sich für Ihre Abschlussarbeit? Bitte versuchen Sie Ihre Entscheidung a) pragmatisch, im Sinne möglicher Datenzugänge (Datenbanken, Interviewpartner, Unternehmenskontakte), b) theoretisch, mit Blick auf den von Ihnen gewählten theoretisch-konzeptionellen Hintergrund sowie c) methodisch, hinsichtlich der Passung von Erhebungsmethoden mit Ihrem Forschungsproblem zu begründen!

5.3 Datenanalyse und -interpretation

Entsprechend des Verlaufs des Forschungsprozesses müssen die erhobenen Daten im nächsten Schritt noch analysiert und interpretiert werden, bevor die Untersuchung abgeschlossen ist und die gewonnenen Ergebnisse publiziert werden können. In Abhängigkeit von der Erhebungsmethode eignen sich verschiedene **Analysemethoden**. Grundsätzlich lassen sich qualitative und quantitative Analyseverfahren unterscheiden, die im Folgenden genauer vorgestellt werden.

5.3.1 Qualitative Verfahren

„No analysis strategy will produce theory without an uncodifiable creative leap, however small" (Langley 1999: 691)

Im Gegensatz zu den bewährten und weitgehend standardisierten Optionen quantitativer bzw. generell theorietestender Methoden existieren im Bereich der qualitativen Sozialforschung keine echten Pendants. Zumindest sind die Methoden offener, werden bisweilen abhängig vom Untersuchungskontext und den vorliegenden Daten adaptiert oder es werden z.B. nur Teile eines Analyseverfahrens aufgegriffen. Verbreitete Verfahren der Datenanalyse sind u.a. die Grounded-Theory-Methodologie, objektive Hermeneutik, Narrationsanalyse und qualitative Inhaltsanalyse (siehe z.B. Mayring 2002, Przyborski und Wohlrab-Sahr 2010).

Vor dem Hintergrund der Gestaltungsfreiräume bei der Anwendung qualitativer Analysemethoden zeigen die folgenden Ausführungen eine mögliche Vorgehensweise der qualitativen Inhaltsanalyse. Dadurch wird versucht, zumindest eine Orientierung für hochwertige qualitative Sozialforschung anhand eines einschlägigen Beispiels zu liefern. So soll die wie im Zitat von Langley (1999) angedeutete, nur schwierig zu beschreibende Analyse möglichst transparent dargelegt werden.

Das folgende Beispiel ist durch ein induktives Vorgehen gekennzeichnet. Am Beispiel der Diskussion von Änderungen der eigenen Identitätswahrnehmung im Zuge von Unternehmensausgründungen dokumentieren Corley und Gioia (2004, S. 183ff.) detailliert, wie sie auf Basis ihrer erhobenen Daten zunehmend vom empirischen Material abstrahiert haben, um sodann ihren aus den Daten heraus gewonnenen theoretisch-konzeptionellen Bezugsrahmen zu spezifizieren. Die für die Theoriebildung zentralen Merkposten lassen sich entlang von drei Schritten charakterisieren.

In einem **ersten Schritt** wurde das zusammengetragene empirische Material der Phase der Datensammlung systematisch analysiert. Hierfür wurden die Originaldaten (beispielsweise Interviewpassagen) mit Kodes versehen, die sodann in die sogenannten Konzepte erster Ordnung überführt wurden. Tabelle 5.1 illustriert die Zuordnung von einzelnen Zitaten zu den Konzepten erster Ordnung.

Es wird deutlich, dass die verwandten Zitatstellen unmittelbar Kodes bzw. Konzepte erster Ordnung bilden. Diese Kodes oder Konzepte erster Ordnung sind also zunächst noch unstrukturiert und tragen entweder die originär von den Befragten verwandten oder anderweitig aus dem Feld generierten, weitestgehend unveränderten Begriffe (in diesem Fall als in-vivo Kodes bezeichnet); alternativ jedoch zumindest möglichst Ausdrücke, bei denen auf eine eigene Interpretation verzichtet wurde. Die Durchführung der Kodierung kann in Abhängigkeit vom Umfang der vorliegenden Daten sehr arbeitsintensiv sein. Um diese v.a. handwerkliche Arbeit zu unterstützen, gibt es Softwarepakete wie Atlas.ti oder MAXQDA. Beide Softwarelösungen helfen dabei, Kategorien systematisch zu entwickeln, und unterstützen die inhaltliche Auswertung durch eine strukturierte Darstellung von Daten. Das Kodieren selbst bleibt jedoch Aufgabe des Forschers.

Theme [2nd Order Theme]	Representative Quotations
	Triggers of identity change
Social referent change	„I think that instead of getting hung up on the fact that you want to be different than (Bozco) you are supposed to be differentiating yourself from your competition. Who cares if you are different from (Bozco)?" (executive VP).

Tabelle 5.1: Von Rohdaten zu Themen
Quelle: in Anlehnung an Corley und Gioia (2004), S. 188

Hierauf aufbauend werden sodann in einem **zweiten Schritt** die bis dahin in der Regel noch unsortierten Kodes gruppiert und unter sogenannten Themen zweiter Ordnung subsumiert. Dabei ist darauf zu achten, dass die Kodes, die die Konzepte erster Ordnung bilden bzw. diejenigen, die die Themen zweiter Ordnung abbilden, sich dem MECE-Prinzip folgend (vgl. Kapitel 2.4.5) einerseits möglichst wechselseitig inhaltlich innerhalb eines Konzepts erster Ordnung oder Themas zweiter Ordnung ausschließen („mutually exclusive"). Andererseits sollen Konzepte jeweils schlüssig den jeweiligen Themen zugeordnet werden („collectively exhaustive"). Analog wird im Fall des nächsten Analyseschritts vorgegangen, bei dem die Themen zweiter Ordnung aggregierten Dimensionen (wie Corley und Gioia 2004 es bezeichnen) oder alternativ Themen dritter Ordnung zugeordnet werden. Naturgemäß kann es dabei auch zu Überschneidungen kommen, die nicht dem MECE-Prinzip entsprechen (bspw. könnte ein Thema zweiter Ordnung zu zwei aggregierten Dimensionen zugehörig sein). Abhängig vom Ziel der Analyse könnte eine doppelte Zuordnung dann entweder zugelassen werden oder aber die eindeutige Zuordnung wird zu der Dimension erzwungen, die besser passt. Dieser Abstraktionsprozess ließe sich theoretisch noch weiter fortsetzen. Zumeist bilden die aggregierten Dimensionen jedoch die zentralen Elemente der übergreifenden Theorie bzw. des theoretischen Bezugsrahmens. Abbildung 5.10 illustriert das skizzierte Vorgehen anhand eines illustrativen Ausschnitts einer Abbildung aus dem genannten Beitrag.

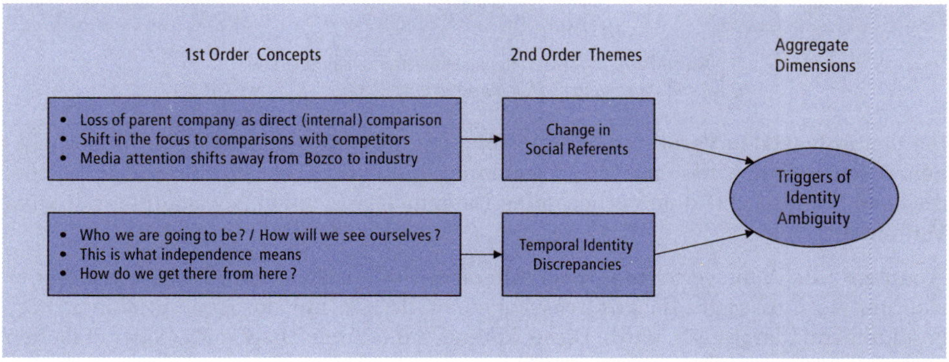

Abbildung 5.9: Emergente Datenstruktur
Quelle: in Anlehnung an Corley und Gioia (2004), S. 184

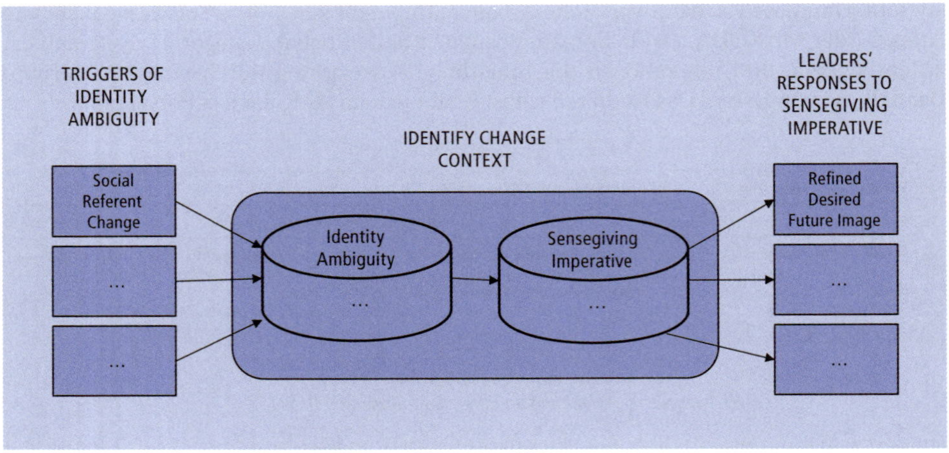

Abbildung 5.10: Systematische Theoriebildung auf der Grundlage der Auswertung
Quelle: in Anlehnung an Corley und Gioia (2004), S. 185

5.3.2 Quantitative Verfahren

Zunächst lassen sich hier nach der Anzahl der betrachteten Variablen unterschiedliche Analysen unterscheiden. Wird nur eine Variable berücksichtigt, so handelt es sich um univariate, bei zwei Variablen um bivariate und bei mehr als zwei Variablen um multivariate Verfahren.

Die Abbildungen 5.11(a) bis 5.11(d) geben einen Überblick über uni-, bi- und multivariate Verfahren der Datenanalyse. Es empfiehlt sich auch hier, bei Interesse an einzelnen Verfahren weiterführende Literatur zu studieren.

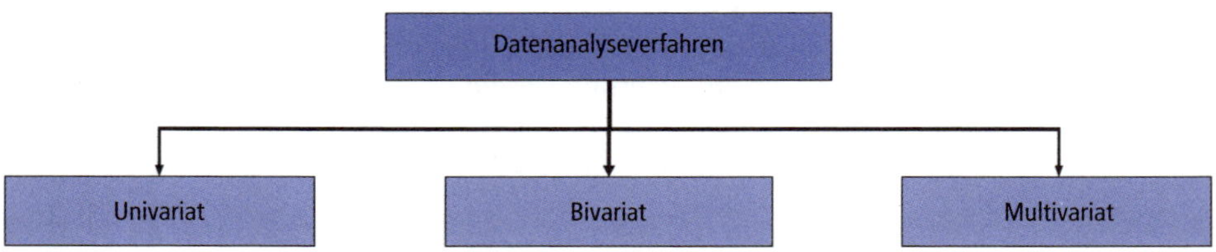

Abbildung 5.11(a): Datenanalyseverfahren im Überblick
Quelle: in Anlehnung an Homburg/Krohmer (2006), S. 328 und 358

Bei den **univariaten Verfahren** kann in solche unterschieden werden, die die erhobenen Daten lediglich beschreiben (sogenannte deskriptive Verfahren), und in solche, die auch Schlüsse aus dem vorliegenden Datenmaterial ziehen (sogenannte induktive Verfahren).

Wenn z.B. die Altersverteilung innerhalb einer Stichprobe ermittelt wird, handelt es sich um ein univariates deskriptives Vorgehen, da hier nur die eine Variable „Alter" beschreibend dargestellt wird. Diese könnte z.B. durch Diagramme oder Tabellen veranschaulicht werden. Neben der Abbildung absoluter oder relativer Häufigkeiten bietet sich auch die Möglichkeit, verschiedene Parameter der Häufigkeitsverteilungen zu ermitteln. Zum einen könnten Lageparameter wie der Mittelwert oder der Median bestimmt werden. Zum anderen ließe sich die Verteilung der Daten durch Streuungsparameter (beispielsweise Varianz oder Standardabweichung) beschreiben.

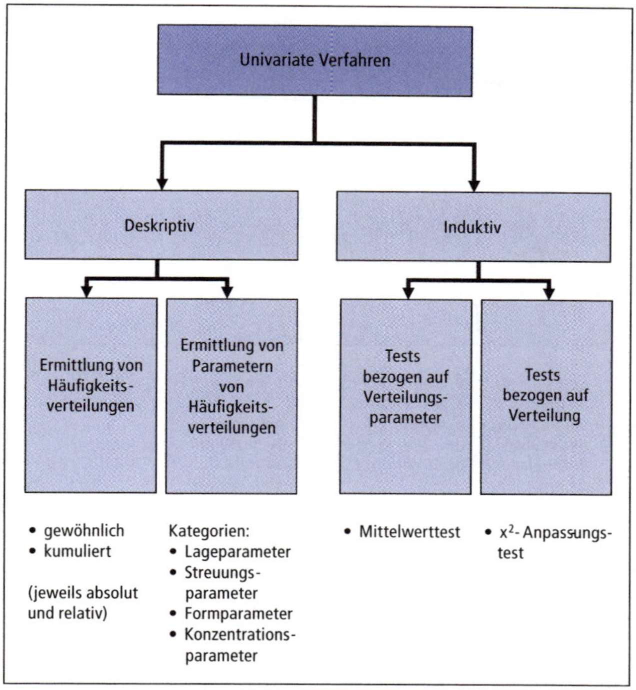

Abbildung 5.11(b): Univariate Verfahren
Quelle: Homburg/Krohmer (2006), S. 328

Im Gegensatz zu den deskriptiven wird bei den induktiven Verfahren vorab eine Hypothese über bestimmte Sachverhalte aufgestellt, deren Gültigkeit im Rahmen von Tests abgeprüft wird. In Bezug auf die Altersverteilung könnte etwa die Vermutung bestehen, dass diese im Durchschnitt oberhalb einer gewissen Grenze liegt. Durch einen einseitigen Mittelwerttest könnte nun überprüft werden, ob dies mit bestimmter statistischer Sicherheit (Signifikanzniveau) der Fall ist (vgl. Homburg und Krohmer 2006, S. 327ff.).

Bei **bivariaten Verfahren** geht es dagegen um Zusammenhänge zwischen zwei Variablen. Auch hier lässt sich in deskriptives und induktives Vorgehen unterscheiden.

Ein Beispiel für ein deskriptives Verfahren wäre, den Zusammenhang von Alter und Einkommen innerhalb einer erhobenen Stichprobe mit einer Kreuztabellierung darzustellen oder eine Korrelationsmatrix zu berechnen.

Bei den induktiven Verfahren können z.B. die Mittelwerte hinsichtlich des Alters zweier erhobener Stichproben durch einen t-Test verglichen werden, um statistisch signifikante Unterschiede festzustellen, oder es könnte eine bivariate Regressionsanalyse durchgeführt werden, bei der das Einkommen die abhängige und das Alter die unabhängige Variable darstellt (vgl. Homburg und Krohmer 2006, S. 327ff.).

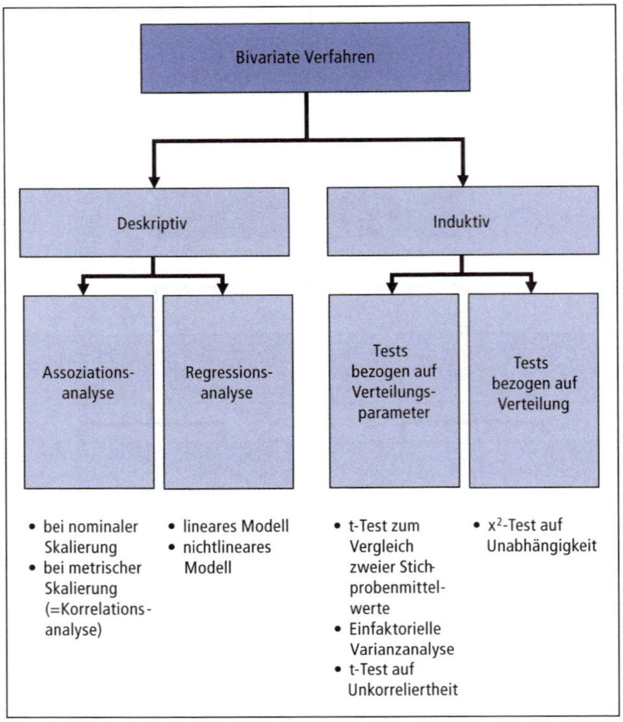

Abbildung 5.11(c): Bivariate Verfahren
Quelle: Homburg/Krohmer (2006), S. 358

Bei **multivariaten Methoden** werden eine Vielzahl von Variablen gleichzeitig analysiert, so z.B. wenn untersucht wird, wie sich eine Reihe von Faktoren auf die Kundenzufriedenheit eines Unternehmens auswirken (vgl. Homburg und Krohmer 2006, S. 326ff.). Dabei können die Variablen eine ungerichtete Abhängigkeit (Interdependenzanalyse) oder eine gerichtete Abhängigkeit (Dependenzanalyse) aufweisen.

Zu den Verfahren der Interdependenzanalyse zählt z.B. die Faktorenanalyse, mit deren Hilfe eine Dimensionsreduktion von vielen Variablen auf wenige unabhängige Faktoren erreicht werden kann. Auch die Clusteranalyse, mit der homogene Gruppen in einem heterogenen Datensatz aufgespürt werden können, fällt in diese Kategorie.

Bei den Verfahren der Dependenzanalyse wird versucht, Wirkungszusammenhänge zwischen einzelnen Variablen zu erklären. Eine beispielhafte Anwendung wäre die multiple Regressionsanalyse bei der etwa der Einfluss diverser Variablen auf die Kundenzufriedenheit untersucht werden kann. Eine Vielzahl weiterer Methoden, wie etwa die Varianz-Analyse oder die Conjoint-Analyse gehören ebenfalls zu der Gruppe der dependenzanalytischen Verfahren (vgl. Homburg und Krohmer 2006, S. 327ff.).

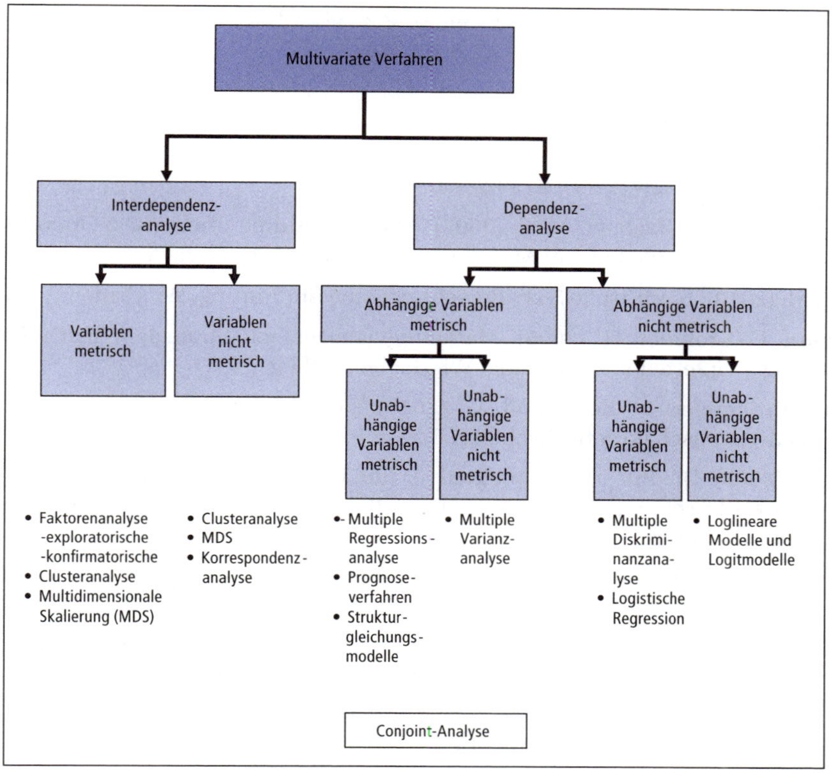

Abbildung 5.11(d): Multivariate Verfahren

Aufgaben: Wahl des Datenanalyseverfahrens

Welche Methode(n) der Datenanalyse eignen sich für Ihre Abschlussarbeit? Bitte versuchen Sie, Ihre Entscheidung a) inhaltlich, also bezugnehmend auf die Ihnen vorliegenden Daten, b) theoretisch, mit Blick auf den von Ihnen gewählten theoretisch-konzeptionellen Hintergrund, sowie c) methodisch hinsichtlich der Passung von Analysemethoden mit Ihrem Forschungsproblem zu begründen!

WWW.PEARSON-STUDIUM.DE CWS COMPANION WEBSITE

5.4 Literatur

Atteslander, P./Cromm, J. (2003): Methoden der empirischen Sozialforschung, Berlin: de Gruyter.

Bortz, J./Döring, N. (2006): Forschungsmethoden und Evaluation: für Human- und Sozialwissenschaftler, Heidelberg: Springer.

Corley, K. G./Gioia, D. A. (2004): Identity ambiguity and change in the wake of a corporate spin-off, in: Administrative Science Quarterly, 49(2), S. 173–208.

Creswell, J. W. (2003): Research design: qualitative, quantitative, and mixed methods approaches, Thousand Oaks: Sage.

Easterby-Smith, M./Thorpe, R./Jackson, P. (2008): Management Research, 3. Aufl., London: Sage.

Ebster, C./Stalzer, L. (2008): Wissenschaftliches Arbeiten für Wirtschafts- und Sozialwissenschaftler, Wien: UTB.

Eisenhardt, K. M. (1989): Building Theories from Case Study Research, in: Academy of Management Review, 14(4), S. 532–550.

Eisenhardt, K. M./Graebner, M. E. (2007): Theory building from cases: Opportunities and challenges, in: Academy of Management Journal, 50(1), S. 25–32.

Häder, M. (2010): Empirische Sozialforschung: Eine Einführung, Wiesbaden: VS Verlag.

Homburg, C./Krohmer, H. (2006): Marketingmanagement: Strategie – Instrumente – Umsetzung – Unternehmensführung, Wiesbaden: Gabler.

Hussy, W./Schreier, M./Echterhoff, G. (2010): Forschungsmethoden in Psychologie und Sozialwissenschaften für Bachelor, Berlin: Springer.

Kelle, U. (2008): Die Integration qualitativer und quantitativer Methoden in der empirischen Sozialforschung: Theoretische Grundlagen und methodologische Konzepte, Wiesbaden: VS-Verlag.

Kirsch, W. (1977): Einführung in die Theorie der Entscheidungsprozesse, Wiesbaden: Gabler.

Kromrey, H. (2009): Empirische Sozialforschung: Modelle und Methoden der standardisierten Datenerhebung und Datenauswertung, Stuttgart: UTB.

Langley, A. (1999): Strategies for theorizing from process data, in: Academy of Management Review, 24(4), S. 691–710.

Mayring, P. (1999): Einführung in die qualitative Sozialforschung: Eine Anleitung zu qualitativem Denken, Weinheim: Beltz.

Mayring, P. (2002): Einführung in die qualitative Sozialforschung: Eine Anleitung zu qualitativem Denken, 5. Aufl., Weinheim: Beltz.

Przyborski, A./Wohlrab-Sahr, M. (2010): Qualitative Sozialforschung: Ein Arbeitsbuch, 3. Aufl., München: Oldenbourg.

Schnell, R./Hill, P. B./Esser, E. (2005): Methoden der empirischen Sozialforschung, München: Oldenbourg.

Siggelkow, N. (2007): Persuasion with case studies, in: Academy of Management Journal, 50(1), S. 20–24.

Wolf, J. (2008): Organisation, Management, Unternehmensführung: Theorien und Kritik, Wiesbaden: Gabler.

Formale Anforderungen berücksichtigen

6

ÜBERBLICK

Damit wissenschaftliche Arbeiten einfacher zu vergleichen und zu bewerten sind, existieren standardisierte Regeln und Normen. Die Arbeiten sollen übersichtlich, gut strukturiert und verständlich geschrieben sein, so dass der Inhalt möglichst schnell und unkompliziert erfasst und vom Korrektor nachvollzogen werden kann.

Daher werden im folgenden Kapitel zunächst allgemeine Hinweise zur **äußeren Form** einer wissenschaftlichen Arbeit gegeben. Im Anschluss werden verbreitete **Zitierformen** vorgestellt. Das Kapitel schließt mit Empfehlungen zu einem korrekten **wissenschaftlichen Sprachstil**.

6.1 Äußere Form und Layout

Es ist kein Geheimnis, dass die letztendliche Bewertung einer wissenschaftlichen Arbeit zu einem gewissen Teil vom Wohlwollen des Korrektors abhängig ist. Das **äußere Erscheinungsbild** einer wissenschaftlichen Arbeit entscheidet oft über den ersten Eindruck und sollte daher zum Lesen und Durcharbeiten des Textes einladen. Zudem sind **Formverstöße** bei der Korrektur leicht zu erkennen und können zur Rechtfertigung von Punkt- bzw. Notenabzügen herangezogen werden.

In diesem Kapitel werden häufig verwendete Standards präsentiert und Empfehlungen gegeben. Viele Lehrstühle veröffentlichen eigene Richtlinien zum wissenschaftlichen Arbeiten, in denen Formatierungsrichtlinien hinsichtlich der nachfolgend genannten Punkte teilweise explizit vorgeschrieben werden. Im Zweifel sollten jene Vorschriften Vorrang vor den nachfolgenden Empfehlungen haben.

6.1.1 Einband

Während Abschlussarbeiten in der Regel gebunden abzugeben sind (siehe hierzu auch Unterkapitel 7.2.2), genügt bei Haus- oder Seminararbeiten in der Regel eine Spiralbindung. Oft wird aus ökologischen Gründen auch dies explizit abgelehnt und ein simpler Heftstreifen bevorzugt.

6.1.2 Seitenlayout

In der Regel wird weißes Papier im Format DIN A4 mit den Qualitätsstufen 80g oder 90g verwendet. Das Papier wird dabei nur einseitig beschrieben. **Randbreiten** werden äußerst uneinheitlich gehandhabt, in Tabelle 6.1 werden daher nur Intervalle angegeben.

Rechts:	ca. 2-3 cm	Rand zum Umblättern der Seite
Links:	ca. 3-5 cm	Heftrand, der leichtes Lesen ermöglicht
Oben:	ca. 2,5-3,5 cm	Seitenzahlen werden oben oder unten angegeben, ca. 1-2 cm Abstand zum Rand
Unten:	ca. 2,0-2,5 cm	Seitenzahlen werden oben oder unten angegeben, ca. 1-2 cm Abstand zum Rand

Tabelle 6.1: Randbreiten (in Anlehnung an Rossig und Prätsch 2006)

6.1.3 Schriftart

Die Schriftart bezeichnet die Form und Gestaltung der Buchstaben und Zeichen. Zwar wird die Schriftart beim Lesen kaum bewusst wahrgenommen, dennoch sollte auf ein **ansprechendes und seriöses Schriftbild** geachtet werden. Zudem unterscheiden sich Schriftarten hinsichtlich ihrer Klarheit, Lesbarkeit und ihres Platzverbrauchs. Es empfiehlt sich daher, auf ausgefallene Schriftarten (z.B. Comic Sans MS) zu verzichten. Am häufigsten werden die Schriftarten Times New Roman in der Größe 12pt und Arial in der Größe 11pt verwendet. Viele Lehrstühle akzeptieren darüber hinaus auch andere Schriftarten, wie beispielsweise Calibri, Verdana, Tahoma, Helvetica oder Sans Serif. Wichtig ist, dass die gewählte Schriftart dem Anspruch des wissenschaftlichen Inhalts der Arbeit gerecht wird. Generell gelten Schriftarten mit Serifen als etwas besser lesbar.

Der **Schriftschnitt** ist standardmäßig normal. Fette, kursive oder unterstrichene Auszeichnungen sollten nur zur Hervorhebung besonders wichtiger oder strukturierender Begriffe verwendet werden. Eine Kombination von Hervorhebungen (z.B. fett und kursiv) sollte vermieden werden. Auch empfiehlt es sich, an einer Hervorhebungsform festzuhalten (z.B. generell nur fette Hervorhebungen). Die Vorlieben unterscheiden sich jedoch zwischen Lehrstühlen/Instituten, weshalb es ratsam ist, sich im Zweifel mit den lokalen Formatierungsrichtlinien vertraut zu machen. Der **Abstand zwischen den Zeilen** eines Absatzes (Zeilenabstand) beträgt in der Regel 1,5 Zeilen. International ist teilweise auch ein zweifacher Zeilenabstand gebräuchlich.

6.1.4 Absatzformatierung

Bei wissenschaftlichen Arbeiten ist **Blocksatz** der gängige Standard (wie auch in dieser Monografie). Dabei wird der Text am linken und am rechten Seitenrand ausgerichtet und bei Bedarf (automatisch) zusätzlicher Platz zwischen Wörtern eingefügt, um einen einheitlichen Zeilenabschluss zu gewährleisten. Dabei sollte die **Silbentrennung** aktiviert werden, um große **Zwischenabstände** in einer Zeile zu vermeiden.

Zur Einleitung eines Teils oder Kapitels bzw. Unterkapitels empfiehlt sich die Verwendung sogenannter **einführender Absätze** (englisch: Lead-ins). Dabei handelt es sich um ein bis zwei einleitende Sätze über den folgenden Inhalt bzw. das weitere Vorgehen. Hiermit wird letztlich der Argumentationslogik im Einklang mit dem **Pyramidenprinzip** Rechnung getragen. Diese folgen nach jeder der in der Gliederung aufgeführten Überschriften. Im Umkehrschluss bedeutet dies, dass niemals zwei Überschriften direkt ohne Zwischentext aufeinanderfolgen. Auch hierzu sind jedoch die genauen Vorgaben des Lehrstuhls/Instituts maßgeblich. Wichtig ist, dass ein bestimmtes Vorgehen gewählt und konsequent eingehalten wird: Entscheidet man sich für die Verwendung von **Lead-ins**, sollte dies kontinuierlich beibehalten werden. Verzichtet man demgegenüber auf Lead-ins, so sollte auch dies stringent beibehalten werden.

In Abbildung 6.1 ist die Struktur für eine mögliche Form von Überschriften dargestellt.

I	"TEIL" [U0] (ALT+U+0)
I.1	"Kapitel" [U1] (ALT+U+1)
I.1.1	"Unterkapitel" [U2] (ALT+U+2)
I.1.1.1	"Abschnitt" [U3] (ALT+U+3)
(1)	"Punkt" [U4] (ALT+U+4)
(a)	"Unterpunkt" [U5] (ALT+U+5)

Abbildung 6.1: Darstellung gängiger Überschriften

6.1.5 Seitenpaginierung

Verbreitet ist eine gemischte Nummerierung, bei der die Verzeichnisse bis zum Beginn des Textes **römisch nummeriert** werden (I, II, III usw.). Die Titelseite wird üblicherweise nicht mit einer Seitenzahl versehen, aber trotzdem mitgezählt. Der Text selbst wird **arabisch nummeriert** (1, 2., 3 usw.), wobei die Zählung erneut bei eins beginnt. Literaturverzeichnis und Anhang werden dann wieder römisch nummeriert. Hierbei schließt die Zählung für gewöhnlich an die zuvor ebenfalls römisch nummerierten Seiten aus den Präliminarien an. Beispielsweise würde das Literaturverzeichnis mit der Seite V beginnen, wenn das Abkürzungsverzeichnis bei Seite IV endete. Die letzte Seite einer wissenschaftlichen Arbeit ist meistens die am Abgabetag unterschriebene **Selbstständigkeitserklärung**. Diese enthält wiederum keine Seitenzahl, wird dafür aber eigenhändig – und nicht elektronisch – unterschrieben.

Die Angabe der Seitenzahl erfolgt üblicherweise entweder oben oder unten am äußeren Seitenrand. Dabei genügt die Zahlenangabe. Zusätzliche Angaben wie beispielsweise „Seite“, „S.“ oder rahmende Bindestriche (z.B. – 1 –) sind redundant und daher nicht notwendig.

6.2 Zitierweise

Im Folgenden werden zunächst die Funktionen und Grundregeln des Zitierens erörtert. Daraufhin erfolgt eine Darstellung verschiedener Zitatformen und Zitierweisen anhand von Beispielen. Das Kapitel schließt mit einer Beleuchtung der Plagiarismus-Thematik, wobei Hilfestellungen und Empfehlungen zur Vermeidung des Plagiierens gegeben werden.

6.2.1 Funktion und Grundregeln des Zitierens

Korrektes Zitieren dient in erster Linie der **Nachvollziehbarkeit des wissenschaftlichen Arbeitens**. Inhalte, die aus fremden Quellen übernommen wurden, müssen belegt werden. Dadurch kann der Leser Argumente nachvollziehen und bei Bedarf nachrecherchieren. Hierbei muss eindeutig erkennbar sein, welche Inhalte aus fremden Quellen übernommen wurden und welche vom Autor selbst stammen (Berger 2010, S. 94). Damit wird die Bedeutung des Zitierens deutlich: Alles, was nicht als direktes oder indirektes Zitat gekennzeichnet ist, gilt als **eigener Gedanke des Autoren**. Dies sollte stets beachtet werden.

Neben dieser Belegfunktion dient das Zitieren der effizienten Wiedergabe vorhandenen Wissens. Es ermöglicht damit eine Konzentration auf die Erarbeitung neuer Erkenntnisse.

Bei der Quellenrecherche sollte vor allem auf die **Qualität der Veröffentlichungen** geachtet werden (siehe hierzu auch Unterkapitel 1.2.4). Sofern es sich nicht um grundlegende Standardwerke handelt (z.B. Kieser und Walgenbach 2007: Organisation), sollten zudem möglichst aktuelle Quellen, primär aus Fachzeitschriften, herangezogen werden. Bei Standardwerken ist stets die aktuellste Auflage zu verwenden. Neben Veröffentlichungen aus anerkannten, wissenschaftlichen Fachzeitschriften sind alle verlässlichen Quellen aus bekannten Verlagen zitierfähig. Nicht zitierfähig hingegen sind Vorlesungsskripte, Foliensätze, Seminararbeiten oder Trivialliteratur, wie z.B. Illustrierte (Berger 2010, S. 95). Bei Internetquellen lässt sich keine allgemeingültige Aussage treffen. Deren wissenschaftliche Qualität ist im Einzelfall zu prüfen und gegebenenfalls in der Arbeit entsprechend zu würdigen. Einzige Ausnahme bilden Publikationen, die den Untersuchungskontext charakterisieren (beispielsweise in Fällen, in denen ein Medium wie etwa eine Tageszeitung selbst analysiert wird).

Grundsätzlich sollte ein Thema möglichst aus verschiedenen Perspektiven betrachtet werden. Daher empfiehlt es sich, auf eine themenspezifische Mischung verschiedener Quellen zu achten. Die unreflektierte Wiedergabe ganzer Textpassagen aus lediglich einer Quelle ist nicht legitim. Dabei sollten ausreichend Quellen verwendet werden, um einen bestimmten Themenkomplex möglichst erschöpfend zu behandeln. Vorrang vor der Quantität der Quellen haben deren Qualität und die thematische Relevanz. Zusätzlich ist darauf zu achten, dass möglichst die **Primärquelle** verwendet wird. Werden in einer Quelle die Erkenntnisse eines anderen Autors aufgegriffen, so sollten beim Rückgriff auf diese Inhalte die Originalautoren zitiert werden. Ist die Primärquelle nicht verfügbar, müssen – wie aus nachstehendem Beispiel ersichtlich – sogenannte **Subzitate** verwendet werden, in denen der Ursprung kenntlich gemacht wird.

Beispiel: Subzitat

Damit eine verbesserte Ressourcenausstattung einen dauerhaften Wettbewerbsvorteil generieren kann, müssen die jeweiligen Ressourcen vier Eigenschaften erfüllen: Werthaltigkeit, Knappheit, begrenzte Imitierbarkeit und Nichtsubstituierbarkeit (vgl. Barney 1991, S. 101ff. zitiert in Harms 2004, S. 45ff.).

Umfasst die zitierte Textstelle zwei Seiten, wird die Seitenzahl in der Quellenangabe um den Buchstaben f. (folgende) ergänzt. Sollte der entsprechende Inhalt sich über mehr als zwei Seiten erstrecken, wird entweder ein ff. (fortfolgende) hinzugefügt oder der Seitenbereich exakt angegeben (siehe vorangegangenes Beispiel). Die Angabe des exakten Seitenbereichs stellt insbesondere für englischsprachige Arbeiten die Norm dar, weshalb dort keine Entsprechung zum deutschsprachigen f. bzw. ff. existiert.

Quellenangaben erfolgen **direkt nach der zitierten Textstelle** – also nach Wörtern, Sätzen oder Absätzen. Bei einer Quelle mit mehr als zwei Autoren sind die Namen aller Autoren üblicherweise beim erstmaligen Gebrauch auszuschreiben (1), danach können sie mit **et al.** (et alii ist der lateinische Terminus für weitere Personen, hier konkret Autoren) abgekürzt werden (2).

Beispiel: Quellen mit mehr als zwei Autoren

(1) (vgl. Sydow, Schreyögg & Koch 2009, S. 689ff.)

(2) (vgl. Sydow et al. 2009, S. 689ff.)

6.2.2 Zitatformen

Je nachdem, ob eine Quelle wörtlich oder sinngemäß wiedergegeben wird, erfolgt die Zitierweise direkt oder indirekt. Dabei stellen indirekte, sinngemäße Zitate die Regel dar.

Direkte Zitate

Bei direkten Zitaten wird der Text wörtlich übernommen. Dies sollte nur bei besonders gewichtigen Aussagen wie z.B. Definitionen geschehen und nur bei kurzen Textpassagen, die in der Regel nicht mehr als fünf Zeilen umfassen, Verwendung finden. Dies ist beispielsweise bei **Definitionen** der Fall, welche mit eigenen Worten nicht besser ausgeführt werden können oder die im Wortlaut Allgemeingültigkeit erlangt haben, der Fall. Handelt es sich um eine fremdsprachige Quelle, finden direkte Zitate nur dann Anwendung, wenn eine Übersetzung den Bedeutungsgehalt mindern würde. **Englische Quellen** können ohne weitere Erläuterung wörtlich wiedergegeben werden, während bei allen anderen Fremdsprachen das Original direkt im Text wiedergegeben wird und zusätzlich eine Übersetzung in einer Fußnote oder unmittelbar unter dem fremdsprachigen Zitat erfolgt. Die Quellenangabe erfolgt bei direkten Zitaten mit der unmittelbaren Nennung des Autors bzw. der Autoren, d.h. auf ein vorangestelltes vgl. oder Ähnliches (siehe indirekte Zitate) wird an dieser Stelle verzichtet.

Beispiel: Fremdsprachige Quellen

- *Das Auto ist rot (Mustermann 2000, S. 111).*
- *The car is red (Musterfrau 2003, S. 123).*
- *La voiture est rouge (Musterteam 2005, S.17).*[1]

[...]

1 Das Auto ist rot.

Wird ein wörtliches Zitat gekürzt wiedergegeben, sind die ausgelassenen Wörter mit „[…]" kenntlich zu machen.

Beispiel: Kürzen von Zitaten

„Innovationen können einen Wettbewerbsvorteil […] generieren, wenn sie marktgerecht entwickelt werden."

Der Originaltext kann bei Bedarf um Anmerkungen ergänzt werden. Dies kann z.B. geschehen, um den Text grammatikalisch korrekt in die Arbeit zu integrieren oder um das Zitat durch Kontextinformationen zu ergänzen. Derartige **Ergänzungen** werden in eckige Klammern gesetzt: „[Ergänzungstext]" oder auch „[Ergänzung, Anm. d. Verf.]".

Beispiel: Ergänzungen in Zitaten

„In diesem Fall kann davon ausgegangen werden, dass entsprechende Maßnahmen nicht erfolgsfördernd [wirken]" (Musterautorin 2013, S. 123).

Die buchstabengetreue Wiedergabe umfasst auch die **Übernahme von Fehlern** aus der Originalquelle. Diese werden durch [sic!] (lateinisch für wirklich so) oder einfach durch ein Ausrufezeichen [!] kenntlich gemacht.

Beispiel: Übernahme von Fehlern aus der Originalquelle

„Die ressourcenbasierten [sic!] Perspektive liefert notwendige Erklärungsansätze."

Indirekte Zitate

Indirekte Zitate sind keine wörtlichen Übernahmen, sondern vielmehr eine **Anlehnung an die Gedanken bzw. Ausführungen** der Quelle. Hierbei dürfen bei der Umformulierung des Originaltextes keine Inhalte verloren gehen oder ergänzt werden – der Sinn bzw. die Bedeutung der Quelle muss unverfälscht erhalten bleiben. Auch hier gilt es, den Zitatumfang für den Leser kenntlich zu machen – d.h., die Nennung der Quelle erfolgt in der Regel am Ende eines Satzes oder Absatzes. Im Gegensatz zu direkten Zitaten wird der Quelle in diesem Fall allerdings die Anmerkung vgl. (vergleiche) vorangestellt, um ein sinngemäßes Zitat als solches kenntlich zu machen. Bei englischsprachigen Texten hingegen – und neuerdings auch bei manchen deutschsprachigen Publikationen – entfällt diese Anmerkung.

Beispiel: Indirektes Zitat

Neben der Netzwerkzugehörigkeit entscheiden allerdings auch weitere Faktoren, wie z.B. bestehende und zurückliegende Kooperationen, die Ausprägung von Kooperationsschwerpunkten und die Position innerhalb des Netzwerks über den Zugang zu bestimmten Ressourcen (vgl. Gulati 1998, S. 306ff.).

Gleichwohl kann eine Quelle auch auf die eigene Thematik bezogen werden. Sofern man sich hierbei auf Erkenntnisse einer gesamten Arbeit bezieht, erfolgt dies durch Nennung der Jahreszahl, ohne weitere Angaben bezüglich der Seitenzahlen.

Beispiel: Zitat in Bezug auf Erkenntnisse der gesamten Arbeit

Die eigenen empirischen Ergebnisse stehen im Einklang mit dem Befund von Braun, Müller-Seitz & Sydow (2012) zum kooperativen Mitarbeiterverhalten in Projekten und projektübergreifenden Strukturen.

Generell gilt, dass sowohl für direkte als auch für indirekte Zitate unterschiedliche Zitierweisen vorzufinden sind. Die beiden geläufigsten sind die **Fußnotentechnik** und die sogenannte **Harvard-Zitierweise**, welche im nachfolgenden Kapitel vorgestellt werden. Unabhängig von der Zitierweise gilt jedoch allgemein, dass die Quellenangabe immer direkt nach dem übernommenen Inhalt – also direkt nach dem Wort, Satz oder Absatz – erfolgt. Weiterhin sollte unbedingt vermieden werden, zwischen verschiedenen Zitierformen zu wechseln. Ist die Zitierweise einmal gewählt, muss diese in der gesamten Arbeit beibehalten werden.

6.2.3 Zitierweisen

Die verwendete Zitierweise legt fest, wo und wie die Quellenangaben in der Arbeit platziert werden. Im Laufe der Zeit haben sich zwei Methoden durchgesetzt: im deutschsprachigen Raum vor allem die Fußnotentechnik und im angelsächsischen (zunehmend aber auch im deutschsprachigen) Raum die sogenannte Harvard-Zitierweise. Nachfolgend werden diese beiden Methoden kurz anhand eines Beispiels vorgestellt sowie deren Vor- und Nachteile erörtert.

Harvard-Zitierweise

Bei der Harvard-Zitierweise (oder auch „Autor-Jahr"-Zitierweise) erfolgt die Quellenangabe direkt im Text im Anschluss an das Zitat (Autor(en), Jahr, Seitenzahl(en)). Das vorliegende Buch wendet diese Zitierweise ebenfalls an.

Beispiel: Harvard-Zitierweise

Die Qualität der Zusammenarbeit in Teams ist eine zentrale Determinante für den Erfolg von Projekten (vgl. Hoegl und Gemünden 2001, S. 446).

Vorteile

- Platzsparende Vorgehensweise.
- Einfache Handhabung während des Abfassens des Textes.
- Der Leser wird unmittelbar an der Stelle des Zitats über die Quelle informiert, so dass die Quellen – im Gegensatz zur Fußnotentechnik – systematisch mitgelesen werden.
- Hohe internationale Verbreitung.

Nachteile

- Insbesondere bei langen Quellenangaben oder mehreren Quellen zu einem Zitat erfolgt eine Störung des Leseflusses.
- Gänzlicher Verzicht auf Fußnoten bei zusätzlichen Anmerkungen etc. ist oftmals nicht möglich.

Fußnotenzitierweise

Bei der **Fußnotentechnik** werden alle Zitate im Text fortlaufend durch eine hochgestellte Zahl durchnummeriert. Entsprechend dieser Nummerierung erfolgt die Quellenangabe abgesetzt am jeweiligen Seitenende bzw. in der Fußzeile. Zentraler Unterschied zur Harvard-Zitierweise ist nebst der optischen Darstellung, dass die betreffenden Quellen teilweise noch erörtert werden. Daraus ergibt sich gelegentlich eine parallele Diskussion innerhalb der optisch abgesetzten Fußnoten.

Beispiel: Fußnotenzitierweise

Pilotprojekte sind geeignet, um die Machbarkeit von virtuellen Unternehmensstrukturen zu testen.[2] *[...] Interorganisationale Netzwerke zeichnen sich eher durch kooperative denn kompetitive Beziehungen aus.*[3]

[...]

2 Vgl. Reichwald und Möslein 2000, S. 130.
3 Vgl. Sydow und Möllering 2009, S. 66ff. Allerdings können in realen Netzwerken durchaus eher kooperative oder eher kompetitive Elemente überwiegen.

Vorteile

- Quellenangabe durch Nummerierung eindeutig dem Zitat zuzuordnen.
- Übersichtliche Darstellung der verwendeten Quellen am Seitenende.
- Fehler innerhalb der Quellenangabe (insbesondere Zeichensetzung) leicht erkennbar.
- Keine Störung des übergreifenden Leseflusses, da Quellenangaben deutlich abgesetzt sind und dadurch beim Lesen übergangen werden können.
- Fußnoten können über die Quellenangabe hinaus zur Erörterung weiterer Details genutzt werden, d.h., sie ermöglichen z.B. Anmerkungen, Erörterungen oder Gegendarstellungen (siehe vorangegangenes Beispiel).

Nachteile

- Hoher Platzbedarf, insbesondere bei einer Vielzahl von Zitaten.
- Bei explizitem Einbezug der Quellenangaben Störung des Leseflusses.

Endnotenzitierweise

Über die beiden zuvor dargestellten Zitierweisen hinaus existieren noch weitere Alternativen, wie beispielsweise die **Endnotentechnik**. Hierbei werden zitierte Textstellen ebenfalls fortlaufend nummeriert, die Quellenangabe erfolgt jedoch erst am Kapitelende oder teilweise auch am Ende der gesamten Arbeit. Diese Technik findet jedoch primär in den Fachbereichen Informatik und Ingenieurswesen Anwendung. In den Wirtschaftswissenschaften sind dagegen die Fußnotentechnik bzw. die Harvard-Zitierweise weitaus gebräuchlicher.

Beispiel

Zitation im Text:

- *Pilotprojekte sind geeignet, um die Machbarkeit von virtuellen Unternehmensstrukturen zu testen.*[4]
- *Netzwerke zeichnen sich eher durch kooperative denn kompetitive Elemente aus.*[5]

Zitation am Ende des Kapitels oder Buchs.

---

4 Vgl. Reichwald und Möslein 2000, S. 130.
5 Vgl. Sydow, Möllering 2009, S. 66ff.

Vorteile

- Quellenangabe durch Nummerierung eindeutig dem Zitat zuzuordnen.
- Übersichtliche Darstellung der verwendeten Quellen am Ende des Kapitels oder Textes.
- Fehler innerhalb der Quellenangabe (insbesondere Zeichensetzung) leicht identifizierbar.
- Keine Störung des Leseflusses, da Quellenangaben deutlich abgesetzt sind und dadurch beim Lesen übergangen werden können.
- Im Gegensatz zu den anderen beiden Zitierweisen relativ platzsparend, insbesondere bei einer Vielzahl von Zitaten.

Nachteile

- Aufwendiges Suchen bzw. Blättern erforderlich.
- Komplizierter auch beim Verfassen des Textes, da immer zwischen Text und Kapitelende zu wechseln ist.

Sofern keine expliziten Vorgaben für die Verwendung einer bestimmten Zitierweise bestehen, gilt es aus Studierendensicht individuell zwischen den dargestellten Alternativen abzuwägen. Es sei nochmals darauf hingewiesen, dass die Form des Zitierens innerhalb der Arbeit nicht variiert werden darf. Die gewählte Methode muss **kontinuierlich beibehalten** werden.

6.2.4 Quellenangaben im Literaturverzeichnis

Unabhängig von der verwendeten Zitierweise erfolgen die Quellenangaben im **Literaturverzeichnis**. Dabei werden die Literaturangaben alphabetisch nach den Nachnamen der Autoren sortiert. Es sind exakt die Quellen anzugeben, die in der Arbeit verwendet wurden. Gelesene, aber nicht zitierte Literatur darf nicht aufgeführt werden. In Abhängigkeit der verwendeten Quellentypen gibt es formale Vorschriften bezüglich der Quellenangabe. Oft werden hierbei die Formatierungen der **American Psychological Association (APA)** oder des **Academy of Management Journals (AMJ)** verwendet. Sowohl der APA-Standard als auch die AMJ-Richtlinien umfassen ausführliche Hinweise zur Gestaltung wissenschaftlicher Texte. Nachfolgend werden die gebräuchlichsten Quellentypen vorgestellt und jeweils ein auf die deutsche Sprache angepasstes Beispiel für die jeweilige Zitierweise gegeben.

Zitation von Büchern und Monografien

APA:

Nachname, Initialen. (Erscheinungsjahr). Titel des Werkes inkl. Untertitel (ggf. Auflage). Erscheinungsort: Verlag.

Beispiel:

American Psychological Association. (2001). Publication Manual of the American Psychological Association (5. Aufl.). Washington, D. C.: APA.

AMJ:

Nachname, Initialen. Erscheinungsjahr. Titel des Werkes inkl. Untertitel. Erscheinungsort: Verlag.

Beispiel:

Ortmann, G. 2011. Kunst des Entscheidens: Ein Quantum Trost für Zweifler und Zauderer. Weilerswist: Velbrück Verlag.

Zitation von Beiträgen in Sammelbänden

APA: Nachname, Initialen. (Erscheinungsjahr). Titel des Kapitels. In Initialen. Nachname (Hrsg.), Titel des Werks inkl. Untertitel (Seitenzahlen). Erscheinungsort: Verlag.

Beispiel:

Seidl, D./Kirsch, W./van Aaken, D. (2009). Zur Methodologie der technologischen Forschung in der Betriebswirtschaftslehre. In Scherer, A., Kaufmann, I. und Patzer, M. (Hrsg.), Methoden in der Betriebswirtschaftslehre (S. 47–69). Wiesbaden: Deutscher Universitätsverlag.

AMJ:

Nachname, Initialen. Erscheinungsjahr. Titel des Kapitels. In Initialen. Nachname (Hrsg.), Titel des Werks inkl. Untertitel: Seitenzahlen. Erscheinungsort: Verlag.

Beispiel:

Seidl, D., Kirsch, W. & van Aaken, D. 2009. Zur Methodologie der technologischen Forschung in der Betriebswirtschaftslehre. In A. Scherer, I. Kaufmann, & M. Patzer (Hrsg.), Methoden in der Betriebswirtschaftslehre: 47–69. Wiesbaden: Deutscher Universitätsverlag.

Zitation von Artikeln in wissenschaftlichen Zeitschriften

APA:

Nachname, Initialen. (Erscheinungsjahr). Titel des Artikels. Titel der Zeitschrift, Jahrgangsnummer (fakultativ zusätzlich Ausgabe der Nummer in Klammern), Seitenzahlen.

Beispiel:

Haunschild, A. (2011). Lifestyles as social contracts between workers and organizations. Schmalenbach Business Review, 63, 361–375.

AMJ:

Nachname, Initialen. Erscheinungsjahr. Titel des Artikels. Titel der Zeitschrift, Jahrgangsnummer (fakultativ zusätzlich Ausgabe der Nummer in Klammern): Seitenzahlen.

Beispiel:

Haunschild, A. 2011. Lifestyles as social contracts between workers and organizations. Schmalenbach Business Review, 63, 361–375.

Zitation von Internetquellen

APA:

Nachname, Initialen. (Erscheinungsjahr). Titel des Dokuments. ggf. Titel der Reihe. Datum des letzten Zugriffs, verfügbar unter Internetadresse.

Beispiel:

GPM e.V. (2012). Karriere- und Gehaltsstudie für Projektpersonal 2011. Know How. 30.09.2013, verfügbar unter *http://www.gpm-ipma.de/fileadmin/user_upload/Know-How/studien/Ergebnis_Karriere-und-Gehaltsstudie_2011_final.pdf*

AMJ:

Nachname, Initialen. Erscheinungsjahr. Titel des Dokuments. ggf. Titel der Reihe. Internetadresse. Datum der Veröffentlichung oder des letzten Zugriffs.

Beispiel:

GPM e.V. 2012. Karriere- und Gehaltsstudie für Projektpersonal 2011. Know How. *http://www.gpm-ipma.de/fileadmin/user_upload/Know-How/studien/Ergebnis_Karriere-und-Gehaltsstudie_2011_final.pdf*30.09.2013.

Darüber hinaus sollten im Literaturverzeichnis folgende Hinweise beachtet werden:

- Bei unklaren oder nicht definierten Regelvorgaben sollte ein plausibles Format gewählt und konsequent (!) durchgehalten werden. Im Zweifel ist diesbezüglich auch eine Konsultation des persönlichen Betreuers an der Hochschule ratsam.
- Reine Internetquellen, die nicht auch Bestandteil einer Fachzeitschrift sind, sollten eher zurückhaltend verwendet werden.
- Beim Zitieren von Internetquellen sollten DOI-Adressen Vorrang vor http-Adressen haben, da diese unveränderlich (persistent) sind, also z.B. auch bei Änderungen des Speicherorts. DOI-Adressen beginnen immer mit einer 10 und haben die Form 10.2307/202051. Dabei bezeichnet der erste Teil der Adresse (hier: 2307) die Orga-

nisation, die den jeweiligen Inhalt veröffentlicht. Der zweite Teil (hier: 202051) identifiziert den Artikel bzw. den Inhalt selbst. DOI-Adressen werden von gängigen Datenbanken für wissenschaftliche Artikel wie z.B. EBSCO oder JStor angegeben. Ein DOI-Resolver, der die DOI-Adresse in einen http-Link umwandelt ist unter *http://dx.doi.org* zu finden (siehe Abbildung 6.2).

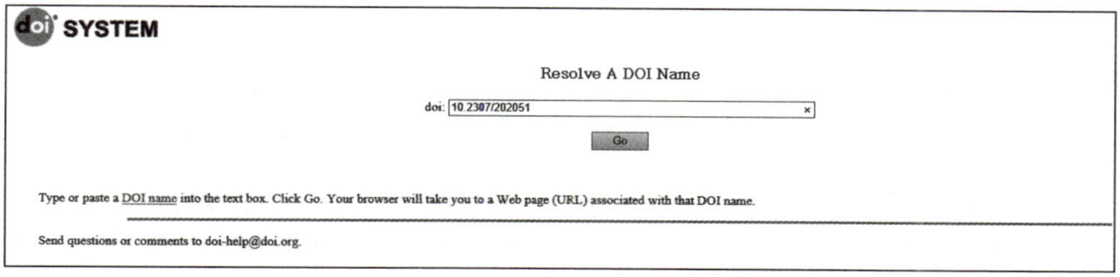

Abbildung 6.2: DOI-Resolver

- Bei mehreren Autoren kann der letzte in der Aufzählung durch ein &-Zeichen angeführt werden. Es ist allerdings darauf zu achten, dass der gewählte Stil (&, /, und) konsequent durchgehalten wird.

Beispiel: Mehrere Autoren

Autor, A., Autor, B. & Autor, C. (Erscheinungsjahr). Titel des Werkes. Ort: Verlag.

- Ist kein Autor vorhanden, rückt entweder der Titel vor oder die Quelle muss mit o.V. (ohne Verfasser) gekennzeichnet werden. Letztgenannte ist dabei die am weitesten verbreitete Variante. Gelegentlich, wie etwa bei praxisnahen Forschungsberichten werden nur Organisationen und keine Autoren auf dem Bericht genannt, in diesem Fall kann die Organisation (ggf. mit entsprechendem Hinweis) als Autor verwandt werden.

Beispiel: Kein Autor vorhanden

Titel des Werkes. (Erscheinungsjahr). Ort: Verlag.

o.V. (Erscheinungsjahr). Titel des Werks. Ort: Verlag.

GPM e.V. (Erscheinungsjahr). Titel des Werks. Ort: Verlag.

GPM e.V. (Hrsg., Erscheinungsjahr). Titel des Werks. Ort: Verlag.

- *Werden mehrere Quellen eines Autors bzw. identischer Autoren verwendet, die im gleichen Jahr erschienen sind, werden die entsprechenden Jahreszahlen nach dem Erscheinungsdatum alphabetisch nummeriert, also z.B. (2011a), (2011b), (2011c).*
- *Ist kein Erscheinungsjahr vorhanden, wird an dieser Stelle üblicherweise o.J. für ohne Jahresangabe eingefügt.*
- *Bei mehreren Angaben zum Verlagsort wird im Literaturverzeichnis üblicherweise nur der erste Ort genannt.*

Neben den beiden vorgestellten Formatvorgaben sind mitunter weitere Formatierungsrichtlinien im Umlauf. Häufig veröffentlichen die betreuenden Lehrstühle selbst eigene Leitfäden zum wissenschaftlichen Arbeiten, in denen die Formatvorgaben für die Literaturangaben geregelt sind. Ist das der Fall, sind zwingend jene Richtlinien einzuhalten. Allerdings orientieren sich die meisten Lehrstühle an den genannten weit verbreiteten Varianten und nehmen nur geringfügige Anpassungen vor.

6.2.5 Plagiarismus

Im Zuge der Plagiatsaffäre um die Doktorarbeit des ehemaligen deutschen Verteidigungsministers Karl-Theodor zu Guttenberg sowie später auch der Bildungsministerin Annette Schavan ist dem Thema **Plagiarismus** eine besondere Aufmerksamkeit – auch in der Öffentlichkeit – zugekommen. Was genau unter Plagiarismus zu verstehen ist bzw. ab wann ein Plagiat vorliegt und wie sich Plagiate vermeiden lassen, soll in diesem Abschnitt erörtert werden.

Der Begriff **Plagiat** ist in deutschen Gesetzen nicht als Legaldefinition abgegrenzt. Nach allgemeiner Ansicht ist ein Plagiat das bewusste Aneignen fremder Urheberschaft (Schricker und Loewenheim 2010, § 23 UrhG, Rn. 28). Bei Nichtkennzeichnung als Zitat bzw. dem Verzicht auf eine Quellenangabe wird davon ausgegangen, dass es sich bei dem entsprechenden Inhalt um eigene Leistungen oder das eigene Wissen des Autors handelt. Wird also fremder Inhalt wiedergegeben, ohne dies kenntlich zu machen, handelt es sich um ein Plagiat.

Dabei gilt es zu beachten, dass Plagiate sowohl bewusst als auch unbewusst entstehen können. Für den Tatbestand der Urheberrechtsverletzung spielt es keine Rolle, ob ein Plagiat vorsätzlich angefertigt wurde. Auch das Vergessen entsprechender Fußnoten und/oder Quellenangaben schützt vor diesem Tatbestand nicht. Dies wird mit Verweis auf die hohen Ansprüche an das wissenschaftliche Arbeiten begründet. Ein Plagiat kann zudem auch vorliegen, wenn Gliederungen oder Argumentationsstrukturen übernommen werden und die Ursprungsquelle nicht angeführt wird. Die Gefahr, unbewusst zu plagiieren, stellt also eine latente Bedrohung für Autoren dar.

Gelegentlich ist es eine Gratwanderung, Texte in eigenen Worten wiederzugeben, insbesondere wenn die Formulierungen im Quelltext ideal formuliert zu sein scheinen. So entsteht schnell die Gefahr, eigene Textpassagen zu eng am Originaltext orientiert zu formulieren und unbewusst zu plagiieren. Bereits die wörtliche Übernahme von drei aufeinanderfolgenden Wörtern aus einer Quelle dürfte im Allgemeinen ein direktes Zitat erfordern. Dringend zu vermeiden ist es, relevant erscheinende Textstellen zunächst mangels besserer eigener Formulierungen einfach in den eigenen Text zu kopieren, um dann später darauf zurückzukommen und gegebenenfalls Modifikationen vorzunehmen. Hierbei besteht die große Gefahr, dass im Nachhinein nicht mehr ersichtlich ist, welche Textstellen eigenes und welche fremdes Gedankengut darstellen, oder die nachträgliche Umformulierung wird schlicht vergessen. Es empfiehlt sich daher, entsprechende Quellenangaben beim Niederschreiben eines Abschnitts zu notieren. Während der Niederschrift sollte der Quelltext außer Sichtweite gelegt werden und nur bei unbedingter Notwendigkeit erneut herangezogen werden. Dies erleichtert das Auffinden eigener Formulierungen und Argumentationsstrukturen. Werden darüber hinaus die formalen Vorschriften bezüglich des Zitierens, die in diesem Kapitel erörtert wurden, berücksichtigt, lässt sich die Gefahr des unbewussten Plagiierens minimieren.

Darauf, dass das Plagiieren – ob bewusst oder unbewusst – unentdeckt bleibt, sollte nicht gehofft werden. Neben der stichprobenartigen Kontrolle einzelner Textpassagen mit Internetsuchmaschinen wie Google nutzen viele Lehrstühle/Institute mittlerweile auch spezielle **Software zur Identifikation von Plagiaten**. Ein gängiges Programm ist Turnitin. Es gleicht eingereichte Arbeiten anhand eines bestimmten Algorithmus mit Online-Datenbanken ab, in denen ein Großteil der Fachliteratur, wissenschaftlicher Artikel und anderer akademischer Arbeiten hinterlegt ist. Gleichzeitig bieten einige Lehrstühle/Institute den Studierenden selbst Zugriff auf diese Plagiatssoftware, so dass die eigene Arbeit vor Abgabe auf eventuelle Plagiate selbst überprüft werden kann. Diese Praxis ist gleichwohl umstritten, da die Software einen prozentualen Plagiatswert errechnet, der ab einer bestimmten Schwelle kritisch wird. So ist es aus Studierendensicht möglich – wenn auch keinesfalls ratsam! –, sich an einen noch legitimen Prozentwert heranzutasten.

6.3 Sprachstil

Damit eine Arbeit dem Anspruch der Wissenschaftlichkeit gerecht wird, gilt es bestimmte **Sprachregeln** zu beachten. Zwar gibt es keine verbindlichen Normen für einen korrekten wissenschaftlichen Stil, dennoch existieren Setzungen, die eine wissenschaftliche Arbeit von der Belletristik unterscheiden.

Im Folgenden werden zunächst die Grundanforderungen eines wissenschaftlichen Sprachstils erörtert. Anschließend werden konkrete Empfehlungen bezüglich des logischen Aufbaus von Textpassagen und einer angemessenen wissenschaftlichen Ausdrucksweise gegeben.

6.3.1 Grundanforderungen

Oberste Priorität sollte zunächst die Einhaltung geltender **Rechtschreib-, Zeichensetzungs- und Grammatikregeln** haben. Für deutschsprachige Arbeiten sind dabei die Regeln der Rechtschreibreform vom 01.07.2005 verbindlich. Ein wiederholtes Missachten dieser Regeln schadet dem qualitativen Gesamteindruck der Arbeit und kann meist selbst durch die besten stilistischen Fähigkeiten nicht kompensiert werden.

Grundlegend für die Qualität einer wissenschaftlichen Arbeit ist zudem die **Verständlichkeit**. Daher sollte eine sachliche, präzise und einfache Sprache dominieren. Eine wissenschaftliche Arbeit besticht in erster Linie durch deren Inhalt als durch aufwendige stilistische Mittel. Um diese Verständlichkeit zu gewährleisten, werden nachfolgend einige Hinweise bezüglich des Schreibstils gegeben (in Anlehnung an Berger 2010, S. 88ff.; Stickel-Wolf und Wolf 2011, S. 183ff.).

- Verwendung kurzer Sätze mit klarem Gedankengang

  Ein Satz sollte normalerweise **nicht mehr als zwei bis drei Zeilen** umfassen und jeweils nur eine wichtige Aussage beinhalten. Dabei sollte auf stilistische Auswüchse oder rhetorische Redewendungen verzichtet werden. Häufig schleichen sich bei langen, verschachtelten Sätzen inhaltliche Ungenauigkeiten ein. Durch kurze, möglichst präzise Sätze wird dem Leser hingegen im positiven Sinne wenig Interpretationsspielraum gegeben. Zudem erfordert das Erfassen komplexer und langer Sätze viel Energie und die Aufmerksamkeit des Lesers, so dass dieser eventuell nicht in der Lage ist, den Inhalt korrekt zu erfassen. Es sollte dem Leser daher möglich sein, seine ungeteilte Aufmerksamkeit dem Inhalt zukommen zu lassen.

- Präzise Formulierungen

  Ziel sollte es sein, sich möglichst **klar und unmissverständlich** auszudrücken. Ist ein Satz mehrdeutig oder eröffnet er die Möglichkeit zu Fehlinterpretationen, empfiehlt sich die Suche nach alternativen Begriffen oder Formulierungen, die die gewünschte Aussage eindeutig zum Ausdruck bringen. Bei den verwendeten Termini sollte zudem überprüft werden, ob es sich hierbei um Oberbegriffe handelt, die durch entsprechende Unterbegriffe präzisiert werden können.

Beispiel: Präzise Formulierungen

„Unternehmen sind komplexe Systeme." *„In globale Wertschöpfungsketten eingebundene Großkonzerne sind komplexe Systeme."*

- Einheitliche und durchgängige Verwendung von Begriffen

  Bei wissenschaftlichen Texten kommt es vor allem auf die schnelle und eindeutige Erfassung des Inhalts an. Daher wird empfohlen, **auf das häufige Wechseln inhaltsgleicher Fachtermini zu verzichten**, auch wenn dies vermeintlich langweilig oder eintönig klingt. Da die Bedeutung eines Fachbegriffs einem Außenstehenden unter Umständen nicht klar ist, ist eine Erläuterung des Begriffs bei der ersten Nennung in der Arbeit erforderlich. Für einen abwechslungsreichen Sprachstil empfiehlt sich die Nutzung eines **Synonymlexikons**.

- Vermeidung unreflektierter Werturteile

  In einer wissenschaftlichen Arbeit besteht kein generelles Verbot zur Äußerung der eigenen Meinung. Im Gegenteil: **Kritische Reflektionen** des Inhalts sind sogar notwendig und erwünscht. Eigene Stellungnahmen sollten jedoch auf der existierenden Quellenlage oder eigenen Studienergebnissen basieren. Auch die Argumentationslogik muss für den Leser nachvollziehbar sein. Im wissenschaftlichen Kontext geht es dabei im Gegensatz zu anderen Disziplinen nicht darum, die eigene Meinung oder den eigenen Vorschlag möglichst stark zu vertreten. Stattdessen sind die Vor- und Nachteile der eigenen Argumentation ausgewogen zu reflektieren und zu diskutieren. Weitere Hinweise zur Logik von Argumenten finden sich in Kapitel 3.

  Bei der Meinungsäußerung gilt es, Formulierungen mit Possessivpronomen, wie beispielsweise „ich", „wir" oder „meiner Meinung nach", zu vermeiden. Stattdessen sollten Formulierungen wie „es ist festzuhalten" oder „es kann abgeleitet werden" verwendet werden. In englischen Texten hingegen ist teilweise eine stärkere Personalisierung vorzufinden, was die Texte involvierender erscheinen lässt. Hier werden auch Formulierungen wie „We argue that" oder „I conducted interviews" verwendet.

- Klärung des geschlechtsspezifischen Sprachgebrauchs

  Die geschlechtliche Gleichstellung erfordert im Zuge wissenschaftlicher Arbeiten eine Klärung bezüglich der Verwendung von **geschlechtsspezifischen Formulierungen**. Es empfiehlt sich, diese Notwendigkeit im Vorfeld mit dem Betreuer abzustimmen. Häufig genügt es wie im nachstehenden Beispiel, zu Beginn des Textes eine Fußnote mit einem Hinweis zum geschlechtsspezifischen Sprachgebrauch einzufügen. Generell sollten – sofern vorhanden – neutrale Formen verwendet werden (z.B. Studierende statt Studenten, Personal statt Mitarbeiter). An manchen Universitäten ist sogar eine vollständige „Genderung" von Texten erwünscht (z.B. Studenten/innen, StudentInnen oder Studentinnen und Studenten).

Beispiel: Klärung des geschlechtsspezifischen Sprachgebrauchs

Werden Personenbezeichnungen lediglich in der männlichen oder weiblichen Form verwendet, so erfolgt dies ausschließlich aus Gründen der besseren Lesbarkeit und schließt das jeweils andere Geschlecht mit ein.

6.3.2 Gedankengänge und Satzfolge

Der berüchtigte rote Faden innerhalb einer Arbeit wird neben einer sinnvoll strukturierten Gliederung vor allem durch die **logische Argumentation** innerhalb des Textes determiniert. Um einen Sachverhalt möglichst präzise darzustellen, sollte die Argumentation daher systematisch und klar verständlich untergliedert sein. Hierbei spielt die Satzfolge eine zentrale Rolle. Diese sollte sich an der in Kapitel 3 erläuterten logischen Gedankenfolge orientieren, so dass sich im Idealfall ein Argument aus dem jeweils zuvor genannten erschließt.

Bei der Satzfolge und dem Satzaufbau ist darauf zu achten, dass sich Bezüge auf zuvor Genanntes wie beispielsweise „diese", „deren" oder „der" eindeutig auf ein voranstehendes Hauptwort beziehen. Alternativ und oftmals ratsamer ist es, das betreffende Hauptwort noch einmal zu wiederholen, um Missverständnissen vorzubeugen. Ferner ist in diesem Zusammenhang auch zu berücksichtigen, dass Gedankensprünge innerhalb eines Satzes vermieden werden.

Beispiel: uneindeutige Bezüge (Negativbeispiel)

„Die Produktionsfaktoren haben viele Autoren beschäftigt, die heute leicht unterschieden werden können."

Dabei gilt es zudem darauf zu achten, dass die getätigten Aussagen **keine Widersprüche** beinhalten. Auch ist davon abzuraten, Scheinkausalitäten (1) herzuleiten oder Pseudoargumente (2) zu verwenden.

Beispiel: Widersprüche (Negativbeispiele)

(1) *„Herr Anton hat ein rotes Fahrzeug erworben. Daher ist davon auszugehen, dass der Anteil verkaufter Fahrzeuge in roter Farbe stetig zunimmt."*

„Ich bin älter als du, deswegen habe ich mehr Lebenserfahrung."

(2) *„Selbstverständlich ist bekannt, dass ..."*

„Das hat noch nie funktioniert."
„Es gibt keine Alternative."

Die Argumentationskette sollte unbedingt schlüssig, verständlich und dadurch gut nachvollziehbar erscheinen. Dies wird durch die in Kapitel 6.2 erläuterte Belegfunktion der Quellenangabe gewährleistet.

6.3.3 Ausdrucksweise

Nachdem bislang grundsätzliche Hinweise zum Sprachstil in wissenschaftlichen Arbeiten gegeben wurden, sollen zum Abschluss dieses Kapitels einige Empfehlungen bezüglich der Ausdrucksweise anhand von Beispielen veranschaulicht werden.

Hierzu zählt die Vermeidung von …

- … umgangssprachlichen Formulierungen („es gibt"; „kriegen") und Floskeln („ein Ding der Unmöglichkeit"; „unter den Nägeln brennen").
- … Füllwörtern („nun"; „selbstverständlich"; „gewissermaßen"; „natürlich"). Füllwörter sollten nur dann eingesetzt werden, wenn diese zur Vermittlung einer Aussage notwendig sind. Dies kann z.B. beim Aufzeigen von Gegensätzen („jedoch"; „hingegen") oder bei der Herstellung einer Kausalitätsstruktur („daher"; „deshalb") der Fall sein.
- … übertriebenen Ausdrucksweisen („unglaublich"; „extrem"; „voll").
- … unnötigen Wiederholungen (soll etwas bereits Erwähntes erneut aufgegriffen werden, empfiehlt sich die Verwendung von Verweisen, z.B. siehe Kapitel …).
- … falschen Vorsilben („Unkosten").
- … unscharfen Mengenangaben („kaum"; „mehr").

Ferner ist darauf zu achten, dass Zahlenwerte von eins bis zwölf ausgeschrieben werden (1). Bei der Angabe grober Zahlenwerte ist die Einheit auszuschreiben (2).

Beispiel: Zahlenwerte

(1) eins, zwei, drei, vier, fünf, sechs, sieben, acht, neun, zehn, elf, zwölf, 13, 14, 15 …

(2) 10.000.000 € zehn Millionen

ABER: „Die Kosten belaufen sich auf exakt 3.038.300 €."

Zudem sollte auf den bewussten Gebrauch von **Fremdwörtern** geachtet werden. Hierbei gilt der Leitsatz: so wenig wie möglich, so viel wie nötig. Fremdwörter sind nicht zwangsläufig Ausdruck wissenschaftlichen Niveaus. Gelegentlich neigen Studierende dazu, akademische Kompetenz durch den übermäßigen Gebrauch von Fremdwörtern vorzutäuschen. Diese Problematik ist jedoch bekannt und kann mit Hilfe von Fremd- und Synonymwörterbüchern leicht bewältigt werden. Fremdwörter sollten nur dann Verwendung finden, wenn dem Verfasser die Bedeutung völlig klar ist und die Verwendung eines deutschen Äquivalents nicht möglich ist oder äußerst unpassend erscheint.

Tabelle 6.2 fasst die wesentlichen Unterschiede zwischen einer wissenschaftlichen Arbeit und Belletristik zusammen.

Wissenschaftliche Arbeit	Belletristik
Ich-Form (im deutschsprachigen Raum) vermeiden	Ich-Form zulässig
Sachliche, klare Sprache	Flüssige, unterhaltsame und oftmals fantasievolle Sprache
Kurze, prägnante Sätze	Sätze werden stilistisch ausgeschmückt
Keine Umgangssprache	Umgangssprache möglich
Begriffe werden definiert	Begriffsverständnis wird vorausgesetzt
Literaturquellen werden zitiert	Keine Zitate nötig
Keine Übertreibungen und ausschmückenden Erörterungen	Oft bildhafte Ausdrucksweise
Füllwörter und -sätze vermeiden	Sätze werden prosaisch abgefasst

Tabelle 6.2: Unterschiede im Schreibstil wissenschaftlicher Arbeiten und Belletristik (Berger 2010)

6.4 Literatur

American Psychological Association (2001): Publication Manual of the American Psychological Association, 5. Aufl., Washington, D. C.: APA.

Barney, J. (1991): Firm resources and sustained competitive advantage, in: Journal of Management, 17(1), S. 99–120.

Berger, D. (2010): Wissenschaftliches Arbeiten in den Wirtschafts- und Sozialwissenschaften: Hilfreiche Tipps und praktische Beispiele, Wiesbaden: Gabler.

Braun, T./Müller-Seitz, G./Sydow, J. (2012): Project citizenship behavior? – An explorative analysis at the project-network-nexus, in: Scandinavian Journal of Management, 28(4), S. 271–284.

GPM e.V. (2012): Karriere- und Gehaltsstudie für Projektpersonal 2011. Internetquelle: *http://www.gpm-ipma.de/fileadmin/user_upload/Know-How/studien/Ergebnis_Karriere-und-Gehaltsstudie_2011_final.pdf*, zuletzt abgerufen am: 30.09.2012.

Gulati, R. (1998): Alliances and networks, in: Strategic Management Journal, 19(4), S. 293–317.

Harms, R. (2004): Entrepreneurship in Wachstumsunternehmen: Unternehmerisches Management als Erfolgsfaktor, Wiesbaden: Dt. Univ.-Verlag.

Haunschild, A. (2011): Lifestyles as social contracts between workers and organizations, in: Schmalenbach Business Review, 63, S. 361–375.

Hoegl, M./Gemuenden, H. G. (2001): Teamwork quality and the success of innovative projects: A theoretical concept and empirical evidence, in: Organization Science, 12(4), S. 435–449.

Kieser, A./Walgenbach, P. (2007): Organisation, 5. Aufl., Stuttgart: Schäffer-Poeschel.

Ortmann, G. (2011): Kunst des Entscheidens: Ein Quantum Trost für Zweifler und Zauderer, Weilerswist: Velbrück Verlag.

Reichwald, R./Möslein, K. (2000): Nutzenpotentiale und Nutzenrealisierung in verteilten Organisationsstrukturen. Experimente, Erprobungen und Erfahrungen auf dem Weg zur virtuellen Unternehmung, in: Zeitschrift für Betriebswirtschaft, Ergänzungsheft 2(2000), S. 117–136.

Rossig, W. E./Prätsch, J. (2006): Wissenschaftliche Arbeiten: Leitfaden für Haus- und Seminararbeiten, Bachelor- und Masterthesis, Diplom- und Magisterarbeiten, Dissertationen, Weyhe: Teamdruck.

Schricker, G./Loewenheim, U. (2010): Urheberrecht: Kommentar, München: Beck.

Seidl, D./Kirsch, W./van Aaken, D. (2009): Zur Methodologie der technologischen Forschung in der Betriebswirtschaftslehre, in: Scherer, A., Kaufmann, I. und Patzer, M. (Hrsg.): Methoden in der Betriebswirtschaftslehre, Wiesbaden: Deutscher Universitätsverlag, S. 47-69.

Stickel-Wolf, C./Wolf, J. (2011): Wissenschaftliches Arbeiten und Lerntechniken – erfolgreich studieren – gewusst wie!, Wiesbaden: Gabler.

Sydow, J./Schreyögg, G./Koch, J. (2009): Organizational path dependence: Opening the black box, in: Academy of Management Review, 34(4), S. 689–709.

Die Arbeit erfolgreich abschließen

7

ÜBERBLICK

Nachdem die Phase der Niederschrift einer wissenschaftlichen Arbeit beendet ist, folgt die **Korrekturphase**. In dieser Phase gilt es, die letzten Fehler und Unklarheiten zu beseitigen. Gemessen am Zeitumfang ist diese Phase natürlich sehr viel kürzer als die eigentliche Schreibphase. Dennoch wird die letztendliche Bewertung der Arbeit zu einem Großteil durch die Gewissenhaftigkeit der Korrekturen bestimmt. Es gilt also in dieser Zeit, das Geschriebene zu perfektionieren.

Im folgenden Kapitel werden zunächst regelmäßige Korrekturoptionen zur Qualitätssicherung erläutert. Daraufhin werden sämtliche Schritte von der letztmaligen Überprüfung der Arbeit bis hin zur Abgabe erörtert. Abschließend erfolgt eine kompakte Vorstellung der üblichen Beurteilungskriterien für wissenschaftliche Arbeiten.

7.1 Korrekturschleifen und Qualitätssicherung

Es empfiehlt sich, verfasste Textpassagen durch aktives Lesen regelmäßig zu überprüfen, um Fehlerquellen möglichst frühzeitig zu identifizieren. Ein Verschieben sämtlicher Kontroll- und Korrekturmaßnahmen auf die **Endredaktion** führt häufig zu strukturellen oder stilistischen Fehlern. Der logische Aufbau einer Argumentation ist beispielsweise sehr anfällig für zuvor übersehene Fehler oder Ungenauigkeiten. Ist die Argumentationskette nicht mehr schlüssig oder schwer verständlich, können nachträgliche Änderungen oft sehr zeitaufwendig sein.

Bei häufigen Wortwiederholungen oder geringer sprachlicher Vielfalt bietet sich die Nutzung eines **Synonymwörterbuchs** an. Synonymwörterbücher geben zu einem bestimmten Stichwort Ausdrücke mit gleicher oder zumindest ähnlicher Bedeutung an. Diverse Synonymwörterbücher sind auch online verfügbar, z.B. unter *http://synonyme.woxikon.de*. Bei dem Gebrauch von Synonymen ist allerdings unbedingt darauf zu achten, dass die gewünschte Bedeutung erhalten bleibt. Die wissenschaftliche Qualität ist dabei stets wichtiger als die sprachliche Extravaganz. Beim regelmäßigen Korrekturlesen sollte zudem die Einhaltung der Hinweise zum Sprachstil (siehe Unterkapitel 6.3) beachtet werden.

7.2 Von der Fertigstellung bis zur Abgabe

Nach der endgültigen Fertigstellung einer wissenschaftlichen Arbeit sollte diese auf keinen Fall vorschnell abgegeben werden. Es sind vor der finalen Abgabe an den Betreuer bzw. das Prüfungsamt noch einige wichtige inhaltliche und formale Schritte durchzuführen (Berger 2010, S. 207).

7.2.1 Endredaktion

Häufig wird die Endfassung einer wissenschaftlichen Arbeit erst unmittelbar vor dem Abgabetermin fertiggestellt. Dabei verbleibt für eine inhaltliche und formale Überarbeitung des Textes oft nicht ausreichend Zeit. Es kann beispielsweise der Fall sein, dass Inhalte umformuliert oder Kapitel besser aufeinander abgestimmt werden müssen. Daher sollten für die **Endredaktion** der Arbeit, also das letztmalige Überarbeiten des Textes vor der Abgabe, je nach Umfang durchaus ein bis zwei Wochen eingeplant werden. Von grundlegenden konzeptionellen Änderungen an der Arbeit ist in diesem Stadium jedoch abzuraten. In Anbetracht der begrenzten Zeit wären hierbei kaum Verbesserungen zu erwarten (Berger 2010, S. 207; Stickel-Wolf und Wolf 2011, S. 219). Vielmehr sollen in dieser Phase stilistische Änderungen sowie Rückmeldungen aus dem Kommilitonen-, Familien- und Bekanntenkreis eingearbeitet werden. Darüber hinaus bietet es sich an, auch die Druckversion zu prüfen – angefangen von der Konvertierung einer Datei (beispielsweise vom Microsoft-Word- in das PDF-Format) bis hin zum Ausdruck durch einen Dienstleister. All diese Aspekte bergen mögliche Fehlerquellen und Zeitverzüge.

Da die **Einhaltung formaler Richtlinien** nicht nur ein wesentliches Beurteilungskriterium wissenschaftlicher Arbeiten ist, sondern darüber hinaus auch über den ersten optischen Eindruck entscheidet, sollte der Fokus bei der Endredaktion vor allem auf der Rechtschreibung, Zeichensetzung und Grammatik liegen. Hinzu kommen die Kontrolle der durchgängigen sprachlichen und orthografischen Richtigkeit sowie das Einhalten der in Unterkapitel 6.2 erläuterten Zitierregeln. Hierbei bietet sich die Nutzung entsprechender Tools in Textverarbeitungsprogrammen an. Softwarelösungen wie Microsoft Word können neben der Rechtschreibung auch die Grammatik und Zeichensetzung überprüfen. Im Zweifelsfall bietet es sich jedoch an, sich nicht auf diese Programme alleine zu verlassen (Stickel-Wolf und Wolf 2011, S. 220).

Zudem sollte bei der Endredaktion darauf geachtet werden, dass der Text bestmöglich gestrafft wird. Das heißt, dass sämtliche Passagen, die überflüssig erscheinen und für den Leser keine notwendigen Informationen darstellen, gestrichen werden. Ein mögliches Vorgehen hierbei wäre, sich selbst im entsprechenden Fall die Frage zu stellen, ob eine **Kürzung ohne Substanzverlust** möglich ist. Erfahrungsgemäß fällt es einem jedoch schwer, sich von seinen Passagen zu trennen, weshalb das Feedback anderer Personen unerlässlich ist.

Sofern die automatische Silbentrennung des Textverarbeitungsprogramms verwendet wurde, ist die Korrektheit der Worttrennungen zu überprüfen. Weiterhin sollte auf konsistente Abstände zwischen Überschriften und Absätzen geachtet werden. Insbesondere bei Seitenumbrüchen im Zuge letzter Korrekturen kommt es schnell zu formalen Fehlern oder zu unschönen Formatierungen. Daher ist im letzten Schritt zu überprüfen, ob alle Überschriften und Beschriftungen auf der gleichen Seite wie die jeweilige Textpassage bzw. Grafik stehen. Bei Quellenangaben und im Literaturverzeichnis ist – sofern dies nicht automatisch mit einer entsprechenden Software erstellt wurde – verstärkte Aufmerksamkeit auf eine korrekte Interpunktion zu richten. Wurden Kommata, Punkte, Doppelpunkte sowie Leerzeichen korrekt und an den entsprechenden Stellen verwendet? Auch die in Unterkapitel 7.3 aufgelisteten Beurteilungskriterien für wissenschaftliche Arbeiten können im Rahmen der Endredaktion als Checkliste dienen.

Häufig fällt es Personen schwer, eigene Formulierungsschwächen oder Rechtschreibfehler zu identifizieren. Daher empfiehlt sich wie mehrmals hervorgehoben der **Einbezug anderer Personen** bei der abschließenden Prüfung. Insbesondere fachfremde Personen können im Hinblick auf die Überprüfung der Argumentation hilfreich sein. Sollte die Korrektur durch Freunde und Bekannte nicht ausreichen, besteht die Möglichkeit, die Arbeit von einem professionellen Lektor oder einer Lektorin prüfen zu lassen. Diese können je nach Leistungsumfang Rechtschreib-, Zeichensetzungs- und Grammatikfehler identifizieren und darüber hinaus bei Bedarf auch stilistische Ratschläge geben. Die

Kosten eines Lektorats hängen von dem Leistungsspektrum und dem Umfang der Arbeit ab. Die Korrektur einer 30-seitigen Bachelorarbeit kostet durchschnittlich etwa € 100–200 (Stand: 2013). Einige Lehrstühle sprechen sich allerdings gegen den Einsatz eines Lektors aus. Ob es sich hierbei um ein legitimes Hilfsmittel handelt, ist also im Einzelfall mit dem Betreuer abzuklären.

7.2.2 Drucken und Binden der Arbeit

Abschlussarbeiten sind in der Regel gebunden und in mehrfacher Ausführung abzugeben. Meistens wird die Abgabe von zwei gebundenen Exemplaren verlangt, wobei eines für den Betreuer für die Korrektur und eines für das Prüfungsamt vorgesehen ist. Zusätzlich ist oftmals die Abgabe einer **digitalen Version** erforderlich. Dies dient der Plagiatsprüfung und digitalen Speicherung bzw. Archivierung. Sollten die Rahmenbedingungen für die Abgabe nicht eindeutig sein, sind diese unbedingt rechtzeitig mit dem Betreuer zu klären.

Beim **Druck der Arbeit** ist zwischen dem Ausdruck am privaten Drucker oder an sonstigen Stellen, wie z.B. innerhalb der Universität, zu unterscheiden. Wenn die Datei nicht am gewohnten Arbeitsort geöffnet und gedruckt wird, ist zunächst zu klären, ob die gleiche Version des Textverarbeitungsprogramms vorliegt. Ist das nicht der Fall, kann es durch die Versionsunterschiede z.B. zu Verschiebungen in der Formatierung kommen. Hier empfiehlt es sich, die Datei vorab im unveränderlichen PDF-Format zu speichern. Allerdings können beim Konvertieren in dieses Format ebenfalls Probleme entstehen (z.B. schlechtere Auflösung von Abbildungen), so dass die Datei unbedingt noch einmal gründlich geprüft werden sollte.

Auch die Beauftragung eines externen Dienstleisters mit dem Druck der Arbeit ist zu erwägen. Neben Kostenaspekten sollten hier vor allem Ästhetik und Zuverlässigkeit bedacht werden. Eine Druckerei bzw. ein Copyshop muss wegen des Bindens zumeist ohnehin aufgesucht werden. Solche Dienstleister bieten eine große Vielfalt in Bezug auf Papierqualitäten und Druckmöglichkeiten.

Im Zusammenhang mit dem Binden sollte von aufwendigen Bindetechniken oder Stilelementen (z.B. Goldschnitt, Prägung) abgesehen werden. Professoren bzw. Prüfer verstehen wissenschaftliche Arbeiten mehr als Wissensträger denn als Standbuch. Das Binden mit einem weichen Buchrücken aus Pappe ist in der Regel ausreichend. Bei der Farbwahl des Einbands unterliegt der Autor in der Regel keinen formalen Vorgaben. Vorder- und Rückseite sollten jedoch die gleiche Farbe aufweisen. Einige Lehrstühle verlangen eine Beschriftung der Vorderseite bzw. des Buchrückens. Eine gängige Richtlinie ist die Beschriftung des Buchrückens nach folgendem Schema: Familienname, Vorname(n), Jahr und eventuell noch die Angabe der Studienrichtung. Wichtig ist, dass zwischen Text und Vorder- und Rückseite des Einbands jeweils ein leeres Blatt eingefügt wird. Ist die Arbeit entsprechend umfangreich, sollte eine separate Bindung des Anhangs erwogen werden (Stickel-Wolf und Wolf 2011, S. 220). In Tabelle 7.1 ist eine Übersicht verschiedener **Bindungsarten** und deren Eigenschaften zu finden.

Bindung	Preis (pro Stück. ca.)	Dauer der Anferti-gung	Opti-scher Eindruck	Eignung für Haus- und Seminar-arbeiten	Eignung für Bachelor-, Diplom- und Masterarbeiten, Dissertationen
Heftstreifen	€ 0,50	Keine	-	X	
Klemmhefter	€ 2,00	Keine	o	X	
Spiralbindung	€ 5,00	5–10 Minu-ten	+	X	
Leimbindung	€ 10,00	1–2 Stunden	++		X

Tabelle 7.1: Übersicht verschiedener Bindungsarten

7.2.3 Abgabe

Die Abgabe wissenschaftlicher Arbeiten wird durch vier Ws determiniert. Die Antworten auf diese Fragen sind im Zweifelsfall beim Betreuer und/oder beim Prüfungsamt zu erfragen (Stickel-Wolf und Wolf 2011, S. 221):

- Was muss abgegeben werden? Die Anzahl der abzugebenden Exemplare der Arbeit ist in Erfahrung zu bringen. Meisten sind es zwei gebundene Exemplare und eine digitale Version (Word- oder PDF-Dokument). Die genauen Formalitäten sind in der Regel in der Prüfungsordnung festgelegt.
- Wann muss abgegeben werden? Der Abgabezeitpunkt wird bereits bei der Anmeldung der Arbeit festgelegt. Er ist im Anmeldeformular der Arbeit (oft auch Laufzettel genannt) vermerkt. Selbst ein minimales Überziehen der Abgabefrist hat in der Regel ein Nichtbestehen der Prüfungsleistung zur Konsequenz.
- Wo muss abgebeben werden? Es ist üblich, dass ein Exemplar beim Prüfungsamt abgegeben wird. Das zweite Exemplar und die digitale Version bekommt üblicherweise der Betreuer (ggf. über den Umweg des Prüfungsbüros).
- Wer muss abgeben? Selbst wenn die persönliche Abgabe durch den Betreuer nicht gefordert ist, sollte man sich die Zeit nehmen, die Arbeit persönlich abzugeben. Andernfalls sollte zumindest eine uneingeschränkt vertrauenswürdige Person mit der Abgabe beauftragt werden.

7.3 Übliche Bewertungskriterien

Bei vielen Studierenden herrscht Unklarheit darüber, welche Kriterien bei der Bewertung einer wissenschaftlichen Arbeit Verwendung finden. Daher werden im folgenden Abschnitt einige der verbreiteten Kriterien zur Bewertung von Abschlussarbeiten vorgestellt. Dabei ist anzumerken, dass diese Liste auf keinen Fall Vollständigkeit beansprucht. Die einer Bewertung zugrunde liegenden Beurteilungskriterien unterscheiden sich von Fachbereich zu Fachbereich bzw. von Lehrstuhl zu Lehrstuhl.

Daher dient diese Liste in erster Linie der Veranschaulichung und Sensibilisierung für mögliche **Bewertungskriterien**. Es bietet sich an, diese Liste gelegentlich im Rahmen des Abfassens der Arbeit zu überprüfen. Denn so ist es möglich, frühzeitig etwaigen fehlerhaften Tendenzen vorzubeugen und Zeit einzusparen. Im Rahmen der Endredaktion können die nachfolgend genannten Beurteilungskriterien zur Überprüfung herangezogen werden.

Zur übersichtlicheren Darstellung wurden die Kriterien in sieben Themenblöcke unterteilt (in Anlehnung an Rahn 2006, S. 4ff.; Stickel-Wolf und Wolf 2011, S. 223ff.):

1. Themenstellung

- Bei selbst gewählten Themen:
  - Ist die Fragestellung aktuell?
  - Welche Relevanz besitzt das Thema in dem jeweiligen Fachbereich?
- Weist das Thema eine außergewöhnliche Komplexität auf oder ist die Bearbeitung mit erheblichem Aufwand verbunden?
- Ist zum Thema ein umfassender Literaturbestand verfügbar?

2. Zielsetzung und Problemabgrenzung

- Ist die Zielsetzung der Arbeit klar formuliert und gegenüber anderen Themen abgegrenzt worden?
- Wurden die Ziele der Arbeit überzeugend hergeleitet und hervorgehoben?
- Wurde die grundlegende Zielsetzung in handhabbare Forschungsfragen gegliedert?
- Passt die Gliederungsstruktur zu den Untersuchungszielen und ist diese logisch konzipiert?

3. Gliederung und Aufbau

- Wird in der Einleitung über den Gang der Untersuchung bzw. den Aufbau der Arbeit informiert?
- Ist die Tiefe der Gliederung dem Umfang der Arbeit angemessen?
- Ist der Textumfang auf den inhaltlichen Schwerpunkt der Arbeit abgestimmt und angemessen auf die einzelnen Inhalts- bzw. Gliederungspunkte verteilt?
- Ist die Reihenfolge der einzelnen Abschnitte logisch begründet?

4. Inhaltliche Fundierung

- Wurden die zentralen Begriffe definiert und in der Arbeit einheitlich verwendet? Wurden hierbei die einschlägigen Autoren zitiert?
- Sind die erarbeiteten Ergebnisse das logische Resultat aus den herangezogenen Theorien und der verwendeten Argumentationskette?
- Wurden Argumentationsketten systematisch aufgebaut und logisch begründet?
- Ist die Argumentation verständlich und widerspruchsfrei?
- Wurde dabei der aktuelle Stand der Forschung hinreichend reflektiert?
- Erfolgt lediglich eine Wiedergabe von Informationen und Beschreibung von Sachverhalten oder werden diese in einen übergeordneten Kontext gestellt, kritisch reflektiert sowie modifiziert oder rekonzeptionalisiert?
- Wurde das Thema erschöpfend behandelt oder fehlen wesentliche Aspekte?

- Wurden die gesetzten Ziele erreicht bzw. – wenn nicht – wurde die Zielverfehlung entsprechend begründet?
- Werden im Fazit geeignete Schlussfolgerungen aus den Ergebnissen abgeleitet und weiterführende Fragen aufgeworfen?

5. Methodische Fundierung (bei empirischen Arbeiten)

- Schließt das methodische Vorgehen an die zuvor erarbeiteten theoretischen und konzeptionellen Grundlagen an?
- Wird das methodische Vorgehen verständlich dargelegt?
- Ist das methodische Vorgehen mit erheblichem Aufwand oder Komplexität verbunden?
- Passt der gewählte Untersuchungskontext zum konzeptionellen Anliegen bzw. zur Zielsetzung der Arbeit?
- Wurde beim Umgang mit Daten gewissenhaft gearbeitet (z.B. Transkription von Interviews, Kodierung von Daten etc.)

6. Schreibstil

- Wird der Leser durch die Arbeit geführt?
- Beherrscht der Autor eine klare und verständliche Sprache?
- Wurde der wissenschaftliche Sprachstil korrekt und verständlich angewendet?
- Wird die Sprache dem Anspruchsniveau einer wissenschaftlichen Arbeit gerecht?
- Wurden Abschnitte eingeleitet (Lead-ins) und Rekapitulationen am Kapitelende (im Falle längerer Passagen) vorgenommen? Erfolgt der Abschnittübergang harmonisch?

7. Literatur

- Wurde die verfügbare Literatur zitiert? Wurden aktuelle und relevante Quellen in hinreichendem Maße berücksichtigt?
- Sind Argumente und Ergebnisse der Arbeit durch Quellen belegbar?
- Wurden eigene Lösungen erarbeitet oder stellt der Autor die verwendete Literatur in den Vordergrund?
- Wie viele Quellen wurden insgesamt verwendet?

8. Formalien

- Wurde der vorgesehene Umfang der Arbeit eingehalten?
- Sind die Seiten korrekt nummeriert und die Seitenumbrüche einwandfrei?
- Wurden die Regeln der deutschen Rechtschreibung, insbesondere auch Zeichensetzung und Grammatik, eingehalten?
- Wurden die gängigen Formatierungsregeln eingehalten?
- Wurde fehlerfrei und einheitlich zitiert? Ist das Literaturverzeichnis fehlerfrei und einheitlich angelegt? Stimmen die Quellenangaben im Text mit dem Literaturverzeichnis überein?
- Enthält die Arbeit die notwendigen Verzeichnisse (Inhalts-, Abbildungs-, Tabellen- und Abkürzungsverzeichnis) und sind diese vollständig?

- Werden komplexe Sachverhalte unter Zuhilfenahme von Abbildungen und Tabellen erläutert?
- Sind Tabellen- bzw. Abbildungsüberschriften vollständig und aussagekräftig?

Abschließend soll nochmals darauf hingewiesen werden, dass dieser Kriterienkatalog keinesfalls als vollständig zu verstehen ist. Beurteilungskriterien variieren teilweise erheblich zwischen Hochschulen und sogar innerhalb von Hochschulen zwischen verschiedenen Fachbereichen und Lehrstühlen. Die hier genannten Kriterien sollten allerdings einen guten Eindruck davon vermitteln, welche Aspekte im Allgemeinen bei der Bewertung von Abschlussarbeiten Berücksichtigung finden.

Wir hoffen, mit diesem Buch eine Hilfestellung für die erfolgreiche Erstellung der wissenschaftlichen Arbeit gegeben zu haben. Wie zu Beginn erwähnt, haben die Ausführungen den Charakter eines Arbeitsbuchs, das begleitend bei der Erstellung einer Abschlussarbeit verwendet werden kann. Auch können einzelne Kapitel bei Bedarf nachgeschlagen und punktuell auf Inhalte zurückgegriffen werden.

Wir wünschen viel Spaß und viel Erfolg beim Abfassen der eigenen wissenschaftlichen Abschlussarbeit!

7.4 Literatur

Berger, D. (2010): Wissenschaftliches Arbeiten in den Wirtschafts- und Sozialwissenschaften: Hilfreiche Tipps und praktische Beispiele, Wiesbaden: Gabler.

Rahn, H.-J. (2006): Betreuung, Bewertung und Begutachtung von Seminar-, Bachelor-, Master- und Diplomarbeiten, in: WiSt, 35(5), S. 289–295.

Stickel-Wolf, C./Wolf, J. (2011): Wissenschaftliches Arbeiten und Lerntechniken – erfolgreich studieren – gewusst wie!, Wiesbaden: Gabler.

Register

Q

R

S

T

U

V

W

Z